STUDIA
HUMANITATIS
문명지평

STUDIA
HUMANITATIS
문명지평
8

동서양의 접점

이스탄불과 아나톨리아

고일홍 곽문석 김기영 김능우 김성수
김윤경 김 헌 박배형 박용진 서정일
송유례 안성찬 안연희 임성진 최진묵
지음

서울대학교출판문화원

STUDIA HUMANITATIS
문명지평 8

동서양의 접점

이스탄불과 아나톨리아

초판 1쇄 인쇄 2017년 11월 25일
초판 1쇄 발행 2017년 11월 30일

지은이 고일홍 곽문석 김기영 김능우 김성수 김윤경 김헌 박배형
박용진 서정일 송유례 안성찬 안연희 임성진 최진묵
펴낸이 성낙인
펴낸곳 서울대학교출판문화원

출판등록 제15-3호

주소 08826 서울 관악구 관악로 1
대표전화 02-880-5252 | 팩스 02-888-4148
홍보마케팅팀(출판상담 및 홍보) 02-880-5217
출판관리(주문상담) 02-889-4424, 02-880-7995
이메일 snubook@snu.ac.kr
홈페이지 www.snupress.com

ISBN 978-89-521-1932-2 04900
978-89-521-1576-8 세트

이 저서는 2007년 정부(교육과학기술부)의 재원으로
한국연구재단의 지원을 받아 수행된 연구임(NRF-2007-361-AL0016).

머리말

서울대학교인문학연구원의 HK문명연구사업단은 2007년부터 문명이라는 열쇠말을 지니고 인문학 분야의 연구를 심화 확장해 왔다. 그 세부주제 가운데 '문명들 간의 교류와 충돌'에 대해 모색하는 과정에서 오늘날 터키지역의 문명사적 가치와 문제에 각별히 이끌리게 되었다. 이스탄불과 아나톨리아 지역은 인류문명의 시원부터 오늘날에 이르기까지 동서양문명의 의미심장하고도 다양한 교류와 충돌의 역사를 간직한 곳인데도, 이 폭넓은 주제에 대해 다양한 학문 분야로부터 지식을 한데 모아 비교하고 연결해 보는 작업이 예전에 거의 없었기 때문이다.

이 지역은 선사시대부터 유럽과 아시아 간의 주민이동에 따른 주거지가 형성된 곳이고, 고대 바빌로니아 문명이 유럽으로 흘러들어 간 통로였다. 또한, 『일리아스』의 무대가 되었던 곳이고, 알렉산드로스 대왕의 원정이 거쳐 간 곳이다. 로마 제국의 기독교 공인 뒤로는 기독교 문명의 중심지였던 곳이고 오스만 제국에 의해서는 이슬람 문명의 중심지 역할을 했던 곳이기도 하다. 이렇게 다층적인 문명의 유산은 아시아와 유럽 양 대륙의 접점에 놓여 있는 이스탄불이라는 도시에 특히 집약되어 있다. 기원전 8세기경 비잔티움으로 세워졌다가 4세기 초부터 콘스탄티노플로 세워져 20세기 초 오스만 제국이 사라지기까지 오랜 세월 대제국의 수도였던 이 도시는 그 오랜 영욕의 문명사를 오늘날까지도 고스란히 품고 있다. 이스탄불과 아나톨리아는 그야말로 동서양문명이 교류하고 충돌해 온 역사를 집약적으로 보여 주는 곳이다.

이에, 2011년부터 2014년까지 '문명의 십자로: 이스탄불과 아나톨리아'라는 이름 아래 역사학자, 문학자, 문헌학자, 철학자, 종교학자, 건축학자 등 다양한 학문분야의 연구자들이 공동연구에 참여해 이 흥미로운 지역에 대한 새로운 앎을 추구했다. 2011년 7월에는 이스탄불과 아나톨리아 지역의 유적들을 직접 탐사했으며, 이 탐사의 학술적 성과의 일부는 2011년 11월 서울대학교 인문학연구원과 서울대학교미술관이 공동주최한 제8회 문명포럼, '이스탄불: 문명의 교차로'에서 발표되었고, 이후 2012년 11월부터 2014년 1월에 걸쳐 "동서양의 접점: 이스탄불과 아나톨리아"라는 특집으로 총 15회에 걸쳐 『신동아』에 연재했다. 이 글들에서 우리는 동서양문명이 교차한 이스탄불과 아나톨리아의 역사를 선사시대에서 현대에 이르기까지 시대 순서에 따라, 또한 신화, 종교, 전쟁, 천문, 의학, 문학, 미술, 건축 등 여러 측면에서 입체적으로 조망했다. 이번의 단행본에서는 이때 연재한 글들을 새로 보완하여 3부로 구성했다.

제1부에서는 아나톨리아 지역의 고대의 문명교류를 들여다보았다.

고일홍은 아나톨리아에서 인류문명이 교차하기 시작한 역사를 거슬러 올라가 차탈회육 유적을 다루는데, 이 유적은 기원전 7500년경부터 대략 1,800년 동안 존재했던 신석기 농경집단의 정착지였다. 필자는 그 주민이 어디로부터 왔고, 어떤 신앙과 삶의 방식을 가졌는지, 그 삶의 방식이 어디서 영향 받았고 어디로 전파되었는지를 추적하면서 아나톨리아 지방이 갖는 '동서양 문명의 접점'으로서의 초기적 양상을 드러낸다.

김헌은 그리스 고전작품인 『일리아스』와 『오디세이아』의 배경인 트로이아 전쟁과 트로이아 즉 일리온을 다룬다. 기원전 12세기경 그리스 연합군과 트로이아 동맹군 사이에 벌어진 이 전쟁을 아시아 대 유럽의 전쟁이자 미케네 대 히타이트의 문명전쟁으로 볼 수 있다고 필자는 말한다. 또한, 두 문명 중 어느 것이 과연 더 문명적이었는가, 어느 것이 다른 것에 영향을 주었다고 할 수 있는가 하는 흥미로운 물음을 던진다.

이어서, 김기영은 소아시아 왕국인 프리기아와 리디아와 연관된 디오니소스 신을 다루는데, 이 신은 그리스 문화예술의 창조원리였던 동시에 고대 그리스인의 일상 삶에 깊이 뿌리내려 있었다. 디오니소스 신은 토착 신이자 이방의 신이었고, 남성이자 여성이었고, 신인 동시에 인간이자 동물이었다. 필자는 이 신이 양 극단으로 나뉘어 다투는 상황에서 갈등을 해소하는 힘과 지혜를 상징한다고 설명하며, 이 '통합자' 신이 주변부에 속한 공동체 구성원들을 통합시키고 도시국가 공동체를 젊게 만들었다고 주장한다.

임성진은 최초의 서양철학자인 탈레스, 아낙시만드로스가 그리스 본토가 아닌 이오니아 지방의 밀레토스 출신이었음에 주목하고, 서양철학이 이곳에서 탄생한 까닭을 추적한다. 그리하여 밀레토스가 동방, 이집트, 그리스의 사유의 교류장소였던 까닭에 거기서 실용적 차원을 넘어선 사유가 일어나게 되었음을 설명한다.

또한, 곽문석은 프톨레마이오스가 쓴 천문점성서 '테트라비블로스'가 여러 언어로 번역되면서 1,400여 년 동안 동쪽으로 전파된 과정을 밝힌다. 하늘의 대행자를 자처했기에 우주의 운행이치를 꿰고 있어야 했던 중국과 조선의 지도자들은 그리스인이 쓴 천문지식에 바탕을 두었다는 것이다.

제2부의 글들은 기독교문명이 전개되면서 이스탄불과 아나톨리아에서 이루어졌던 다양한 문명교류양상을 드러낸다.

안연희는 콘스탄티노플 곧 콘스탄티누스의 도시와 비잔틴 세계가 어떻게 탄생했는지를 그려 낸다. 콘스탄티노플에서는 로마나 예루살렘에서와 달리 옛것과 새로움이 교차되면서, 그리스도교와 이교적 유산의 새로운 공존이 시도했음을 설명한다.

송유레는 비잔틴 제국의 유스티니아누스 황제에 의해 건설된 하기아 소피아 성당이 기독교의 '거룩한 지혜'를 공간적으로 표현하기 위해 고대 이교도의 지혜, 특히 신플라톤주의의 기하학을 사용했음을 보인다. 이런 시각에서 하기아 소피아는 '거룩함의 기하학'을 통해 기독교와 이교가 교차하는 문명의 접점으로 드러난다.

최진묵은 중국의 당대에 기독교가 유입된 양상을 다룬다. 불교, 도교, 유교의 흔적이 뒤섞인 복잡한 실체에 대해, 1,000여 년 전 중국에 전래된 또 다른 기독교, 경교(景教)에 대해 설명한다.

박배형은 비잔틴 미술과 성상파괴운동을 다룬다. 성상파괴운동은 예술, 종교, 정치 문제가 한데 만난 특별한 사건이자 그리스로마의 문화전통과 유대교, 기독교 전통이 만난 문명사적 대사건이었다고 설명한다. 종교미술의 역할에 대해 그토록 이례적으로 격렬하고도 오랫동안 벌어진 논쟁의 영향과 의의를 밝힌다.

박용진은 이 지역에서 전개된 십자군전쟁의 역사를 살펴본다. 4차 십자군은 콘스탄티노플을 공격함으로써 기독교인이 기독교문명을 파괴하고 기독교인을 약탈하는 역사를 낳았다. 콘스탄티노플이 종교적 분열의 도시였던 동시에 관용이 공존하는 도시였음을 그는 설명한다.

마지막으로 제3부에서는 이 지역의 이슬람 문명이 동방과 서방을 잇고 고대와 현대를 잇는 양상을 다룬다.

김능우는 이스탄불이 이슬람세계에서 지닌 문화사적 위상을 조명한다. 특히 메카, 메디나가 아닌 이스탄불에 무함마드의 성물이 보관되어 있는 까닭에 대해 물음을 던진다. 이에 필자는, 몽골의 침입으로 압바스 국이 무너진 후 투르크족이 아랍인을 대신해 이슬람을 지켜 내고 오스만 제국의 술탄들이 이슬람 수호자를 자임하며 여러 정복지에서 가져온 보물로써 그들의 위상을 강화하려 했다는 점에 주목한다.

김성수는 2세기 소아시아 반도 북서부의 페르가몬에서 태어나 활동한 갈레노스에 주목한다. 갈레노스가 남긴 인체기관에 대한 정밀한 기록과 의학적 연구성과가 로마 제국과 동로마 제국에서는 학술적으로 진전되지 못했다가 이슬람 제국의 탄생과 함께 아랍어로 번역되어 이슬람의학의 발전을 이끈 역사를 추적한다.

서정일은 오스만 고전기의 건축가 미마르 시난과 당시의 건축문화를 다룬다. 제국의 통치를 위해, 또한 신의 나라를 위해 완벽한 불멸의 건축을 추구하면서 견실함과 아름다움의 균형을 추구한 그의 건축이념이 당대 유럽 르네상스 건축의 가치 체계와도 밀접하게 닿아 있었음을 주장한다.

김윤경은 근대영국인들이 쓴 터키여행기들 속에서 다양한 시선들을 서로 비교하여 읽는다. 선입관에 따른 솔직하고 즉각적인 반응은 물론, 상류층 지식의 지적이고 객관적인 시선, 기독교인의 자존심으로 인한 경직된 시선, 여성적 시각에서 이국적 면모를 자신감 있게 소비하는 시선 등을 구별하여 해설해 준다.

마지막으로 안성찬은 2013년 터키를 뒤흔든 탁심광장의 민주시위를 조망하면서, 근현대국가 터키가 오리엔트와 옥시덴트 사이에서, 세속주의와 이슬람주의 사이에서 미묘한 긴장 속에 여전히 남아 있음을 보여 준다.

이 모든 글들은 오늘날 우리 인류의 문명적 유산들이 과거로부터 전해져 온 여러 문명적 내용들 간의 상호전파와 중첩, 융합의 결과임을 새삼 되새겨 주고 있다. 이러한 문명적 현상은 이스탄불과 아나톨리아에 국한되지 않음은 자명하다. 우리 한반도의 문명을 비롯한 인류의 다른 문명들의 정체성과 미래를 성찰하려면, 이와 같은 문명적 관점의 학제연구와 공동연구를 다양하게 시도해서 문명에 대한 더 보편적인 원리와 연구의 길을 발견해 나아가야 할 것이다. 이것이 서울대학교 인문학연구원 HK문명연구사업단이 지향해 온 연구의 목표였고, 이번의 단행본 출판은 그중 한 가지 작업이었다.

끝으로 이 탐사와 저술의 과정에 도움을 주신 많은 분들께 감사

인사를 전한다. 터키답사를 총괄기획한 송유레 교수님, 신동아 연재를 기획한 김성수 교수님과 송홍근 기자님, 이스탄불문화원과 후세인 이지트 원장님, 터키문학자 이난아 교수님, 정형민 전 서울대학교 미술관 관장님, 답사에도 함께 참여하셨던 송용준 전 인문학연구원 원장님, 그리고 김주원 원장님, 이강재 부원장님을 비롯해 크고 작은 소중한 도움을 주신 모든 분들께 깊이 감사 드린다.

저자들을 대표하여 서정일

차례

그림차례 및 출전

제1부

아나톨리아의 고대문명

제1장

문명의 십자로에 우뚝 선 '차탈회육'

동서 간 문화 교류를 증언하다

고일홍

'아나톨리아(Anatolia)'는 아시아 대륙의 서쪽 끝에 위치한 커다란 반도지역을 지칭하는 용어로, '동쪽' 혹은 '해가 뜨는 곳'이라는 뜻을 가진 그리스어 아나톨레(Ἀνατολή)에서 유래했다. '소아시아'라고도 불리는 아나톨리아 지역은 오늘날 터키 영토의 대부분을 차지하는 이 나라의 동쪽, 즉 아시아 부분에 해당된다. 아시아 대륙과 유럽 대륙이 만나는 지정학적 위치로 인해 아나톨리아 지역에는 예부터 이주, 교역, 정복전쟁 등의 이유로 많은 집단이 오고 갔으며, 그중 일부 집단은 그곳에 정착했다. 그 결과 '동서양 문명의 접점'이라 불리는 아나톨리아 지역에는 그러한 집단들이 남긴 수많은 유적지가 산재하며, 세계문화유산으로 지정된 곳도 무려 아홉 곳이나 된다. 그렇다면 아나톨리아 지역은 얼마나 오래전부터 인류의 문화와 문명이 교차하는 지점으로서 중요한 역할을 했던 것일까? 그 해답의 열쇠가 되는 곳이 바로 차탈회육(Çatalhöyük) 유적이다.

아나톨리아 고원의 남쪽에 있는 코냐(Konya)에서 남동쪽으로 50킬로미터 떨어진 평야 한가운데 야트막한 구릉이 하나 솟아 있는데, 그곳이 바로 차탈회육 유적이다. 차탈회육은 이 지역의 신석기시대인 기원전 7500년경 이후로 대략 1,800년 동안 당시로서는 어마어마한 인구를 가진 농경민 집단이 한곳에 계속 살면서 형성된, 거의 도시 수준의 마을이었다. 이 농경민 집단은 진흙 벽돌로 잘 지어진 사각형의 주택에서 거주하다가 특이하게도 약 100년 주기로 오늘날 우리 식으로 말하자면 '재건축'을 했다. 그런데 이들은 기존의 주택을 완전히 철거하지 않고 그것을 부수고 메운 다음, 그 잔해 위에 새로운 주택을 지었다. 그 결과 천 년이 넘는 세월이 지나면서 최초의 마을이 조성되었던 자리에는 높이 20미터에 달하는 인공 언덕이 형성되었다. 즉, 이 마을 최후의 거주민들은 20미터 고층 건물의 꼭대기 층에 살았던 셈이다. 그런데 한때 인구가 6,000명에 달하던 이 마을은 기원전 5700년경에 이르러 갑작스럽게 버려졌다. 그 확실한 원인은 알 수 없으나, 아마도 기후변화의 영향을 받았던 것으로 보인다. 이후 차탈회육 마을은 사람들의 기억 속에서 사라져 버렸고, 그것의 물질적 흔적인 인공 언덕은 자연 경관의 일부가 되었다. 그러한 상태로 약 7,500년이 지나다가 1958년 영국인 고고학자 멜라트(J. Mellaart)와 그의 동료들이 차탈회육 유적을 발견하면서, 20미터에 이르는 삶의 잔해에 숨어 있던 비밀이 하나씩 밝혀지게 되었다.[1]

차탈회육 유적의 발굴은 오늘날에도 진행되고 있으며, 아직 유적 전체의 10%도 채 조사되지 않은 상황이다. 이 유적에 대한 발굴이 이렇게 더디게 진행되는 것은 유적의 규모가 워낙 크기 때문이기도 하지만(그 면적이 약 4만 평에 이른다), 무엇보다도 개발로 인한 유적의 파괴가 걱정되지 않는 상황인지라, 1993년 이래로 세계 각국의 고고학자들이 매년 여름 한철 동안 최신 발굴기법을 동원하며 그야말로 세밀하게 조사를 진행하고 있기 때문이다.[2] 그들이 쏟은 노력의 결과로 우리는 차탈회육의 마을에 거주했던 농경민 집단의 삶에 대해 놀라울 정도로 자세한 정보를 얻을 수 있게 되었다. 오늘날 고고학자들에게는 너무나 고맙게도, 당시의 거주민들은 주택을 폐기할 때 그 안에 담긴 자신들 삶의 흔적을 철저히 없애지는 않았다. 따라서 폐기된 주

---

1 J. A. Mellaar, *Çatal Hüyük: A Neolithic Town in Anatolia*, New York: McGraw-Hill, 1967.

2 *Çatalhöyük Archive Report 1993-2015*.(http://www.catalhoyuk.com:8080/archive_reports)

택들의 잔해를 조심스럽게 걷어 내면서 고고학자들은 차탈회육 주민들이 어떠한 주택에서 살았는지뿐만 아니라, 그 주택 내 어느 지점에서, 그리고 어떠한 시설에서 잠을 자고 밥을 먹었는지, 또한 죽은 자들의 시신은 어떻게 다루었는지, 심지어는 그들이 어떠한 종교생활을 했는지까지 알 수 있게 되었다.

차탈회육 유적은 이렇듯 남부 아나톨리아 지역에 살았던 신석기 시대 농경민의 삶에 대해 추상적으로만 인식하지 않고, 그들이 느꼈을 삶의 희로애락에 생생하게 접근하게 해 준다. 그런데 차탈회육 유적은 대부분의 터키 여행 안내서에서 특별히 강조되어 있지 않다. 따라서 그곳의 존재도 모르는 채 터키 여행을 다녀오는 사람도 많을 것이다. 이는 참으로 안타까운 상황일 수밖에 없다. 왜냐하면 그곳의 중요성은 일찍이 호메로스가 노래했던 트로이나 히타이트 제국의 수도인 핫투샤 등 아나톨리아 지역의 유명 유적지에 결코 뒤지지 않기 때문이다. 그렇다면 차탈회육의 주민은 과연 어디에서 왔으며, 어떻게 살고, 무엇을 먹었으며, 어떠한 신앙을 가졌던가? 또한 그들의 이러한 삶의 방식은 어디로부터 영향을 받은 것이며, 이후 또 어느 지역으로 전파되었는가? 이 질문들에 대한 해답을 하나씩 찾아 나감으로써 우리는 아나톨리아 지방이 갖는 '동서양 문명의 접점'으로서의 면모에 대해 더욱 자세히 이해할 수 있을 것이다.

차탈회육의 주민은 누구인가?

아나톨리아 지역에 사람이 살기 시작한 것은 구석기 시대부터다. 이곳의 구석기 주민들은 동굴에 거주하면서 수렵과 채집에 의존해 생계를 꾸려 나갔고, 아나톨리아 남서부의 오쿠지니(Okuzini) 동굴에서 확인된 것과 같은 동굴벽화도 남겼다. 그런데 이러한 수렵-채집민이 신석기 시대에 들어와서 농경을 자체적으로 수용했던 것 같지는 않다. 즉, 이들이 차탈회육 유적을 남긴 농경민 집단의 조상일 가능성은 낮다는 뜻이다. 그렇다면 차탈회육에 처음으로 정착한 주민은 어디에서 온 것일까? 잘 알려져 있듯이 지구상에서 농경이 최초로 발생한 지역은 소위 '비옥한 초승달 지대'라고 불리는 곳이다. 마치 엎어놓은 초승달과 같은 이곳의 서쪽 지역은 이스라엘과 레바논, 시리아를 관통하고(이 세 곳을 합쳐 흔히 레반트 지역이라고 한다), 동쪽 지역은 이라크와 이란을 지나며, 그 정점은 아나톨리아 반도의 동남부에 자리하고 있다. 비옥한 초승달 지대에서 농경이 시작될 수 있었던 것은 무엇보다도 그곳에 야생 양과 염소, 소, 돼지가 서식하고, 야생 밀과 보리가 많이 자라났기 때문이다. 즉, 야생 동식물 자원이 풍부한 비옥한 초승달 지대의 자연적 환경 속에서 수렵채집민은 동물과 식물의 습성을 가까이에서 지속적으로 관찰할 수 있었고, 그 결과 그 야생종을 점진적으로 길들여 나갔다는 것이 농경의 발생에 관한 대표적인 가설이다.

이와 같은 과정을 통해 비옥한 초승달 지대의 신석기 시대 주민들은 기원전 9000년경부터 밀과 보리를 재배하고 소와 양, 염소를 사육하기 시작한 것으로 보인다. 이는 이 무렵부터 본격적으로 사용되기 시작한 곡식 제분용 갈돌과 갈판의 존재를 통해, 또한 고고학 유적에서 높은 비율로 발견되는 어린 가축의 잔해를 통해 알 수 있다. 후자에 대해 좀 더 자세히 설명하자면, 가축 사육의 중요한 특징은 매년 태어나는 동물의 50% 정도만을 선택적으로 (그것도 주로 암컷을) 사육하고 나머지는 잡아먹는다는 것이다. 비옥한 초승달 지대에서는 이러한 선택적 사육이 기원전 9000년경부터 일어났다는 증거가 포착되었다. 기원전 12000년경 이전에 해당되는 유적들을 보면 쓰레기더미에서 발견되는, 다시 말해 잡아먹힌 어린 동물의 뼈는 20%에 불과한 반면, 기원전 8650년경의 유적에서는 어린 양의 뼈가 44-58%나 된다는 것이 확인되었다. 따라서 고고학자들은 이러한 증거를 기반으로 비옥한 초승달 지대에서는 기원전 9000년경에 농경사회로 전환이 이뤄졌다고 보고 있다.[3]

그런데 비옥한 초승달 지대의 농경민은 이내 새로운 경작지와 목초지를 찾아 주변 지역으로 이주하기 시작했고, 그 과정에서 농경과 그것에 동반된 새로운 삶의 방식이 확산된 것이다. 서쪽 지역으로의 확산에 대해 언급하자면, 두 개의 확산 경로가 있었던 것으로 보인다. 첫 번째 경로를 따라 이주한 농경민은 아마도 레반트 지역의 해안가 지역을 출발해 바다를 가로질러 우선 키프로스에 도착한 다음, 그곳에서부터 다시 크레타와 그리스 본토의 남쪽 지역으로 퍼져 나간 것으로 보인다. 두 번째 경로는 레반트 북부 지역에서 시작해 아나톨리아 반도를 관통한 다음 보스포루스 해협을 넘어 발칸 반도로 이어지는 육상 경로인데, 바로 이 경로를 따라 이주하던 농경민 중 일부가 아나톨리아 고원에 정착했던 것이고, 그러한 정착 지점 중 한

---

3 M. A. Zeder, "Domestication and Early Agriculture in the Mediterranean Basin: Origins, Diffusion, and Impact," *Proceedings of the National Academy of Sciences of the United States* 105(33), 2008, 11597-11604쪽.

곳이 바로 차탈회육이다. 다시 말해, 차탈회육 유적은 두 대륙이 만나는 아나톨리아 지역에서의 주민이동이 가져온 매우 오래된 결실 중 하나로 볼 수 있다.[4]

정착생활의 뚜렷한 증거 – 텔 유적

오늘날 차탈회육이 자리한 코냐 평원에 도착한 초기 농경민 집단은 챠르샴바(Çarşamba) 강의 지류가 지나가는 저습지대의 한가운데에 솟아 있는 마른 땅 위에 마을을 형성했다. 사실 최초의 마을이 정확히 어떤 형태였는지는 알 수 없다. 왜냐하면 차탈회육 유적에 대한 발굴조사가 아직 최하층에까지는 도달하지 못했기 때문이다. 하지만 이후 마을 잔해를 통해 확인된 바에 의하면 주민은 단순한 관개시설을 이용해 밀과 보리를 재배했을 뿐만 아니라 완두콩도 키웠고, 열매로 술을 담그고 견과류를 짜서 식물성 기름도 얻었다. 또한 소와 양, 염소를 사육했을 뿐만 아니라 야생소의 일종인 오로크와 늑대, 여우 그리고 표범도 사냥했다.

이렇듯 풍부한 식량 자원을 바탕으로 차탈회육의 주민들은 한곳에 계속 머물 수 있게 되었고, 그 결과 한 지점에서 1,000년 넘게 존속된 마을을 유지할 수 있었다. 그런데 현재까지의 조사 내용에 따르

4 R. Pinhasi and M. Pluciennik, "A Regional Biological Approach to the Spread of Farming in Europe: Anatolia, the Levant, South-Eastern Europe, and the Mediterranean," *Current Anthropology* vol. 45, Aug-Oct Supplement: S59-82, 2004.

면 차탈회육의 모습은 우리가 상상할 수 있는 여느 농촌 마을 혹은 도시와는 너무나도 달랐다. 우선 이곳에는 거주용 주택만이 들어섰던 것으로 보이며, 뚜렷이 '공공건물'이라 여길 만한 건물의 흔적은 아직 확인된 바 없다. 물론 그 '주택' 중 일부는, 내부의 양상으로 미루어 볼 때, 사당과 같은 성격을 가졌을 수도 있다. 하지만 중요한 것은 최소한 외관상으로는 건축물의 차별화가 포착되지 않는다는 점이다. 이러한 사실을 바탕으로 고고학자들은 차탈회육 사회를 완전한 평등사회로 보고 있다. 차탈회육 마을의 또 다른 특이점은 주택의 성격에서 찾아볼 수 있다. 진흙 벽돌로 지어진 이 주택들은 마을의 초기 단계부터 다닥다닥 붙어 있었다. 그런데 시간이 지나고 아마도 인구밀도가 높아지자 주택들은 점점 더 밀집되었고, 나중에는 아예 외벽이 연결되었다. 참고로 이렇게 된 데에는 마을의 입지가 중요하게 작용했던 것으로 보인다. 즉, 이 마을이 애초에 저습지대 한가운데에 있는 마른 땅 위에 조성되었기 때문에 옆으로 확장하기는 힘들었을 것이고, 한정된 공간 내에 점점 더 많은 집을 짓다 보니, 결국에는 벌집 형태의 마을이 형성되었다는 것이다. 따라서 차탈회육 주민들은 주택의 천장에 구멍을 뚫어 이것을 출입구이자 채광창이자 환풍구로 사용하기에 이르렀고, 또한 주택들이 연결된 옥상은 마을의 도로 및 광장 같은 역할을 하게 되었다.[5]

이 개별 주택의 내부 공간에 대한 조사내용을 보면 무엇보다도 벽에 회칠을 했다는 점이 눈에 들어온다. 차탈회육의 주민들은 주택

---

5 남영우, 「터키 아나톨리아의 선사취락 차탈휘위크」, 『한국도시지리학회지』 2(2), 1999, 47-59.

의 모든 내벽은 물론 바닥 위에 조성된 단상에도 하얗게 회를 발랐다. 따라서 주택의 내부는, 비록 지붕에 나 있는 구멍 하나만을 통해 햇빛이 들어왔어도, 생각보다 훨씬 더 밝고 쾌적한 공간이었을 것이다. 고고학자들이 현미경을 이용해서 잔존 주택 벽체의 단면을 관찰한 결과, 이러한 회칠은 여러 차례에 걸쳐, 그리고 주기적으로 이루어졌음을 확인할 수 있었다. 일부 고고학자들은 차탈회육 유적의 입지 자체가 이러한 회칠과 관련이 있다고 보기도 한다. 즉, 농경지와는 어느 정도 떨어져 있는 저습지대에 마을을 계속 유지했던 것은 경작지와 목초지로 매일 오고 가는 번거로움이 있기는 하지만 바로 이곳의 저습지대에서 회벽의 원료가 되는 백악(白堊) 성분이 가미된 진흙 상태의 이회토(泥灰土)를 구할 수 있다는 편리함을 중시했기 때문이라는 것이다.[6]

차탈회육의 주민들은 이렇게 정성스럽게 관리하던 주택을 주기적으로 폐기하고 그 위에 새로운 주택을 지었다. 현재까지의 조사 성과에 따르면 이러한 폐기와 재건축의 과정은 총 18차례에 걸쳐 일어났다. 이 18개 층을 이루는 주택 잔해가 차곡차곡 쌓이면서 차탈회육 유적이 만들어졌는데 고고학자들은 이와 같은 과정을 통해 형성된 인공 언덕을 '텔(tell)'이라고 한다. 참고로 '텔'은 이 지역의 언어로 '언덕'을 의미한다. 사실 농경민 집단이 한곳에 정착했다고 텔 유적이 무조건 형성되는 것은 아니다. 텔 유적이 만들어지기 위해서는 사람들이 수백 년에 걸쳐 한 지점에 살아야 할 뿐만 아니라, 더 중요

6 B. H. Arkun, "Neolithic Plasters of the Near East: Catal Hoyuk Building 5, a Case Study," Unpublished MSc thesis, University of Pennsylvania, 2003.

하게는 주택의 주기적인 폐기와 재건축이라는 결코 보편적이지 않은 현상이 일어나야 한다. 결국 텔 유적은 독특한 거주 방식이 낳은 산물로 볼 수 있다. 비옥한 초승달 지대에 거주한 농경민들은 그러한 삶의 방식을 공유했던 것으로 보인다. 그런데 흥미롭게도 유럽 지역에서도 위에서 언급된 농경 확산의 두 번째 루트를 따라 이러한 텔 유적이 확인된다. 즉, 북부 그리스와 발칸 반도 그리고 북쪽으로는 헝가리 평원으로 연결되는 지역에 걸쳐 신석기 시대부터 조성된 텔 유적들이 분포하고 있다. 따라서 우리는 이러한 텔 유적의 분포를 통해 주택의 반복적인 재건축을 동반했던 독특한 삶의 방식이 비옥한 초승달 지역에서 처음 등장해 차탈회육 주민들에 의해서도 영위되었을 뿐만 아니라, 아나톨리아 지역을 거쳐 보스포루스 해협 너머에 있는 유럽 남동부 지역으로까지 확산되었음을 알 수 있다.[7]

흑요석 교역망의 중심

차탈회육에는 당시로서는 믿기 힘들 정도로 많은 수의 주민이 살았다. 이 글의 초반부에서는 아주 보수적인 계산법에 따라 그곳의 인구를 6,000여 명으로 소개했으나, 마을의 최전성기에는 무려 1만 명까

7 E. Rosenstock, "Early Neolithic Tell Settlements of South-East Europe in Their Natural Setting: A Study in Distribution and Architecture," In I. Gatsov and H. Schwarzberg (eds.), *Aegean - Marma - Black Sea: The Present State of Research on the Early Neolothic*, Proceedings of the Session held at the EAA 8th Annual Meeting at Thessaloniki, 28th September 2002, 115-126쪽.

지 살았을 것으로 추산된다. 그렇다면 차탈회육에서 이러한 대규모 인구를 지탱했던 경제적 기반은 무엇이었을까? 농경에만 의존해서 그러한 기반을 확보하기란 어려웠을 것이다. 따라서 다른 가능성도 생각해 볼 필요가 있는데, 특히 우리가 주목하는 것이 흑요석 교역이다.

흑요석은 검은색 계열의 화산석으로, 규산이 많이 포함되어 있어 그것을 깨뜨리면 마치 두꺼운 유리와 같은 파편을 얻을 수 있다. 따라서 그것을 가공하면 금속 날 못지않게 날카롭고 정교한 돌날을 만들 수 있다. 선사시대 사람들은 이러한 흑요석을 매우 귀하게 여겼다. 그런데 흑요석은 화산 활동의 산물인 만큼 그것의 원산지는 매우 한정되어 있으며, 그 결과 화산석에 대한 수요는 광범위한 고대 교역망의 성립을 가져오기도 했다. 차탈회육의 경우에는 동쪽으로 140킬로미터 떨어져 있는 카파도키아 지방의 화산지대에서 흑요석을 채취했던 것으로 보인다. 그렇게 확보한 흑요석의 교역을 바탕으로 레바논의 삼나무나 지중해 해안가의 조개껍데기 등은 차탈회육으로 오게 되었고, 이러한 자원의 풍요 속에서 건축과 문화와 미술의 발달이 이루어졌다.

당시 주민들이 카파도키아 지방의 화산지대에서 나오는 흑요석을 얼마나 중요하게 여겼는지는 일부 학자들에 의해 인류 최초의 지도라고도 불리는 '차탈회육 지도'를 통해 알 수 있다. 기원전 6200년경 사당으로 사용되었을 가능성이 있는 이 유적의 한 주택에서는 벽화가 하나 발견되었는데, 이 벽화의 근경에 벌집 모양의 차탈회육 마을이 묘사되어 있고, 원경에는 두 개의 봉우리를 가진 화산이 그려져 있는데, 이는 카파도키아의 대표적인 화산인 하산 다아(Hasan Dağ)를 표현한 것으로 이해되고 있다(참고로 오늘날에도 차탈회육 유적에서 하산 다아 화산이 보인다). 화산의 봉우리 중 하나는 흑요석의 원료가 되는 용암을 분출하는 것으로 그려져 있는데, 하산 다아는 당시에 활화산이었다고 한다. 따라서 이 그림은 하산 다아에 대한 경외심과 공포를 동시에 표현한 것으로, 차탈회육 주민들의 흑요석 숭배 신앙을 반영하는 것으로 해석되기도 한다.[8]

흑요석에 종교적 의미를 부여하지 않더라도 당시 주민들이 그것을 얼마나 귀하게 여겼는지 짐작할 수 있다. 왜냐하면 차탈회육은 흑요석을 바탕으로 한 거대한 장거리 교역망의 한 거점으로 성장할 수 있었기 때문이다. 즉, 흑요석의 주요 수출 지점이었던 차탈회육은 아나톨리아 지역뿐만 아니라 비옥한 초승달 지대를 아우르는 장거리 교역망의 한쪽 끝을 이뤘던 것으로 보인다. 그렇다면 이 교역망의 끝은 어디에 있었는가? 우선 동쪽으로는 그리스의 크레타 섬에서 차탈회육에서 온 흑요석이 확인된 바 있다. 또한 남쪽으로는 1,000킬로미터 떨어져 있는 팔레스타인 지역의 예리코(구약성경에 나오는 여리고성)까지 이 교역망이 이어졌다. 요르단 강가에 위치했던 예리코의 신석기시대 마을 역시 텔을 형성했는데[그 유적의 정확한 명칭은 텔 엣 술탄(Tell es-Sultan)이다], 이곳의 주민들은 가까이에 있는 사해로부터 당시로서는 아주 귀한 방수 재료였던 역청(瀝靑)을 확보해 이것을 수출하고 그 대신 차탈회육에서 온 흑요석을 얻었던 것이다. 결국 이러한 최첨단 원료에 대한 수요를 기반으로 아나톨리아 지역을 중심에 두고 동

8 남영우, 「인류 최초의 지도 '차탈휘위크 맵'의 발굴경위와 지도학적 특징」, 『한국지도학회지』 11(2), 2011, 1-14.

쪽으로는 지중해 지역, 남쪽으로는 남부 레반트 지역으로 이어지는 장거리 교역망이 형성되었고, 이 교역망을 통해 새로운 기술과 새로운 사상과 새로운 종교의 교류와 확산이 이루어졌다.[9]

차탈회육 주민들의 죽음

그렇다면 건물들이 다닥다닥 붙어 있던 차탈회육에서 죽은 자들은 어디에 묻혔을까? 놀랍게도 그들은 산 사람들과 공간을 나누어 썼던 것으로 보인다. 즉, 차탈회육에서는 500여 개의 무덤이 확인되었다. 그런데 흥미롭게도 인골들은 주택의 바닥(특히 화덕이 있던 자리) 아래에서뿐만 아니라, 단상 아래에서, 심지어는 침대 시설 아래에서 발견되었다. 인골의 상태를 보면 시신을 쭈그린 자세로 꽁꽁 싸맨 다음 바구니에 담거나 돗자리로 돌돌 말아 산 사람들의 공간에 함께 묻었음을 알 수 있다. 한편 해체된 상태의 인골들도 종종 발견되기 때문에 마을 외곽에 풍장(風葬)을 한 다음 뼈를 다시 추려 오는 이차장(二次葬)의 풍습도 있었던 것으로 보인다. 그런데 단순한 풍장이 아닌 조장(鳥葬)이 행해졌을 가능성도 있다.

조장의 증거는 차탈회육의 '독수리 사당' 벽화에서 확인할 수 있다. 우선 7번 사당의 경우 두 개의 벽면을 따라 거대한 독수리 일곱 마리가 그려져 있는데, 각 독수리의 펼쳐진 날개 길이가 무려 150센

9 J. Connolly, *The Çatalhöyük Flint and Obsidian Industry: Technology and Type in Context*, Oxford: Biddies, Ltd., 1999.

티미터나 된다. 이 독수리들은 6명의 사람 위를 날고 있는 것으로 표현되어 있는데, 그 사람들을 자세히 관찰해 보면 머리가 없다. 따라서 학자들은 이 벽화가 사람의 머리를 쪼아 먹는 독수리 신의 모습을 그린 것으로 해석하고 있다. 또한 6번 사당의 벽화에는 두 개의 목조탑 위에 앉아 있는 독수리들이 그려져 있다. 그런데 한쪽 탑에는 독수리 두 마리가 사람의 머리를, 그리고 또 다른 탑에는 거꾸로 매달려 있는 머리가 없는 사람을 독수리 두 마리가 앉아서 내려다보고 있다. 그런데 이러한 조장은 기원 전후 무렵 조로아스터교를 믿었던 페르시아인들의 매장 풍습이기도 했으며, 또한 쿠르드족의 매장 풍습이기도 하다. 따라서 우리는 이러한 독수리 사당 벽화들을 통해 아나톨리아 지역과 비옥한 초승달 지대를 포함하는 넓은 지역의 문화적 전통 속에 조장이 전해져 왔으며, 그것이 지금으로부터 약 8,000년 전에는 차탈회육 유적에서, 약 2,000년 전에는 페르시아에서, 그리고 이후로도 쿠르드족 사이에서 계속 나타난 것으로 볼 수 있다.[10]

마지막으로 차탈회육에서는 주택의 바닥 아래에서, 그리고 종종 마을의 다른 곳에서 사람의 두개골이 발견된다. 마모된 상태로 보아 이 두개골들은 한동안 산 사람들의 영역에서 한동안 전시되고 전승된 이후에 묻혔던 것으로 보인다. 이렇듯 시신으로부터 두개골을 분리하여 그것을 따로 보관했던 행위가 어떤 의미를 가졌는지에 대해서는 뜨거운 논란이 진행되고 있다. 그 두개골이 '조상'을 나타낸다는 것이 통설이었으나, 두개골에 대한 형질인류학적 분석을 진행한

10 D. Gifford-Gonzalez, "On Beasts in Breasts. Another Reading of Women, Wildness and Danger at Çatalhöyük," *Archaeological Dialogues* 14(1), 2007, 91-111.

결과, 두개골의 성별과 연령대가 다양하다는 것이 확인되어 새로운 해석이 요구되고 있는 실정이다.[11] 그런데 우리가 특히 주목해야 하는 것은 2004년에 한 여성의 무덤에서 발견된 두개골이다. 이 두개골은 이 여성이 꼭 안고 있는 상태로 확인되었다. 놀랍게도 이 두개골에는 마치 살을 붙이듯 표면에 회반죽을 입혔고, 또한 산 사람의 혈색을 재현하듯이 그 위에 붉은 안료가 칠해져 있었다. 그런데 흥미로운 것은 이렇게 회반죽을 입힌 두개골이 주로 남부 레반트 지역에서만 보인다는 점이다. 즉, 지금까지 이러한 두개골이 90여 점 확인된 바 있으나 그 대부분은 시리아와 특히 예리코 유적에서 발굴되었다. 그 외의 지역에서는 오로지 아나톨리아의 차탈회육과 쾨스크회육(Köşkhöyük), 그리고 북부 메소포타미아의 텔아스와드(Tell Aswad) 유적에서만 보인다. 이에 덧붙여 주목해야 할 점은 아나톨리아 지역에서 발견된 회반죽 두개골의 연대가 남부 레반트 지역의 그것들보다 훨씬 더 늦다는 사실이다. 즉, 남부 레반트 지역 회반죽 두개골의 연대는 토기가 사용되기 이전의 신석기시대인 기원전 9000-6000년경에 해당되는 반면, 차탈회육의 두개골은 기원전 6000년기, 그리고 쾨스크회육에서 발견된 13점의 두개골은 기원전 5000년기로 그 연대가 비정되었다. 따라서 우리는 차탈회육의 회반죽 두개골을 통해 이곳과 레반트 지역을 연결했던 장거리 교역망을 따라 의례적 요소가 전파되었음을 알 수 있고, 전파의 과정 속에서 그러한 의례적 요소가

11 M. Bonogofsky, "A Bioarchaeological Study of Plastered Skulls from Anatolia: New Discoveries and Interpretations," *International Journal of Osteoarchaeology* 15(2), 2005, 124-135.

한동안 더 존속할 수 있었음을 확인할 수 있다.[12]

차탈회육에서의 종교와 제의

차탈회육에서는 흙으로 빚은 여성 소상(小像)이, 주로 '사당'으로 생각되는 공간에서 다수 발견되었다. 그중 양옆에 표범이 지키고 있는 앉아 있는 지모신(地母神) 소상이 가장 유명한데, 곡식 저장고에서 발견되었기에 이 소상은 식량을 지키는 의미를 가졌던 것으로 해석되기도 했다. 차탈회육을 처음으로 발굴한 멜라트는 이러한 여성 소상들에 특히 주목하여 당시 사회가 지모신을 숭배하는 모계사회였던 것으로 해석했다. 이러한 멜라트의 해석을 근거로 일부 고고학자들은 유럽 남동부 지역에서 발견되는 여성 소상들 역시 모계사회의 산물로 보고, 유럽 남동부 지역과 아나톨리아 지역의 신석기시대 사회를 가부장제의 폐단으로부터 자유로웠던 이상적인 원시 모계사회로 규정하기도 했다. 1990년대에 들어와 차탈회육에 대한 발굴이 다시 시작되면서 2,000여 점의 토제 소상들이 추가적으로 발견되었는데, 대부분의 소상이 동물을 형상화한 것이며 여성 소상은 5%에 불과하다는 사실을 확인할 수 있었다. 따라서 오늘날에는 차탈회육에서의 지모신 숭배와 그것의 유럽으로의 파급에 대해 회의적으로 보는 입장이 강한다. 한편, 차탈회육에서는 황소 뿔을 모신 사당들도 확인되

12 C. Kroucher, *Death and Dying in the Neolithic Near East*, Oxford: Oxford University Press, 2012.

기도 했는데, 이를 통해 황소 숭배가 이뤄졌음을 알 수 있다. 그런데 잘 알려져 있듯이 그리스 크레타 섬의 미노아 문명에서도 황소 숭배가 이루어졌다. 황소를 뛰어넘는 미노아 사람들의 모습은 궁전의 벽화나 인장에 묘사되었고, 황소의 뿔은 미노아의 가장 성스러운 종교적 도상(圖像)이기도 했다. 그런데 이러한 황소 숭배가 아나톨리아 지역에서 전파된 것으로 보는 것이 일반적인 견해이다.[13]

오늘날에도 이루어지는 동서 간 문화의 교류의 현장: '전 인류의 위대한 유산' 차탈회육에 대한 국제적 공동연구

차탈회육은 이렇듯 그곳을 기점으로 진행된 다양한 문화교류의 흔적을 담고 있다. 그런데 흥미롭게도 차탈회육 유적에 대한 발굴 역시 동서 간 문화교류의 현장이 되고 있다. 즉, 이곳에서는 국제적인 공동연구가 이루어지고 있는데, 터키의 셀주크 대학과 이스탄불 대학뿐만 아니라 영국, 미국, 독일, 남아프리카, 그리스 등에 있는 대학의 연구자들까지 발굴에 참가하고 있으며, 발굴을 주도하는 단장 이안 호더(Ian Hodder)도 스탠퍼드 대학에서 교수로 일하는 영국인이다. 차탈회육 유적의 발굴을 후원하는 단체들의 구성 또한 매우 국제적인데, 정유회사 쉘을 비롯해 보잉, 아이비엠, 비자 등과 같은 회사들이 포함되어 있다. 그런데 이는 참 놀라운 일이 아닐 수 없다. 사실, 차탈회육

---

13 W. Burkert, *Greek Religion*, J. Raffan (trans.), Cambridge: Harvard University Press, 1985.

과 같이 인류 역사에서 매우 중요한 유적이 만약 한국 영토에 위치해 있었다면 그것은 '전 인류의 위대한 유산'이기에 앞서 '한국인의 위대한 유산'으로 인식되어 한국 정부와 한국 고고학계가 조사하는 방식으로 진행되었을 것이다.

필자는 예전에 주 한국 이스탄불문화원 원장인 후세인 이지트 씨를 만날 기회가 있었다. 한국에서는 상상할 수 없는 위와 같은 상황, 즉 차탈회육 유적 발굴이 소위 '외국'학자들에 의해 주도되는 상황에 대해 터키 국민이 불만을 표명하지는 않느냐는 질문을 던졌다. 그런데 그분은 뜻밖의 답변을 했다. 차탈회육 유적이 터키 사람들의 소유물이 아니라 전 인류의 자산인 만큼, 전 세계 학자들이 그것을 함께 발굴하는 것은 당연하다는 답이었다. 이는 한국에서 고고학을 하는 필자로 하여금 많은 생각을 하게 만들었고, 또한 우리 스스로를 되돌아보게 하는 답변이 아닐 수 없었다. 또한 한편으로, 국경을 뛰어넘는 차탈회육 유적의 전 인류적인 중요성을 확인케 하는 답변이기도 했다.

그 어떤 지역의 문화도 한 곳에 머물러 있지 않다. 그것은 늘 움직이고 주변의 문화들과 상호작용을 하며, 그 결과 변화하고 더 풍부해진다. 이것이 동서 간 문화 교류가 활발하게 일어났던 차탈회육 유적이 주는 교훈으로, 대륙 문명과 도서 문명이 조우했던 교계지 한반도에 사는 우리에게 특히 귀감이 되는 교훈이기도 하다.

참고문헌

남영우, 「인류 최초의 지도 '차탈휘위크 맵'의 발굴경위와 지도학적 특징」, 『한국지도학회지』 11(2), 2011, 1-14.

______, 「터키 아나톨리아의 선사취락 차탈휘위크」, 『한국도시지리학회지』 2(2), 1999, 47-59.

Arkun, B. H., "Neolithic Plasters of the Near East: Catal Hoyuk Building 5, a Case Study," Unpublished MSc thesis, University of Pennsylvania, 2003.

Balter, M., *The Goddess and the Bull: Çatalhöyük: An Archaeological Journey to the Dawn of Civilization*, New York: Free Press, 2004.

Bonogofsky, M., "A Bioarchaeological Study of Plastered Skulls from Anatolia: New Discoveries and Interpretations," *International Journal of Osteoarchaeology* 15(2), 2005.

Burkert, W., *Greek Religion*, J. Raffan (trans.), Cambridge: Harvard University Press, 1985.

Çatalhöyük Archive Report 1993-2015.(http://www.catalhoyuk.com:8080/archive_reports)

Connolly, J., *The Çatalhöyük Flint and Obsidian Industry: Technology and Type in Context*, Oxford: Biddies, Ltd., 1999.

Gifford-Gonzalez, D., "On Beasts in Breasts. Another Reading of Women, Wildness and Danger at Çatalhöyük," *Archaeological Dialogues* 14(1), 2007.

Kroucher, C., *Death and Dying in the Neolithic Near East*, Oxford: Oxford University Press, 2012.

Mellaart, J. A., *Çatal Hüyük: A Neolithic Town in Anatolia*, New York: McGraw-Hill, 1967.

Pinhasi, R. and M. Pluciennik, "A Regional Biological Approach to the Spread of Farming in Europe: Anatolia, the Levant, South-Eastern Europe, and the Mediterranean," *Current Anthropology* vol. 45, Aug-Oct Supplement: S59-82, 2004.

Rosenstock, E., "Early Neolithic Tell Settlements of South-East Europe in Their Natural Setting: A Study in Distribution and Architecture," In I. Gatsov and H. Schwarzberg (eds.), *Aegean - Marma - Black Sea: The Present State of Research on the Early Neolothic,* Proceedings of the Session held at the EAA 8th Annual Meeting at Thessaloniki, 28th September 2002, pp. 115-126.

Zeder, M. A., "Domestication and Early Agriculture in the Mediterranean Basin: Origins, Diffusion, and Impact," *Proceedings of the National Academy of Sciences of the United States* 105(33), 2008, pp. 11597-11604.

제2장

망한 트로이 문명이 그리스를 지배했다

『일리아스』에 그려진 적과의 동침

김헌

프랑스 소설가 레이몽 크노(Raymond Queneau, 1903-1976)는 이렇게 말했다. "모든 위대한 문학작품은 『일리아스』이거나 『오디세이아』다."[1] 두 작품은 모두 "전설적인 시인 호메로스의 서사시로 알려져 있고" 트로이아 전쟁을 배경으로 한다. 『일리아스』는 천하의 싸움꾼 아킬레우스가 활약하는 전쟁의 이야기로 전쟁이 시작된 지 10년째 되는 해의 며칠 동안의 격렬한 전투를 다룬다. 책을 펴는 순간부터 분노와 격정으로 씩씩대는 건장한 사내들이 피 터지게 싸운다. 수많은 전사가 죽고 죽이는 잔혹한 장면이 작품 전체에 차고 넘친다. 한편 『오디세이아』는 최고의 지략가 오디세우스의 모험 이야기다. 트로이아 전쟁이 끝나고 10년 동안 에게해와 지중해 세계 곳곳을 헤매고 다니다가 어렵사리 귀향에 성공해 집안에 쌓여 있던 문제를 깨끗이 해소하는 그의 이야기는 모든 모험 이야기의 원형이라 해도 손색이 없다.

크노의 말대로라면 서양의 모든 위대한 문학작품은 전쟁 또는 모험의 이야기다. 그리고 문학이 인간 삶을 모방하고 재현하는 것이라면 우리 삶 자체가 모험과 전쟁의 연속이라는 말이 된다. 사실이 그런 것 같다. 우리는 매일 아침 집을 떠나면서 크고 작은 모험을 시작해서 하루 종일 다양한 종류의 전투 같은 일상을 치른 다음, 저녁이 되면 지친 몸을 이끌고 귀향하듯 귀가한다. 사랑조차 전쟁 같다는 노래도 있지 않은가. 삶과 문학에서 모험과 전쟁 이야기를 빼면 할 말

---

1 알베르토 망구엘, 『일리아스와 오디세이아 이펙트』, 김헌 옮김, 세종서적, 2012, 13쪽에서 재인용. 세계적인 독서가이며 저술가로 알려진 망구엘은 이 책에서 호메로스라는 인물의 실존과 창작의 문제, 그리고 그의 작품으로 알려진 『일리아스』와 『오디세이아』가 창작되고 전승되었으며, 고대에서 현대에 이르기까지 서구 문학사의 여러 대가들에게 어떤 영향을 주었는가를 흥미롭게 탐색한다.

이 별로 없을 것만 같다.

그렇다면 전쟁과 모험은 사람들의 삶을 형성하며 인류의 역사는 이 세상을 살아가는 사람들이 벌이는 모험과 전쟁의 누적이다. 따라서 큰 전쟁과 중요한 모험은 역사의 획을 긋는다. 문명이라는 것도 모험과 전쟁의 계기를 빼고 이야기하기 힘들 것이다. 특히 전쟁은 두 진영의 충돌이며 모험은 한 진영의 다른 진영에 대한 모색과 침투를 의미하므로 전쟁과 모험은 문명의 충돌이든 융합이든 흡수든 정복이든 두 문명권의 교류를 낳는다.

아시아 대 유럽

서양에서 가장 많이, 가장 오랫동안 사람들의 입에 오르내린 전쟁은 아마도 트로이아 전쟁일 것이다. 그리고 그것만큼이나 유명한 모험의 전형을 세운 인물은 오디세우스일 것이다. 특히 트로이아 목마 작전으로 트로이아 전쟁을 승리로 이끈 오디세우스의 모험 이야기는 일종의 은유와 상징으로서, 지금도 '미학 오디세이', '고전 오디세이', '평화 오디세이', '인물 오디세이'라는 식으로 활용되고 있다.

호메로스의 두 작품에 배경이 되는 트로이아 전쟁은 기원전 12세기경 그리스 연합군과 트로이아 동맹군 사이에 10년간 벌어졌는데, 그리스의 여러 나라가 대규모 연합군을 이루어 에게해(海) 건너편에 있는 트로이아로 쳐들어가면서 일어났다고 한다. 트로이아는 일리온 또는 일리오스라고도 불린 터라 서사시 제목이 『일리아스』가 된 것이다.[2] 지금의 터키가 차지하고 있는 아나톨리아 반도는 예나 지금이나 '소아시아(mikra Asia)'라고 하는데, 아시아 대륙의 서쪽 끝이다. 그러니까 그리스와 트로이아 사이에 전쟁이 벌어졌다는 것은, 요즘의 지정학적 개념으로 보면 아시아 대 유럽의 전쟁인 셈이다. 그것은 당시 그리스 사회를 지배하던 '미케네 문명'과 트로이아에 깊은 영향을 끼친 '히타이트 문명' 사이에 벌어진 피비린내 나는 문명의 충돌이라고도 할 만하다. 그리스 연합군의 총사령관은 미케네의 왕 아가멤논이었고, 그의 동생이며 스파르타의 왕인 메넬라오스가 2인자였다. 이들은 기원전 2000년경부터 꽃피어난 청동기 중심의 미케네 문명의 주역이다.

이 문명의 존재를 처음으로 캐낸 사람은 독일의 사업가 하인리히 슐리만이었다.[3] 그는 아가멤논의 무덤을 발견했고 그 안에서 발굴한 황금 가면이 아가멤논의 것이라고 굳게 믿었다. 비록 그것은 사실이

---

2 일리온과 일리오스는 모두 이 도성을 창건한 것으로 알려진 일로스의 이름에서 온 것이다. 『일리아스』 제20권에서 트로이아의 아이네이아스는 아킬레우스와 일대일 대결을 벌이기 전에 트로이아 왕족의 계보를 이야기하는데, 거기에서 트로이아와 일리온, 일리오스 지명의 유래를 알 수 있다. 그에 따르면 제우스(Zeus)가 다르다노스를 낳았고, 다르다노스는 에릭토니오스를 낳았다. 에릭토니오스는 트로스를 낳았는데 '트로스의 도성'이라는 뜻에서 '트로이아'라는 지명이 나온다. 트로스에게는 세 아들이 있었다. 일로스와 앗사라코스, 그리고 가뉘메데스다. 장남인 일로스의 이름에서 일리온과 일리오스라는 지명이 나온다. 일로스의 아들 라오메돈에게서 프리아모스가 태어나며, 프리아모스의 아들 가운데 가장 뛰어난 이가 아킬레우스와 최후의 결투를 벌이다가 장렬하게 전사하는 헥토르다(20.215-245).

3 하인리히 슐리만의 발굴에 관해서는 다음 책을 보라. 하인리히 슐리만, 『트로이의 부활』, 박광순 옮김, 넥서스, 1997.(이 책은 슐리만의 자서전이다.) 볼프강 코른, 『트로이의 비밀: 신화의 도시를 찾아서』, 조경수 옮김, 돌베개, 2015. 일반적으로 '트로이(Troy)'라는 명칭을 쓰는데, 이것은 영어식 표기에서 비롯된 것이다. 나의 글에서는 그리스어 표기에 맞게 '트로이아(Troia)'라고 하겠다.

그림 2.1. 아가멤논의 가면

아니었지만, 그곳에서 출토된 다양한 황금 장신구와 청동 무기, 화려하고 아름다운 도자기 등은 미케네의 왕 아가멤논이 가졌을 법한 부와 힘을 보여 주기엔 충분했다. 특히 미케네 궁전 벽에 그려진 이륜마차 그림은 그 궁전의 주인들이 전쟁터에서 위세를 떨쳤고, 그리스 본토와 펠레폰네소스 반도에 대한 지배권을 강화해 나갈 수 있었음을 짐작하게 해 준다(그림 2.1).

흥미로운 것은 미케네 벽화에 그려진 이륜마차가 미케네의 발명이 아니라 아나톨리아 반도를 거쳐 그리스로 유입된 것으로서 아나톨리아 반도 내륙 깊숙한 곳에 터를 두었던 히타이트 문명권을 대표하는 무기였다는 사실이다. 호메로스의 작품 『일리아스』에 등장하는 그리스 연합군과 트로이아 동맹군 전사들은 말 등 위에 직접 타지 않고, 대신 마차를 타고 전투에 임한다. 전투 방식이 같다는 것은 두 문명권 사이에 어느 정도의 교류가 있었음을 전제한다. 그런데 희한한 것은 그 전차의 역할이다. 전사들은 그것을 타고 전장을 헤집고 다니며 적을 무찌를 법한데 도무지 그런 기동성과 파괴력을 보여 주는 대목이 없기 때문이다. 전사들은 자기 진지로부터 마차를 타고 폼 나게 전쟁터로 달려가지만 정작 격전지에 도착하면 마차에서 내려 창과 칼로 싸운다. 그러니까 이륜마차는 전투의 수단이 아니라 운송의 수단인 셈이다.[4]

누가 더 야만스러운가?

아마도 호메로스는 마차의 전투적인 용도가 정확하게 무엇인지 알지 못했던 것 같다. 그가 앞이 안 보이는 맹인이어서가 아니라 그가 살던 시대에는 그 마차의 용도가 잊혔기 때문이었을 것이다. 호메로스는 역사적 고증에 충실하지 않은 채로 옛날이야기를 하는 셈이다. 사실 그가 그려 내는 시간과 공간의 상당 부분은 문학적 상상력에 의해 재구성된 것이라고 보는 것이 옳다. 그러므로 작품에서 그리스와 트로이아는 서로를 낯선 존재로 느끼지 않는다. 호메로스는 이미 두 지역이 하나의 문화권, 단일한 문명권으로 묶인 이후의 인물이기 때문

4 피에르 비달나케, 『호메로스의 세계』, 이세욱 옮김, 솔, 2004, p. 79. 이 책은 호메로스가 두 편의 서사시에서 그려 준 세계의 특징을 잘 정리해 주고 있다. 호메로스가 창작했던 문화적 환경에 대한 설명은 작품 속의 세계를 이해하는 데에 큰 도움을 준다.

일 것이다. 하지만 실제로 두 진영은 서로에게 낯선 존재들이었음에 분명하다.

그리스인을 하나로 묶어 주는 공감대는 같은 말을 사용한다는 것이었다. 그들은 자신들과 다른 말을 하는 사람들을 '바르바로스(barbaros)인'이라고 부르고 '헬라스 말을 쓰는 자신들(Hellenes)'과 다른 존재로 여겼다. 바르바로스는 나중에 '야만성'을 뜻하는 부정적인 단어로 사용되지만 원래는 도무지 알아들을 수 없이 '바르바르' 하는 사람이라는 뜻이다. 우리가 중국인을 '쏼라 쏼라' 하는 사람이라고 부르던 것과 같다. 물론 호메로스의 작품에서 트로이아인에 대해 바르바로스라고 표현하지 않는다.[5] 마치 두 진영이 같은 말을 사용하는 듯이 그리스 연합군과 트로이아 동맹군 사이에는 통역 없이도 서로 말이 잘 통하는 것처럼 서술된다. 하지만 두 진영이 하나의 언어를 썼을 가능성은 그리 높지 않다. 트로이아인들은 분명 그리스어를 사용하지 않는 바르바로스였으며, 그들 사이에서도 서로 다른 말로 인해 소통의 어려움이 있었던 것 같다.

그런데 양 진영의 주요 인물이나 그들의 회의장 분위기를 비교해

---

5 '바르바로포노스(barbarophonos)'라는 표현이 나오긴 한다(『일리아스』 II. 867). 하지만 이 말은 트로이아 사람들 사이에서 서로 말이 통하지 않는다는 뜻에서 사용된 것이다. 즉 그리스어를 쓰지 않는 이방인이라는 뜻에서가 아니라, 트로이아인들 사이에서 일반적으로 통용되는 말을 쓰지 않는 트로이아의 연합군에 대해 사용되는 것이다. 로스(S. A. Ross)에 따르면, 그리스인들은 자신들끼리 언어적 소통에 문제가 없었던 데 반해, 트로이아의 연합군 사이에는 언어적 소통문제가 존재한다. 이로 인해 호메로스는 그리스 연합군은 체계적이고 단합된 공동체인 반면, 트로이아 연합군은 오합지졸처럼 보이게 만든다는 것이다. 자세한 논의는 S. A. Ross, "Barbarophonos: Language and Panhellenism in the Iliad," *Classical Philology*, vol. 100, no. 4, 2005, 299-316쪽을 보라.

본다면 그리스인보다는 오히려 트로이아인이 훨씬 더 신사적이고 인간적인 분위기다. 언어가 아니라 야만성의 기준으로 본다면 트로이아 쪽보다는 오히려 그리스 쪽이 더 포악하고 그야말로 야수에 가까워서 '바르바로스'라는 말에 더 어울릴 지경이다. 실제로 『일리아스』에 나오는 그리스 연합군의 지휘관 회의에서는 험악한 설전이 자주 등장하는 반면, 트로이아 연합군의 회의는 귀족적인 품격을 보여 주며, 정치적 질서가 잘 잡혀 있다는 인상을 준다.

이 사실은 전투의 최절정인 아킬레우스와 헥토르의 대결에서도 확인할 수 있다. 아킬레우스는 그리스 연합군의 최고 전사며 헥토르는 '트로이아의 성벽을 지키는 자'라는 별명을 가진 트로이아 동맹군의 보루다. 두 영웅의 결투는 곧 트로이아 전쟁 전체의 운명을 결정할 판이다. 열세에 놓여 있던 그리스 군이 아킬레우스의 활약으로 전세를 뒤집고 트로이아 군을 몰아붙이는 장면이 『일리아스』 제22권에 나온다. 전세가 역전되어 상황이 불리해지자, 헥토르는 자기 병사들을 모두 성 안으로 안전하게 들여보낸다. 병사들이 모두 안전하다

그림 2.2. 아킬레우스와 헥토르의 대결

는 것을 확인한 헥토르는 마침내 적의 수장 아킬레우스와 일대일로 맞선다. 인간적이며 희생적인 지휘관의 모습이다. 아킬레우스도 다른 병사들이 접근하는 것을 막고 홀로 헥토르에게 다가선다. 하지만 그것은 동료를 걱정해서가 아니라 적의 최고 전사를 무너뜨리는 영광을 다른 이가 넘볼 수 없게 하려는 다소 이기적인 의도에서였다(그림 2.2).

잔혹한 전사

『일리아스』 최후의 결전이 시작되기 전에 헥토르는 아킬레우스에게 일종의 신사 협상을 제안한다. 적으로서 서로 싸우긴 하되 서로를 존중해 승리자는 패자의 무구를 벗긴 후에 시신에 모욕을 가하지 않고 온전하게 돌려 주자는 것이다. 그러나 아킬레우스는 그럴 맘이 없다. "합의라는 말을 꺼내지 마라. 사자와 사람 사이에 맹약이 있을 수 있는가? 늑대와 새끼 양이 한뜻이 될 수는 없다. 둘은 언제나 적의를 품는 법. 나와 너는 결코 친구가 될 수 없으며, 우리 둘 사이에 맹약이란 있을 수 없다. 넌 이제, 대담한 전사가 되라. 넌 곧 내 전우들의 모든 고통을 한꺼번에 보상하게 될 것이다."[6] 헥토르의 제안은 신사적이고 인간적이었지만 전사다운 것은 아니었다. 전사란 적과 타협하지 않는 존재이기 때문이다. 반면 아킬레우스는 철저히 전사였고 늑

---

6 『일리아스』 22.261-272. 따옴표 안에 인용한 문장은 원문 그대로는 아니고, 원래 뜻을 지키면서 가독성을 높이는 방향으로 필자가 재구성한 것이다. 이후에도 같은 방식으로 대화를 구성했다.

대이고 사자였고, 그의 앞에서 헥토르는 매우 인간적이며 새끼 양처럼 유약해 보인다.

마침내 아킬레우스는 헥토르에게 달려들어 목구멍에 창을 밀어 넣는다. 헥토르는 단 한 방에 쓰러진다. 대결은 깨끗하고 간결했다. 사자가 인간을, 늑대가 새끼 양을 무참하게 쓰러뜨렸다. 전사의 일방적 승리다. 인간다운 헥토르는 전사의 치명적인 일격에 무참히 쓰러졌다. 아킬레우스가 던진 말은 잔혹하다. "헥토르, 난 너보다 훨씬 강하다. 이제 개떼와 새떼가 너를 찢게 될 것이다."(22.331-336) 헥토르는 마지막으로 한 번 더 부탁한다. 시신을 개나 새가 뜯어먹게 놔두지 말고 트로이아로 돌려보내 달라고. 하지만 소용없었다. "개자식아, 내가 너를 직접 저며 날로 먹고 싶다" "개떼와 새떼가 너를 남김없이 뜯어먹게 될 것이다!"라고 아킬레우스가 답했으니 말이다(22.345-354).

헥토르가 죽자 아킬레우스는 그의 무장을 벗겨 냈고 다른 그리스인들이 달려들어 시신을 난도질했다. 아킬레우스는 헥토르의 두 발의 뒤꿈치에서 복사뼈까지를 뚫어 소가죽 끈으로 꿰어 묶고 전차에 매단 뒤, 전차를 몰아 간다. 헥토르의 시신은 땅에 끌리며 구름 같은 먼지를 일으킨다. 적에 대한 최소한의 예의도 없다. 최악의 상태로 잔혹하게 모욕할 뿐이다. 이것이 바로 그리스 최고의 영웅 아킬레우스의 실체다. 그는 강력한 전사로 우뚝 서 있고 헥토르는 나약한 인간으로 짓밟혀 있다. 이 장면에서 헥토르와 아킬레우스의 모습은 문명과 야만의 대립으로 표현될 수도 있다. 이때 야만의 이미지는 그리스인 아킬레우스의 것이며 '바르바로스'였던 헥토르는 오히려 세련되고 신사적이며 그래서 '문명스럽다'.

호메로스가 그려 준 트로이아인들의 반응도 인간적인 연민을 일으키기에 충분하다. 헥토르가 죽었으니 더 살아 무엇 하겠냐며 어머니 헤카베는 머리를 쥐어뜯으며 통곡하고, 아버지 프리아모스도 지금 당장 나가 헥토르의 시신을 구해 오겠노라 울부짖는다. 남편이 죽었다는 소식을 듣고 아내인 안드로마케도 달려와 애곡한다. 과부가 된 자신과 고아가 된 아들 아스튀아낙스가 맞게 될 고통과 괴로움을 한탄하는 것이다. 그들의 울부짖음은 헥토르만을 위한 것은 아니다. 전투에 참가해 죽어 간 모든 전사의 아버지의 울부짖음이요, 어머니의 통곡이며, 아내의 비탄이다. 아킬레우스가 피도 눈물도 없는 잔혹한 전사의 모습으로 서 있는 맞은편에 헥토르는 인간적인 감정과 인간적인 관계 속에서 피와 살을 가진 인간으로 부각되고 있다. 호메로스는 과연 누굴 진정한 영웅으로 보여 주려고 했을까? 철저한 전사로서 슬픔과 고독 속에 우뚝 서 있는 아킬레우스인가? 아니면 인간으로 쓰러져 사랑하는 이들의 슬픔과 애탄의 대상이 된 헥토르인가? 그리고 누가 더 문명의 이름에 걸맞은 모습이며, 누가 더 야만스러운 모습인가?(그림 2.3)

평화 갈망하는 민중과 호전적인 영웅들

그러나 역사의 아버지라고 불리는 헤로도토스는 트로이아 전쟁이 헬라스인(그리스인)과 바르바로스인 사이에 일어난 전쟁이라고 규정하면서 트로이아인을 바르바로스의 원조로 꼽았다. 그의 눈에 트로이아인은 수년간 그리스 세계를 괴롭힌 페르시아인과 다를 바 없었다.

그림 2.3. 헥토르의 죽음

타자이며 적대적인 존재였던 것이다. 페르시아 전쟁을 기록한 헤로도토스는 『역사』에서 그리스를 자유의 수호자처럼 묘사한 반면, 페르시아인은 바르바로스로 그렸으며 신이 정해 준 몫과 정의를 무시하고 무례한 폭력을 일삼는 야만적 무리로 묘사했다. 그리고 폭력적인 지도자 밑에서 지내는 일반 백성을 자유도 모르는 노예와 같은 존재로 평가했다.

하지만 호메로스는 헤로도토스와는 사뭇 다른 관점을 드러낸다. 『일리아스』에서 그는 그리스 영웅들의 무공과 활약을 그리면서 그들의 강력함과 승리를 전면에 내세우지만 전쟁에 잘 어울리는 거칠고 잔혹한 모습 또한 묘사한다. 따라서 호메로스가 그리는 그리스 전사들의 모습 속에는 문명이 추구하거나 적어도 명분으로 내거는 반전(反戰)과 평화의 갈망을 찾기 힘들다. 그들은 목숨을 걸고 불멸의 명예를 추구할 만큼 무모하고 동료들의 파멸에 눈도 깜짝 않을 수 있으며 재물에 대해서도 탐욕스럽다. 심지어 『일리아스』 제2권에서는 보잘것없는 일개 졸병이 나서 최고 사령관인 아가멤논을 욕하기도 한다. 문명사회에서 볼 수 있는 질서와 상호 존중의 미덕이 결여된 것이다.

상황은 이렇다. 전쟁을 시작한 지 10년이 넘었는데도 트로이아성이 함락될 기미가 없자 아가멤논은 병사들에게 전쟁을 그만두고 집으로 돌아가자고 제안한다. 그런데 그 제안은 병사들의 마음을 떠보려는 거짓말이었다. 지도자가 꼼수를 써서 민중을 우롱하는 모습은 분명 문명에 어울리지 않는다. 이 말을 들은 병사들은 갑자기 활기를 띠며 전쟁을 당장이라도 그만두겠다는 듯이 무구들을 내던지고 함선으로 뛰어들어 귀향을 준비한다. 병사들은 영웅들의 전쟁 놀음에 신물이 났던 것이다. 호메로스는 일반 병사들이 아무 소득이 없이 돌아가도 전쟁만 끝나면 좋다는 속내를 드러내 주며 그들이 갖고 있던 반전과 평화에 대한 열망을 고스란히 노출시킨다.

하지만 일반 병사들의 평화와 종전(終戰)에 대한 열망은 곧 호전적인 영웅들에 의해 저지된다. 이때 테르시테스가 나서서 영웅주의적 이데올로기에 대해 항의한다. "아가멤논 왕이여! 그대는 정말 욕심쟁이요. 우리를 고통 속으로 몰아넣으려는 것이오? 우리는 돌아가겠소. 돌아갑시다."(2.225-242) 그런데 민중의 숨어 있는 열망을 대변해 아가멤논을 공격한 테르시테스는 수다스럽게 아무 말이나 지껄여대는 호사꾼, 그리스인들 가운데 가장 못난 자였다. 호메로스는 우람한 아가멤논을 공격하기 위해 일그러진 모습의 그를 연단에 세운 것이다. 왜 이런 설정을 한 것일까? 호메로스는 감히 테르시테스 따위가 최고의 사령관을 공개적으로 모욕하는 일은 있을 수 없다는 듯이 그가 처참하게 묵살당하는 장면을 연출한다. 계략에 뛰어난 오디세우스가 그를 강력하게 저지한 것이다. "집으로 돌아가자고? 어림없다. 네가 감히 백성들의 목자를 능멸해? 내 너를 가만두지 않겠다."(2.246-264) 오디세우스는 손에 쥔 막대로 테르시테스의 등과 어깨를 내리친다. 그런데 병사들의 반응이 이상하다. 테르시테스가 분명 그들의 입장과 욕망을 대변한 것인데, 그들은 오히려 영웅들의 입장을 대변하는 오디세우스에게 환호했고 입을 모아 그를 칭찬하니 말이다. 오디세우스는 입을 연다. "집으로 돌아가고 싶은 마음은 이해할 수 있다. 하지만 지금 돌아갈 수는 없다. 이렇게 오랫동안 싸웠건만 빈손으로 돌아가는 것은 치욕이다. 제우스신께서는 우리에게 약속하셨다. 10년째 되는 해에 승리를 주신다는 전조를 기억하라. 우리들의 명성은 영원할 것이다."(2.284-332)

멋진 말이다. 하지만 그건 영웅들의 논리며, 불멸의 명성도 영웅들만의 몫이다. 거기에서 일반 병사들인 민중은 소외되어 있다. 오디세우스의 모습은 영웅의 전형이지만, 보기에 따라서는 호전적이고 이기적이며 탐욕스럽다. 자신들의 영원한 명성과 지속적인 권위와 권력을 위해 민중을 죽음으로 몰고 가는 모습이지 않은가? 호메로스는 다소 희극적인 분위기 속에서 테르시테스를 좌절시키지만, 그것은 겉으로 드러나는 서사일 뿐이다. 이면에서 호메로스는 영웅들의 전쟁 이데올로기에 대해 뼈 있는 비판을 하고 있는 셈이다. 호메로스가 보여 주는 트로이아 전쟁의 모습은 그래서 중층적인 의미를 가지고 있다. 그리고 그 의미의 중층 속에서 트로이아에 대한 경멸이나 반감보다는 오히려 그들에 대한 존중과 존경과 흠모의 향기가 풍겨나는 듯하다.

그런데 그리스인들이 대규모 군사를 이끌고 바다를 건너 동쪽의 트로이아인들 땅으로 간 까닭은 무엇일까? 헤로도토스는 페르시아인들의 말을 인용하면서 그 이유를 설명한다. 트로이아 왕자 파리스가 스파르타의 왕비 헬레네를 납치한 사건이 전쟁이 발단이었단다. 그리고 오래전부터 그리스인들과 바르바로스인들 사이에서 벌어진 여자 납치전이 배경이 되었다고 한다. 그의 기록에 따르면, 맨 처음 바르바로스인 포이니케인들이 배를 타고 무역을 하기 위해 그리스 땅에 온 적이 있는데, 이때 이오를 납치했다. 그러자 이에 대한 보복으로 그리스인들은 포이니케로 몰려가 에우로페 공주를 납치했다. 현재 스코어 1대 1. 동점에 성공한 그리스인들은 역전을 노리며 콜키스로 가서 메데이아 공주를 납치했다. 그로부터 한 세대 뒤 바르바로스의 역습이 시작되는데, 그 주인공이 바로 트로이아의 왕자 파리스였다. 그가 스파르타의 왕비 헬레네를 납치한 것이다. 그러면 결국 2대 2 무승부다. 그렇다면 그리스의 다음 수는 무엇일까? 페르시아인들은 그리스인들의 반응에 어이없어 한다. 그들에 따르면 아시아 측 사람들은 자신들의 여인들이 납치된 것을 대수롭잖게 여겼던 반면, 그리스인들은 스파르타 여인을 하나 빼앗겼다고 대군을 일으켜 아시아로 쳐들어가 파리스의 도시를 궤멸시켰다는 것이다(헤로도토스의 『역사』 I.1-5.).

인간적인 트로이아, 낭만적인 파리스

그러나 트로이아 전쟁의 원인에 대해서 여자 납치 경쟁보다 훨씬 낭만적이고 신화적인 방식의 설명이 있다. 이 설명은 아킬레우스의 어머니 테티스까지 거슬러 올라간다. 그는 제우스가 눈독을 들일 정도로 아름다웠다. 그러나 제우스는 테티스를 함부로 범할 수는 없었다. 테티스를 아껴서가 아니라, 테티스가 낳은 자식이 아버지를 제압하고 하늘의 주인이 될 것이라는 신탁이 두려웠기 때문이다. 제우스는 자신도 아버지를 제압하고 권좌에 올랐는데, 여신 하나를 잘못 건드렸다가 낭패를 보고 싶지는 않았다. 제우스는 결국 테티스를 포기했고 인간인 펠레우스에게 주었다. 둘의 결혼식은 성대하게 열렸고, 신들이 모두 초대되었다. 그러나 에리스(불화) 여신만이 초대받지 못했다. 이에 앙심을 품은 에리스는 결혼 잔치 한가운데에 황금사과 하나를 던졌다. 그 사과에는 '가장 아름다운 여성에게'라고 쓰여 있었다. 황금사과를 본 많은 여신 가운데 헤라와 아테나 그리고 아프로디테가 사과의 주인을 자처하고 나섰다. 제우스는 셋 중 하나에게 황금사과를 주면 선택받지 못한 나머지 두 여신의 원한을 살 것이 분명했기 때문에 심판을 맡지 않았다. 그 대신 트로이아의 왕자 파리스에게 심판을 맡겼다.

이것이 화근이었다. 파리스는 아프로디테를 황금사과의 주인으로 판정했다. 황금사과를 얻은 아프로디테는 세상에서 가장 아름다운 여인 헬레네를 파리스에게 보답으로 넘겨줬다. 그러나 헬레네에게 이미 남편이 있다는 게 문제였다. 그가 바로 스파르타의 왕 메넬라오스였다. 아프로디테의 도움으로 파리스는 헬레네를 매혹시켜 트로이아로 데려올 수 있었다. 그러자 메넬라오스는 발끈했다. 그가 그리스 전역의 동맹군을 모아 트로이아를 공격하면서 전쟁이 시작되었다. 파리스와 헬레네의 불장난 같은 사랑이 트로이아 전쟁이라는 거대한 불길의 근원이었다. 파리스는 전쟁과 파멸의 위험을 무릅쓰고 아름다운 여인과의 사랑을 포기하지 않았다. 사랑을 위해서라면 다른 어떤 조건이나 상황도 그에게는 걸림돌이 되지 않았다.

호메로스는 전쟁의 원인이 되는 신화를 『일리아스』의 첫 전투 장면 속에 세련되게 녹여 넣었다. 제3권이 시작되면서 트로이아 평원에 정렬한 그리스 군대와 트로이아 군대는 전면전을 치를 기세로 서로를 향해 다가선다. 이때 트로이아인들 사이에서 파리스가 앞으로 나선다. 그리고 그에 맞서 그리스인들 사이에선 메넬라오스가 나선다. 파리스와 메넬라오스의 일대일 맞대결이 이루어질 찰나다. 이 둘은 누구인가? 바로 트로이아 전쟁을 일으킨 당사자들이다. 헬레네를 빼앗긴 메넬라오스와 헬레네를 데려간 파리스. 그들은 헬레네를 걸고 승패를 가리려고 한다. 이때 트로이아 성벽의 탑 위로 전쟁의 장본인인 헬레네가 등장한다. 두 사람의 결투를 바라보기 위해서였다. 그런데 성벽 위로 걸어오는 헬레네를 본 트로이아인들의 반응이 가관이다. "비난할 게 없소. 트로이아인들과 그리스인들이 저와 같은 여인을 두고 기나긴 시간 동안 고통을 겪었다 해도 말이오. 놀랍소. 그녀는 눈으로 보기에도 죽음을 모르는 여신을 꼭 닮았소."(3.156-160) 헬레네의 미모에 모두 넋이 나가 10년간 목숨을 걸고 고통스럽게 전쟁을 치렀던 과거가 하나도 문제가 되지 않는다는 말을 하는 것을 보니, 뭐에 홀려도 단단히 홀린 듯하다. 호메로스는 아름다운 여자를 두고 10년간 전쟁을 벌인 두 진영을 심미주의자들인 양 낭만적으로 그

그림 2.4. 파리스와 헬레네

려 내었다(그림 2.4).

역사가 투키디데스는 신화를 걷어 내고 전쟁이 발발한 이유를 현실적으로 서술한다. 조직적인 해적이었던 그리스인들이 당시 아시아와 유럽 사이의 중계무역으로 고도의 문명을 이룩한 트로이아를 침략했다는 것이다. 그리스인들의 빈곤과 물질적 탐욕이 전쟁의 원인이라는 것이다. 여자 때문에 싸웠다는 것은, 설사 그런 이유가 있었다고 하더라도 전쟁의 명분을 위한 핑계일 뿐이었을 것이다. 호메로스 역시 그러한 사실을 부인하지는 않는다. 아가멤논의 탐욕으로 인해 그리스와 트로이아가 불행한 전투에 휩싸이는 것으로 묘사하고 있기 때문이다. 반면 호메로스는 아름다운 여인을 위해 모든 것을 걸 줄 아는 낭만적인 청년 파리스에게 트로이아 전체의 모습을 투영하면서 트로이아인의 심미적인 취향과 인간적인 측면을 부각시켰다. 트로이아인에 대한 호메로스의 호의적 시선은『일리아스』제24권에서 가장 명확하게 나타난다.

적과의 동침, 무너지는 그리스의 야만

헥토르는 아킬레우스가 가장 사랑하는 전우 파트로클로스를 죽였고 아킬레우스는 친구의 원수를 갚는다는 명목으로 헥토르를 죽였다. 그러나 아킬레우스는 친구를 잃은 슬픔과 분노를 말끔하게 씻어 낼 수가 없었다. 모두들 자기 숙소로 돌아가 달콤한 잠을 즐길 때도 아킬레우스는 몸을 뒤척이며 파트로클로스에 대한 그리움으로 눈물을 흘리며 애를 태웠다. 벌떡 일어나 바닷가를 거닐며 슬픔을 가라앉히려고도 했다. 그래도 가라앉지 않으면 전차에 헥토르를 매달고 파트로클로스의 무덤을 세 번이나 돌며 분노를 삭인 후에 돌아오곤 했다. 그다음에는 다시 헥토르의 시신을 먼지 속에 처박아두어 이루 말할 수 없는 치욕을 가했다. 야만스러움의 극치라 아니 할 수 없다.

아킬레우스는 이렇듯 잔혹한 행위를 열이틀 동안 반복했다. 참다 못한 아폴론은 신들의 회의에서 마침내 불만을 터뜨렸다. "헥토르는 신들에게 경건한 사람이었습니다. 그를 트로이아의 부모와 아내에게 돌려주어 장례를 치르게 해야 합니다. 아킬레우스는 사자 같은 자이며 동정심도 수치심도 없는 자입니다. 그는 분에 못 이겨 대지의 여신을 욕보이고 있습니다. 도가 지나칩니다."(24.33-54) 마침내 아폴론의 말에 설득된 신들은 헥토르의 귀환을 결정했다. 신들의 뜻에 따라 헥토르의 아버지 프리아모스는 아들의 시신을 찾아 아킬레우스의 막사를 찾아가는데, 그것은 목숨을 건 시도였다. 죽음을 무릅쓰고 적진의 한복판으로 들어가는 것이기 때문이다. 아들을 찾기 위해 자기 목숨도 버릴 줄 아는 프리아모스의 용기와 결단, 그리고 사랑은 그렇게 감동적이다.

어두운 밤, 전쟁의 함성은 가라앉아 잠들어 있었고, 적군과 아군의 구별은 어둠 속에 지워진 시각, 트로이아의 왕 프리아모스는 그리스의 전사 아킬레우스의 막사 안으로 들어갔다. 그리고 조용히 아킬레우스 곁으로 가 두 손으로 무릎을 잡고 그의 손에 입을 맞췄다. 깜짝 놀라는 아킬레우스에게 프리아모스는 비장하게 말을 꺼냈다. "그대의 아버지를 생각하라, 아킬레우스. 그는 사랑하는 아들이 돌아오는 것을 고대하고 계시리라. 그러나 나는 참 불행한 자다. 쉰 명의 아들이 있었는데 전쟁에 모두 죽었으며 도성과 백성을 지키는 헥토르도 그대 손에 죽었다. 나는 그 아이의 시신을 돌려받기 위해 수많은 몸값을 가지고 왔다. 그대의 아버지를 생각하고 나를 동정하라. 난 참으로 끔찍한 짓을 하고 있다. 내 아들을 죽인 사람의 얼굴에 손을 내밀고 있으니 말이다."(24.484-506)

아킬레우스는 프리아모스의 품격과 사랑에 감동했다. 프리아모스는 아킬레우스가 갖고 있던 전사의 모습을 벗겨 내고, 그 안에서 슬퍼하며 떨고 있는 인간의 모습을 조심스럽게 꺼냈다. 모두가 잠든 밤, 아버지와 아들의 나이 터울인 두 사람은 더 이상 적대적인 관계에 있는 적이 아니었다. 세상에서 가장 아끼는 사람을 잃은 슬픔을 함께 나눌 수 있는 두 명의 인간이었다. 전사의 무장을 벗고 둘은 함께 울 수 있었다. 무장 속에 감춘 인간을 꺼내 놓고, 실컷 울 수 있었다. 호메로스는 적과 아(我)를 잊은 아킬레우스의 모습을 마지막 장면에서 극적으로 보여 준다. 아킬레우스가 변한 것이다. 프리아모스에게 아킬레우스가 말했다. "노왕께선 참으로 많은 불행을 참으셨습니다. 슬픔의 고통은 마음속에 누워 있도록 하시지요. 견디십시오. 가슴속 깊이 애통해하지는 마십시오. 슬퍼해도 어르신의 아들을 위해 아무런 일도 할 수 없는 법. 도로 살려 낼 수 없을 것입니다. 그전에 다른 불행을 겪게 될 것입니다."(24.518-51)

아킬레우스는 프리아모스가 몸값으로 가져온 물건을 받아들이고 헥토르의 시신을 깨끗하게 수습한 뒤 수레에 실어 주었다. 그리고 직접 식사를 준비해 프리아모스에게 대접했다. 식사를 마친 프리아모스가 장례식을 치르기 위해 열하루의 휴전을 제안하자, 아킬레우스는 프리아모스의 오른손 손목을 꼭 쥐며 안심시키고 제안을 받아들였다. 그리고 두 사람은 잠자리에 들었다. 극적인 적과의 동침. 이 장면은 적과 아의 구별 속에서 벌어지는 피비린내 나는 전쟁 장면으로 가득한 『일리아스』에서 가장 낯선 장면이다. 난폭한 그리스의 미케네 문명이 고급스러운 문명을 이룩한 유서 깊은 트로이아 세계를 만난 것이 어떠한 것인지를 보여 주는 하나의 상징과도 같다.

분명히 전쟁의 승리자는 그리스 연합군이었다. 하지만 트로이아인들의 연륜과 수준 높은 문명은 거친 야수와도 같은 그리스인들을 변화시켰다. 적과 아의 구별 속에서 잔혹하게 활약하던 전사 아킬레우스가 마침내 인간 내면의 고귀함을 획득한다는 것. 대전환의 시대를 예고하는 것이라고나 할까? 호메로스는 거친 그리스 전사들의 옆에 신사를 떠올리게 하는 트로이아인들을 세워 두고 진정한 승리자가 누구냐고 묻는 것만 같다. 로마가 그리스 땅을 점령했지만 그리스

그림 2.5. 아킬레우스와 프리아모스

가 로마의 정신을 정복한 것처럼, 그리스는 트로이아를 정복하고 파괴했지만 트로이아의 문명이 그리스인의 야만적인 정신세계를 파괴하고 인간의 세계를 그리스에 이식시켜 새로운 문명을 잉태하게 했다고 하면 지나친 말일까?(그림 2.5)

참고문헌

망구엘, 알베르토, 『일리아스와 오디세이아 이펙트』, 김헌 옮김, 세종서적, 2012.
비달나케, 피에르, 『호메로스의 세계』, 이세욱 옮김, 솔, 2004.

슐리만, 하인리히, 『트로이의 부활』, 박광순 옮김, 넥서스, 1997.
코른, 볼프강, 『트로이의 비밀: 신화의 도시를 찾아서』, 조경수 옮김, 돌베개, 2015.

Ross, S. A., "Barbarophonos: Language and Panhellenism in the Iliad," *Classical Philology*, vol. 100, no. 4, 2005.

제3장

디오니소스, 토착과 이방의 갈등을 해결하는 신성

김기영

디오니소스란 누구인가?

일반적으로 디오니소스라고 하면 포도주의 신으로 잘 알려져 있다. 하지만 디오니소스의 정체를 정확하게 규정하는 일은 결코 쉽지 않다. 철학자 니체는 『비극의 탄생』에서 그리스의 문화와 예술을 지탱하는 두 기둥으로 아폴론과 디오니소스를 꼽았다. '아폴론적인 것'은 형식과 질서를 상징하지만, '디오니소스적인 것'은 모든 형식을 깨는 창조의 충동과, 음악과 도취를 상징한다.

이처럼 디오니소스는 그리스 문화와 예술의 창조적 원리이지만 실제로는 고대 그리스인의 일상생활에 깊이 뿌리를 내린 신성이었다. 디오니소스는 고통을 잊게 하고 잠을 선물하는 포도주의 신이고, 가면으로 자기를 변형하는 연극의 신이고, 여신도들에게 종교적 영감을 불러일으키는 신이고(그림 3.1), 망자들을 인도하며 삶과 죽음의 경계를 넘나드는 부활의 신이다.

그림 3.1. 종교적 열광에 사로잡힌 디오니소스의 여신도

하지만 디오니소스는 외지에서 도착하는 이방의 신으로 묘사되곤 한다. 기원전 5세기 매년 벌어졌던 디오니소스 축제 행사를 살펴보아도 그 점을 잘 알 수 있다. 이를테면 여러 디오니소스 축제들 가운데 3월 초에 시작하는 안테스테리아(Anthesteria)에서 디오니소스는 바다를 통해 바퀴가 달린 배를 타고 행렬을 이끌며 아테네에 도착하고, 4월 초에 열리는 도시의 디오니소스 축제에서는 보이오티아 국경에 위치한 엘레우테라이(Eleutherai)에서 도착한다.

여러 문헌들에서도 디오니소스는 토착 신이 아니라, 아나톨리아에서 도착하는 이방의 신으로 나타난다. 역사가 헤로도토스에 따르면 멜람푸스라는 사람이 처음으로 디오니소스와 그 축제를 헬라스인들에게 소개하고 남근상 행렬도 도입했다고 한다.[1] 게다가 디오니소스가 포도주의 신으로 8세기경 포도주의 나라 리디아에서 그리스 본토로 유입되었다는 가설도 제기되었다. 그런데 니체의 친구이자 고전학자인 에르윈 로데(Erwin Rohde)는 디오니소스 종교의 진원지로 트라키아를 가정하고, 이곳에서 성행하던 야성적이고 분방하며 황홀한 디오니소스 제의가 급작스럽게 그리스 본토로 유입되었다는 가설을 제시하여, 학계에 커다란 반향을 일으켰다. 디오니소스 종교가 마치 종교적 돌림병처럼 흘러들어 왔음을 역사적으로 입증하고자 한 것이다.

그러나 고고학적 발굴로 디오니소스 신이 이방의 신이 아니라 이미 기원전 1200년 전 미케네 문명의 초기 청동기시대부터 존재했던

---

1 『역사』, 2. 49.

신이라는 사실이 드러나게 되었다.[2] 호메로스 영웅들의 정신적 지주인 네스토르의 궁전에서 미케네 선문자 B로 di—wo—nu—so—jo, 즉 Dionysoio("디오니소스의")가 적힌 점토판이 발견된 것이다. 하지만 이 "디오니소스의" 다음 글자는 점토판이 손상되어 더 이상 판독할 수 없는 아쉬움을 남겼다. 이 발굴을 바탕으로 디오니소스가 토착 신이었음이 학계의 중론이 되었고, 이렇게 논쟁은 끝이 나고 말았다.

이처럼 디오니소스가 토착 신으로 입증되었지만, 디오니소스가 여러 외래적 요소들을 포함하고 여러 이방 신들과 동일시하는 모순적인 현상을 어떻게 설명할 수 있을까? 우선 디오니소스라는 이름이 무슨 뜻이고, 디오니소스에는 어떤 별칭들이 붙어 있고, 어떤 이방의 신들과 동일시하는지 살펴보자.

디오니소스의 어원과 별칭과 외래적 요소

디오니소스라는 이름의 어원을 분석해 보자. 디오니소스(Dionysos)의 이름에서 디오스(Dios)는 제우스(Zeus)의 소유격으로 "제우스의"란 뜻이고, 니소스(nysos)는 요정들이 아기 디오니소스를 양육한 니사(Nysa)산을 연상시킨다. 하지만 이러한 분석은 정설로 인정받지 못했기에 디오니소스 어원은 아직도 해결되지 않은 문제로 남아 있다. 한편 디오니소스는 지역에 따라 여러 다양한 별칭들로 불리며 다양한

2 Walter Burkert, *Greek Religion: Archaic and Classical*, John Raffan (trans.), Oxford: Wiley-Blackwell, 1985, 162쪽.

모습으로 나타난다. "희석 안 된 포도주의 제공자", "사나운 자", "천둥치는 자", "해방자", "여러 고환들을 가진 자", "통합하는 자" 또는 "해방자" 등 여러 다양한 별칭들이 존재한다. 그리스 신들은 대체로 여러 별칭들을 가지고 있지만 디오니소스처럼 그렇게 다양한 별칭을 가지고 있는 경우는 매우 드물다. 이러한 사실에서도 디오니소스의 정체가 무엇인지 분명하게 밝힌다는 것이 얼마나 어려운 일인지 짐작할 수 있다. 따라서 디오니소스는 그 정체가 분명하기보다는 언제나 그 정체가 바뀔 수 있는 것처럼 보인다.

게다가 디오니소스와 연관된 여러 단어들도 디오니소스의 정체가 무엇인지 분명하게 알려 주지 못한다. 이를테면 디오니소스의 또 다른 이름 박코스(Bacchos), 디오니소스의 어머니 세멜레(Semele), 디오니소스의 부속물인 지팡이 티르소스(thyrsos), 디오니소스 신을 찬양하는 노래 디티람보스(Dithyrambos) 등도 그 정확한 의미가 밝혀지지 않은 상태다. 이들 모두가 그리스 어에서 유래한 단어가 아니기 때문이다.[3] 이러한 이유들 가운데 하나는 디오니소스가 아나톨리아의 왕국인 프리기아와 리디아와 깊은 인연을 가지고 있기 때문이다. 기원전 5세기 아테네에 도입된 신성으로는 아나톨리아의 대모신 키벨레를 들 수 있는데, 이 키벨레 여신은 놀랍게도 디오니소스와 많은 공통점을 가지고 있다. 두 신성 모두 프리기아에 그 기원을 두고 있다는 것, 산에서 열광적인 제의가 벌어진다는 것, 제의에서 북과 피리가 중요한 역할을 한다는 것, 입문식을 치르는 관습이 있다는 것 등

---

3 Burkert, 같은 책, 163쪽.

에서 두 신의 공통점을 쉽게 확인할 수 있다.[4]

이러한 현상은 아나톨리아에서 그치지 않고 이집트에서도 발견할 수 있다. 이를테면 디오니소스는 이집트의 오시리스(Osiris)와 하토르(Hathor) 신과도 유사한 점이 있는데, 이러한 점은 디오니소스의 제의에서도 확인할 수 있다. 헤로도토스의 보고에 따르면 자신을 죽여 매장하고 다시 부활해서 망자들의 왕이 된 오시리스가 디오니소스로 불린다고 한다. 또 6세기 중반 아티카의 도기화를 살펴보면 디오니소스가 축제의 행렬 가운데 바퀴가 달린 배를 타고 있는 모습이 반복적으로 등장하는 것을 확인할 수 있는데, 이러한 광경은 이집트에서도 발견할 수 있다. 이집트의 여러 제의에서도 사람들이 신의 배들을 손에 들고 나르거나 바퀴를 달아서 굴리는데, 이는 디오니소스 숭배가 이집트 오시리스 숭배의 영향을 받았다는 것을 뜻한다.[5] 또 디오니소스가 기둥에 올린 가면으로 나타나는 것을 볼 수 있는데, 이러한 모습은 놀랍게도 성적 에너지와 도취의 여신인 하토로의 열주(列柱)와 매우 흡사하다(그림 3.2). 따라서 디오니소스는 정확하게 규정하기 어려운 신이고 여러 이방의 신들과 융합되는 등 자신을 스스로 변형하는 신성으로 나타나기에 디오니소스의 정체는 모호하다.

4 Richard Seaford, *Euripides Bacchae*, Warminster: Aris & Phillips, 1996, 159쪽.

5 "이시스와 우리의 디오니소스에 해당한다는 오시리스만은 모든 아이귑토스인들이 다 같이 숭상한다"(『역사』, 2. 42); "아이귑토스인들에 따르면, 지하세계를 지배하는 것은 데메테르와 디오니소스라고 한다"(『역사』, 2. 123); "호로스(오시리스의 아들)는 튀폰을 축출하고 아이귑토스를 통치한 마지막 신이 되었다. 오시리스는 헬라스어로 디오니소스다"(『역사』, 2. 144).

그림 3.2. 이집트 덴데라(Dendera)에 위치한, 하토르 여신 신전의 내부 하토르 열주들

디오니소스 신화: 토착과 이방의 갈등

디오니소스는 올림포스 12신 가운데 마지막 신이지만, 그 어머니가 인간인 여자에게서 태어난 신이기도 하다. 이제는 디오니소스 신화를 통해서 토착과 이방이란 두 가지 상방된 요소가 어떻게 갈등하는지 살펴보자.

우선 그리스 본토가 아닌 트라키아에서 디오니소스의 탄생이 어떻게 나타나는지 알아보자. 페르세포네가 뱀의 모습으로 위장한 제우스와 동침하고 나서 아기가 태어나는데, 그 아기의 이름은 자그레우스(Zagreus)라고 한다. 하지만 자그레우스의 탄생에 분노한 헤라는 티탄들을 부추겨 그 아기를 갈기갈기 찢어 버리고 찢겨진 고기를 먹어 버리게 한다. 그러자 데메테르 여신이 조각난 시신들을 봉합하여 자그레우스가 디오니소스로 부활하게 된다.[6]

또 다른 탄생신화는 그리스 테베에 그 연원을 둔 신화다. 디오니소스는 제우스와, 카드모스의 딸 세멜레의 아들로 나타난다.[7] 그런데 남편 제우스가 세멜레를 임신시킨 데 분노한 헤라는 세멜레의 유모로 위장해서 세멜레를 설득한다. 연인 제우스가 하늘의 영광으로 세멜레 자신에게 그 모습을 나타낼 것을 요구하게 한 것이다. 하지만 세멜레는 불덩어리로 나타난 제우스의 사랑을 견딜 수 없어서 결국 불에 타서 죽어 버린다. 그러자 제우스가 불타는 세멜레의 자궁에

6 Carl Kerényi, *Dionysos, Archetypal Image of Indestructible Life*, Ralph Manheim (trans.), Princeton, NJ: Princeton University Press, 1976, 267-268쪽.

7 "세멜레는 인간들의 기쁨인 디오니소스를 낳아 주었소."(『일리아스』14.325); 『신통기』, 940-42쪽도 참조할 것.

그림 3.3. 제우스의 허벅지에서 태어난 디오니소스

서 아기를 꺼내서 자신의 허벅지에 심어 봉합했고 석 달이 지나고 나서 디오니소스는 남자의 자궁인 허벅지에서 태어나게 된다(그림 3.3).[8] 뉘사 산에서 이렇게 태어난 디오니소스는 요정들의 손에 양육되어 성장한다.

이처럼 디오니소스는 그리스 테베에서 태어난 신이지만 여러 다른 신화들에 따르면 디오니소스가 아나톨리아에서 도착하는 신성이라는 점이 부각되어 있다. 이카리오스(Ikarios) 신화에 따르면 디오니소스가 리디아에서 와서 포도주를 전한 신이라고 한다. 아티카 지방의 농부인 이카리오스는 디오니소스 신을 잘 대접했고 그 보답으로 포도나무를 재배하고 포도주를 만드는 비법을 신에게서 배우게 된다. 그는 자신이 만든 포도주를 다른 농부들에게 마셔 보라고 주었다. 그들은 포도주를 마시고 나서 정신이 몽롱해지자 이카리오스가

8 『역사』, 2. 146-2; 『박코스의 여신도들』, 89-98쪽.

독약을 주었다고 믿고 그를 살해하고 만다. 실종된 아버지를 찾아 헤매던 이카리오스의 딸 에리고네(Erigone)는 연못 근처에서 아버지의 시체를 발견하자 통곡하며 목을 매달아 자살하고 만다. 이렇게 포도나무 재배가 시작되어 포도주가 전래되었지만, 그것은 이카리오스와 에리고네 부녀의 희생과 연관되어 있기에 포도주에 대한 부정적인 인상을 심어 준다. 하지만 포도주는 인간에게 고통을 망각하게 하고 잠을 선물하는 디오니소스의 선물이기도 하다. 여기에서도 디오니소스는 포도주의 전래와 관련하여 양가적인 특성을 잘 보여 준다.[9]

다음에 소개하는 신화들도 디오니소스가 아나톨리아에서 도착하는 이야기인데, 그리스 본토에 디오니소스 종교가 유입되는 과정에서 왕가 세력이 신에게 저항하는 이야기가 주류를 이루고 있다. 처음에 도시국가는 디오니소스를 거부하지만, 신을 거부한 자들이 처벌을 받고 나서 도시국가는 디오니소스 종교를 수용하게 된다는 것이다. 아울러 이들 신화에서는 디오니소스 제의의 두 가지 요소인 '희생제물을 갈기갈기 찢는 것(sparagmos)'과 '날고기를 먹는 것(ōmophagia)'이 등장하는데, 이 두 가지 요소는 디오니소스 종교가 이방의 문화에 많은 영향을 받았음을 잘 보여 준다.[10]

첫 번째 신화는 리쿠르고스 왕이 디오니소스에게 저항하다가 파멸하는 이야기다. 디오니소스가 프리기아를 통해서 트라키아에 도착하자마자 트라키아의 왕 리쿠르고스는 디오니소스와 그의 무리들을

9 Burkert, 앞의 책, 164쪽.

10 물론 신화에 제의의 구체상이 어느 정도까지 반영되어 있는지 알 수 없다. 하지만 이방의 요소들이 담겨져 있음은 부정할 수 없다.

그림 3.4. 디오니소스, 리쿠르고스, 암브로시아, 복수의 여신, 아풀리아의 도기화

적대적으로 대하며 소치기 막대기로 야만적인 공격을 자행하고 디오니소스를 제외한 모든 이들을 생포한다(그림 3.4). 디오니소스는 바다로 뛰어들어 테티스 여신의 동굴에 피신한다. 이러한 사건에 놀란 레아 여신은 리쿠르고스 왕을 미치게 만든다. 광기에 사로잡힌 리쿠르고스는 자신의 아들을 도끼로 때려죽이는데, 이때 그는 자신의 아들이 포도나무를 잘라 냈다고 믿은 것이다. 게다가 제정신이 돌아오기 전에 그 시체에서 코와 귀와 손가락과 발가락을 모두 잘라 낸다. 그의 범죄행위로 인해 트라키아의 전 영토가 메말라 버린다. 디오니소스가 바다에서 다시 돌아와서, 리쿠르고스가 죽지 않는 한 트라키아에는 기근이 계속될 거라고 공표한다. 그러자 백성들은 리쿠르고스를 산에 데려가서는 그곳에서 사나운 말들이 그의 사지를 찢어발기게 한다.[11]

이와 비슷한 신화로는 미니아스의 세 딸들의 신화가 있다.[12] 세

11 아폴로도로스, 『신화집』, 3. 5. 1.

12 『변신이야기』, 4. 389-415.

딸 모두는 매우 부지런하여 베 짜기에 매진하며, 디오니소스 축제를 위하여 도시를 떠나서 산으로 가 버린 모든 여자들을 비난한다. 어린 소녀로 위장한 디오니소스는 미니아스의 딸들에게 다가가서 디오니소스의 제의를 무시하지 말라고 충고하지만, 그들은 계속해서 거부한다. 그러자 디오니소스는 황소로, 사자로, 표범으로 변신하고 그들의 베틀에서는 우유와 넥타르가 흘러내린다. 이런 놀라운 일에 세 딸들은 놀라서 제비뽑기를 하는데, 당첨된 첫째 딸은 그녀의 자매들과 함께 자기 아들을 갈기갈기 찢어 죽여 디오니소스 신에게 희생 제물로 바친다. 그러고 나서 그들은 모두 산으로 가서 박코스 축제에 참여하는데, 마침내 헤르메스 신이 그들을 박쥐와 올빼미로 변하게 한다.

이러한 종류의 신화 이야기에서 가장 유명한 신화가 바로 테베 왕 펜테우스 신화다. 이 신화는 에우리피데스의 비극 『박코스의 여신들』에서 극화되었다. 리디아의 사제 모습으로 분장한 디오니소스가 연설하며 극이 시작되는데, 그는 자신의 도착을 이렇게 알린다.

> 나는 리디아인들과 프리기아인들의 황금이 많은
> 들판을 뒤로 하고, 페르시아인들의 태양이 작열하는
> 고원들과 박트리아의 성벽들과 메디아인들의
> 혹한의 나라와 부유한 아라비아와 짠 바닷물 가에
> 자리 잡고 있는 아시아 전역으로 갔는데,
> 아름다운 성탑의 도시들이 많이 자리 잡고 있는
> 그곳에서는 헬라스인들과 이민족이 살고 있지,
> 내가 인간들에게 신으로 보이도록 아시아를
> 춤추게 하고 그곳에 내 비의(秘儀)를 확립한 뒤

비로소 나는 헬라스인들의 이 도시로 왔노라.(13-22)(천병희 옮김)

이처럼 디오니소스는 아시아전역에 자신의 종교를 전파하고 나서 고향 테베에 도착한 것이다. 그런데 이 장면에서 디오니소스는 이중적인 모습을 보여 주는데,[13] 그가 그리스 출신이면서 그리스 출신이 아니고, 테베의 토착신이면서 이방의 신이고, 인간이면서 신이기 때문이다. 테베에서 출생했지만 헤라 여신의 미움을 받아서 그리스를 떠났던 디오니소스가 다시 자신의 고향에 돌아온 것이다. 따라서 디오니소스는 출생지는 그리스이지만 그가 성장한 곳은 그리스가 아닌 곳이다. 이러한 사실에서 디오니소스 신이 토착신이면서도 이방의 신임을 잘 알 수 있다.

자신의 도착을 알리고 나서 디오니소스는 자신의 종교를 인정하지 않는 펜테우스 왕과 싸우겠다고 선언한다. 하지만 펜테우스는 디오니소스를 생포하고 박코스의 여신도들을 공격하는 등 오만불손한 짓을 자행하고 만다. 감금된 여신도들이 저절로 풀려났다는 보고를 듣고 포박한 사제를 심문해 보기도 하지만 바로 눈앞에 서 있는 디오니소스를 알아보지 못한다. 이어서 지진이 일어나고 궁전이 흔들리며, 사자가 도착해 키타이론 산에서 벌어진 여신도들의 놀랍고 괴이한 행적을 보고한다. 하지만 펜테우스는 광기에 사로잡혀 여전히 디오니소스와 전쟁을 벌이려고 한다. 이에 디오니소스는 계략으로 펜테우스를 꾀어 키타이론 산으로 자신과 함께 정찰을 가자고 제안한

---

13 Seaford, 앞의 책, 148쪽.

그림 3.5. 박코스 여신도들에게 희생당하는 펜테우스. 폼페이 프레스코 벽화

다. 이 제안에 솔깃한 펜테우스는 여장을 하고 디오니소스와 함께 키타이론 산으로 떠난다. 그곳에서 발각된 펜테우스는 여신도들에게 포위되고, 어머니와 이모들이 달려들어 그의 사지를 갈기갈기 찢어 버리고 어머니는 아들의 잘린 머리를 들고는 사자를 사냥했다고 착각하고 그것으로 잔치를 벌이겠다고 공표한다. 이렇게 펜테우스는 희생제물이 되고 만 것이다.

비극 『박코스의 여신도들』은 디오니소스가 신적인 권능으로 자신의 종교에 저항하는 펜테우스를 잔인한 방식으로 희생시키는 과정을 잘 보여 준다. 펜테우스가 희생제물이 되는 과정을 보면, 앞에서 언급한 디오니소스 제의의 두 가지 요소인 '희생제물을 갈기갈기 찢는 것'과 '날고기를 먹는 것'이 제대로 잘 나타나 있다(그림 3.5).

이들 세 가지 신화, 즉 리쿠르고스 신화, 미니아스의 딸들 신화, 펜테우스 신화는 모두 새로운 디오니소스 종교를 거부한 도시국가가 어떻게 위기에 빠졌다가 그 제의를 수용함으로써 그 위기를 극복하는지 잘 보여 준다. 기원전 5세기 아테네 시민들도 그들 자신이 접한 이방의 신성에 대한 생각을, 디오니소스 신을 거부하다가 파멸하는 인물들에게 투사했을 것이다. 따라서 디오니소스는 토착과 이방의 갈등을 해결하는 신성으로 부각되어 있는 것이다.

디오니소스, 토착과 이방의 갈등을 해결하는 신성

위 신화의 내용을 종합해 보면, 디오니소스가 토착신이지만 외지에서 도착하는 이방의 신이라는 모순은 쉽게 이해할 수 있다.[14] 다시 말해서, 디오니소스는 헤라 여신의 질투로 인해 그리스 본토에서 쫓겨나서 외지를 두루 돌아다니다가 다시 그리스 본토로 도착하는 신이다. 이처럼 디오니소스는 외유의 기간 동안 이방의 신성들과 융합하고 새로운 신성으로 성장하여 다시 자신의 고향으로 귀환하는 모습을 보여 주는 것이다.

아울러 역사적으로 디오니소스 신이 성장해 왔다는 사실도 중요하다. 아버지가 제우스이고 어머니는 인간인 디오니소스는 그리스 상고기 시대에는 별 주목을 받지 못하는 존재였다. 하지만 기원전 6세기 말부터 민주주의가 발전하면서 크게 주목을 받기 시작했다. 아테네 정치가 클레이스테네스는 디오니소스를 아테네 여신에 버금가는 신성으로 만들어, 모든 시민들이 동등한 정치권력을 가진다는 민

---

14 Richard Buxton, *The Complete World of Greek Mythology*, London: Thames & Hudson, 2004, 82쪽.

주주의 정신을 구현하게 했다. 그리고 민주주의 발전으로 탄생한 문학 장르, 비극에서는 디오니소스 신이 왕가를 멸망으로 이끌거나 독재자를 파멸시키는 힘으로 현현하는 경우가 있다는 해석이 설득력을 얻고 있다.[15]

그런데 토착 신 디오니소스가 외지에서 이방의 신으로 도착한다고 상상하는 신화는 도시국가 공동체를 보전하고 그것의 안녕을 도모하기 위한 전략이라 하겠다. 강력한 '통합자' 디오니소스의 도착으로, 주변부에 속한 공동체 구성원들을 통합하고 도시국가 공동체를 젊게 만들려는 의도가 숨어 있는 것이다. 매년 봄이 되면 도시국가 아테네에서는 디오니소스 축제가 열린다. 아크로폴리스 남동쪽 사면에 위치한 디오니소스 극장 너머 디오니소스의 성지에 '해방자' 디오니소스가 도착해서 비극의 경연을 관람하신다. 모든 시민들은 함께 디오니소스를 열광적으로 찬양하면서 한마음 한뜻이 되었으리라.

디오니소스는 도시국가 내부의 신이면서 외부의 신으로 자기 변형을 통해 모든 경계를 넘나드는 신성이다. 토착 신이며 이방의 신이고, 남성이며 여성이고, 신이고 인간이며 동물이고, 난폭한 열광과 부드러운 평정인 것이다. 이처럼 자기 안에 서로 상반된 요소들을 통일하고 있는 디오니소스는 부단하게 자기(自己)를 타자화(他者化)하고 타자를 자기화하는 역동적인 에너지라고 해석할 수 있다. 따라서 디오니소스는 양 극단으로 치닫고 구성원들의 갈등이 증폭되는 위기상황에서 갈등을 해결하는 현상을 상징한다고 하겠다. 양 극단의 골이

---

15 Richard Seaford, *Reciprocity and Ritual, Homer and Tragedy in the Developing City-state*, Oxford: Oxford University Press, 1994, 344-362쪽.

깊어져 갈등이 첨예화되어 투쟁이 격화되는 사회에서는 바로 이러한 디오니소스 현상을 성찰하여 지혜를 얻을 필요가 있다.

참고문헌

강대진 옮김, 『아폴로도로스 신화집』, 민음사, 2005.

천병희 옮김, 『오비디우스 변신이야기』, 숲, 2006.

_____, 『일리아스』, 단국대학교출판부, 2006.

_____, 『에우리피데스 비극 전집 2』, 숲, 2009.

_____, 『헤로도토스 역사』, 숲, 2009.

Burkert, Walter, *Greek Religion: Archaic and Classical*, John Raffan (trans.), Oxford: Wiley-Blackwell, 1985.

______, *Die Griechen und der Orient*, München: C.H. Beck Verlag, 1999.

Buxton, Richard, *The Complete World of Greek Mythology*, London: Thames & Hudson, 2004.

Gantz, Timothy, *Early Greek Myth: A Guide to Literary and Artistic Sources*, vol. 1, 2. Baltimore: Johns Hopkins University Press, 1993.

Kerényi, Carl, *Dionysos, Archetypal Image of Indestructible Life*, Ralph Manheim (trans.), Princeton, NJ: Princeton University Press, 1976.

Graves, Robert, *The Greek Myths*, London: Penguin Books, 1992.

Hornblower, Simon & Spawforth, Antony, *The Oxford Classical Dictionary*, Oxford & New York: Oxford University Press, 1996.

Seaford, Richard, *Reciprocity and Ritual, Homer and Tragedy in the Developing City-state*, Oxford: Oxford University Press, 1994.

______, *Euripides Bacchae*, Warminster: Aris & Phillips, 1996.

제4장

서양철학의 탄생지 밀레토스

임성진

그림 4.1. 밀레토스의 극장유적

서양철학은 그리스에서 시작되었다고 알려져 있다. 그런데 최초의 서양철학자인 탈레스(기원전 625-545년), 아낙시만드로스(기원전 610-540년)는 그리스 본토 출신이 아니라, 터키 서쪽 이오니아 지방에 있는 밀레토스 출신이다. 서양철학은 터키의 밀레토스에서 탄생했는데, 도대체 밀레토스가 어떤 곳이기에 이곳에서 철학이 탄생할 수 있었을까?

밀레토스에서 서양철학이 탄생한 배경

현재 밀레토스는 오랜 세월에 걸친 강의 퇴적작용 때문에 내륙으로 약 10킬로미터 떨어진 곳에 있지만, 서양철학의 탄생 당시에 밀레토스는 이오니아 지방의 항구 도시였다. 그리스인들이 기원전 11세기경에 이오니아 지방에 진출하여 밀레토스를 세웠고, 그 후로 밀레토스는 90개 이상의 식민시를 건설했다. 밀레토스는 아나톨리아 내부에서 해안으로 운송된 자원들과 가공품들을 교역하는 중심지인데다가, 밀레토스 산(産) 모직물을 포함해서 자체적으로 만든 다양한 가공품들을 수출한 덕분에 많은 부를 획득했다. 밀레토스는 해운과 교역, 제조업을 통해 주도적인 위치를 차지했고, 북쪽으로는 흑해, 동쪽으로는 바빌로니아, 남쪽으로는 이집트, 서쪽으로는 남부 이탈리아의 그리스 도시들에 이르기까지 폭넓은 교역을 펼쳤다. 밀레토스 사람들은 생산과 교역 활동 덕분에 풍요롭게 되어 사치와 물질문화를 누리면서 살 수 있었다. 인간의 생산과 교역 활동이 이들에게 풍요를 가져왔기 때문에, 이들은 신보다 인간에게 더 많은 관심을 갖게 되었다. 게다가 자연세계를 잘 이해하고 통제해야 인간의 생산과 교역 활동이 원활히 이루어질 수 있기 때문에, 이들은 자연 세계에도 관심을 갖게 되었다. 인간과 자연 세계에 관심을 갖게 된 이들에게 신을 중심으로 인간과 자연 세계를 이해하는 신화적인 사유 대신에 인간과 자연세계를 합리적으로 이해하려는 철학적 사유가 자연스럽게 요청되었다.

탈레스, 아낙시만드로스와 같은 최초의 서양철학자들이 거처한 밀레토스의 환경은 여가를 주었을 뿐만 아니라 지적 탐구를 위한 자극도 주었다. 플라톤(기원전 427-347년)과 아리스토텔레스(기원전 384-322년)가 말했듯이, 철학은 호기심이나 경외심에서 발생한다.[1] 최초의 서양철학자들은 한편으로 실용적인 사람들로서 정치

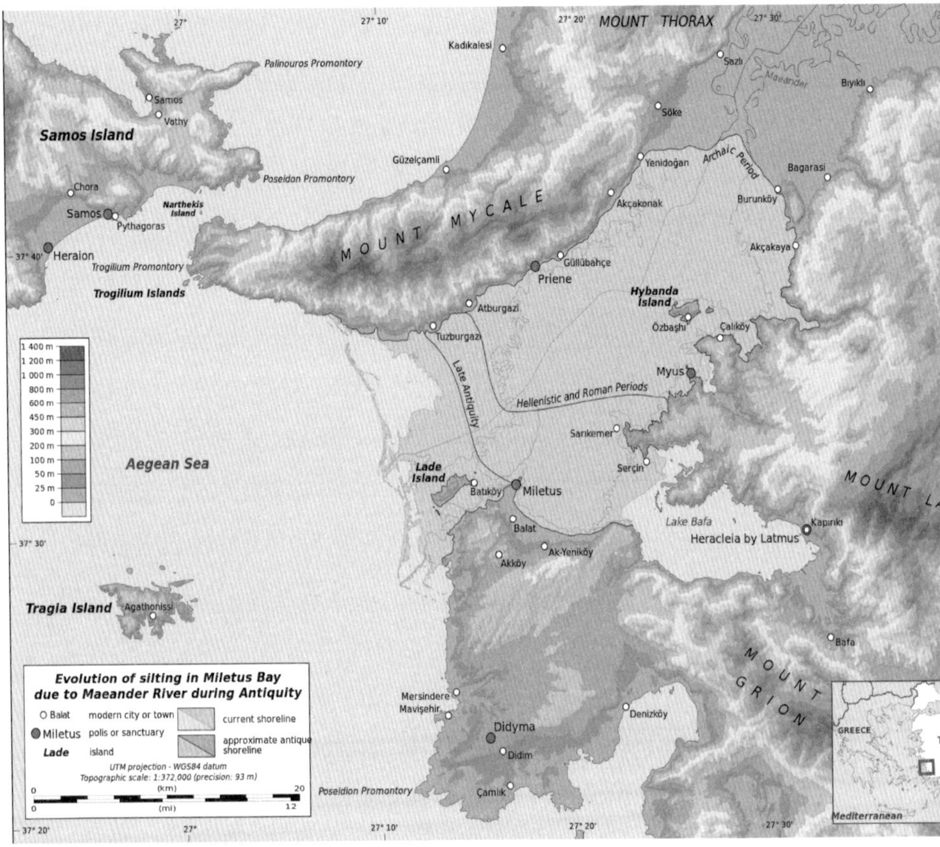

그림 4.2. 밀레토스의 위치

에 능동적으로 참여하고 기술발전에 큰 관심을 가졌지만, 다른 한편으로 호기심 때문에 철학을 했다. 이들과 대조적으로 수천 년 전의 이집트인들은 더 나은 삶을 위해 다양한 기술을 발전시켜 실용적인

1 플라톤, 『테아이테토스』, 정준영 옮김, 이제이북스, 2013, 155d; 아리스토텔레스, 『형이상학』, 1권, 조대호 옮김, 나남, 2012, 982b.

가르침을 줄 수는 있었지만, 철학을 탄생시키지는 못했다. 그들은 밀레토스 사람들을 비롯한 그리스인들이 가졌던 진리와 지식에 대한 사랑을 갖지 못했다. 실용성만 따지면 철학은 생기지 못한다. 철학은 직접적인 경험세계에서 벗어날 것을 요구하고, 실용적인 목적 달성을 위해 필요한 정도를 넘어서서 이성을 자유롭게 사용할 것을 요구한다. 철학은 장기적으로 실용적인 목적에 이바지할 수 있지만, 삶에 꼭 필요한 것들에 대한 요구에서 발생하지 않는다. 이러한 요구의 충족은 철학의 탄생을 위해 필요한 조건일 뿐이다. 이러한 요구가 충족되고 난 다음에 지적인 충족도 추구될 때에야 비로소 철학은 탄생한다.[2]

밀레토스의 지리적인 위치, 이웃세력과의 관계도 서양철학의 탄생에 적지 않은 영향을 주었다. 밀레토스의 위치는 그리스어를 사용하는 사람들 세계의 동쪽 끝에 있었다. 밀레토스의 동쪽에는 그리스어를 사용하지 않는 바빌로니아, 리디아, 페르시아 등으로 이루어진 지역, 즉 동방(東邦)이 있었다. 동방의 사유는 밀레토스에 많은 영향을 주었다. 밀레토스는 리디아와 페르시아의 지배를 받았지만, 리디아인들과 페르시아인들이 밀레토스의 명성과 위력을 존중한 덕분에 밀레토스는 이들로부터 간섭을 많이 받지 않고서 나름의 특권과 독립적인 지위를 유지할 수 있었다. 이 시기에 밀레토스 사람들은 동방의 사유를 접할 기회를 많이 가졌다. 밀레토스는 이와 같이 수동적으로 동방의 사유를 접촉했으며, 더 나아가 진취적인 밀레토스 사람들은 육지로는 동방으로, 바다로는 이집트로 여행을 떠나서 능동적으

2 W. K. C. Guthrie, *A History of Greek Philosophy*, vol. 1, Cambridge University Press, 1962, 30-31쪽.

로 동방의 사유를 접했다.[3] 이들 중에 특히 최초의 서양철학자인 탈레스는 이집트를 방문하여 기하학을 밀레토스에 최초로 도입했고, 나일 강의 범람 원인을 제시했으며, 그림자를 이용하여 피라미드의 높이를 측정했다고 알려져 있다. 동방의 사유와 이집트의 사유, 그리스의 사유가 서로 교류하고 접하면서 서양철학은 탄생할 수 있었다.

이집트와 바빌로니아가 아니라 밀레토스에서 서양철학이 탄생한 이유

서양철학이 밀레토스에서 탄생한 이유는 무엇일까? 기원전 6세기에 이집트와 바빌로니아는 밀레토스보다 더 높은 수준의 문명을 누렸는데도 불구하고, 이들 지역에서 철학이 탄생하지 않은 이유는 무엇일까? 생각의 자유를 인정한 밀레토스와 달리, 이집트와 바빌로니아에서는 전제정권에 종속된 채 사람들의 삶에 큰 영향을 끼친 종교로 인해 생각의 자유가 억압당했고, 왕의 사제들은 생각의 자유로 인해 권위가 훼손당하지 않도록 많은 신경을 썼다. 그러나 이집트와 바빌로니아는 생각의 자유를 억압했음에도 불구하고 상당한 지적인 성과를 이루었다. 탈레스는 일식을 예언하기 위해 바빌로니아의 지식을 이용했으며, 이집트인들과 바빌로니아인들 덕분에 밀레토스 사람들은 가축, 농업, 도예, 벽돌 제조, 방적 등의 기술을 누릴 수 있었다. 밀레

---

3 같은 책, 31-32쪽.

그림 4.3. 그노몬

토스는 명성을 떨친 직물 제조에서조차 이집트와 바빌로니아의 기술을 모방했다.[4]

밀레토스 사람들은 그리스 수학이 이집트와 바빌로니아의 수학에 힘입었다는 사실을 스스로 인정했다. 헤로도토스(기원전 484-425년)에 따르면, 기하학은 이집트에서 발명되어 밀레토스에 전해졌고, 밀레토스 사람들은 바빌로니아인들로부터 하루를 12부분으로 나누는 법과 천구, 그노몬[5]을 배웠다.[6] 이집트인들은 기하학에서 뛰어났고, 바빌로니아인들은 산술에서 뛰어났다. 그들이 천체 현상을 정확하게 예측하기 위해 사용했던 산술은 이미 기원전 1500년경부터 발전했다.

이집트인들과 바빌로니아인들은 밀레토스 사람들보다 뛰어난 기

4 같은 책, 32-33쪽.

5 그노몬은 삼각자 또는 직각 막대인데, 그것의 그림자가 해의 방향과 고도를 지시해 준다.

6 헤로도토스, 『역사』, 김봉철 옮김, 도서출판 길, 2016, 2권, 109.

술들을 가지고 있었고 더 높은 수준의 수학에 도달했는데도 불구하고, 철학을 탄생시키지 못한 이유가 무엇일까? 이집트인들과 바빌로니아인들은 지식 그 자체에는 관심이 없었고, 실용적인 목적에 도움이 되는 지식에만 관심을 가진 데 그 이유가 있다. 헤로도토스에 따르면, 이집트에서는 개인이 소유한 땅의 직사각형 면적에 따라 세금이 부과되었다. 나일 강의 범람 때문에 땅의 면적이 줄어들면 땅의 소유주가 요청할 때 왕의 측량사들이 와서 줄어든 땅의 면적을 재고 나서 세액을 조정했다. 이집트에서 이런 문제가 기하학의 발전을 자극했다.[7] 반면 아리스토텔레스에 따르면, 이집트의 사제들이 지적인 추구를 위해 여가를 즐겼기 때문에 이집트에서 수학이 발전했다. 삶에 필요한 실용적인 것들이 충족되고 나서야 이론적인 지식, 즉 쾌락이나 삶에 꼭 필요한 것들을 겨냥하지 않는 학문들이 생긴다.[8] 지적인 활동은 여가가 있을 때 가능한 것이다. 하지만 이와 같은 아리스토텔레스의 주장과 달리 이집트의 기하학은 실용적인 기술이었고, 기원전 4세기에 아테네에서 행해진 교양 교육의 교과 또는 순수한 연구 주제가 아니라, 토지 측량과 피라미드 건설에 필요한 지식에 불과했다.

바빌로니아에서 종교는 삶에 큰 영향을 미쳤고, 천체 현상과 관련이 있었다. 그래서 바빌로니아인들에게 천문학은 중요했다. 천문학은 별, 특히 떠돌이별을 신들과 연결하는 별 숭배 관행과, 하늘의 사건이 절기, 기후와 관련된다는 사실에서 발전했다. 천문학의 발전에

---

7 같은 책, 2권, 109.

8 아리스토텔레스, 『형이상학』, 1권, 981b.

힘입어서 별의 현재 위치에 비추어 왕이나 왕국의 운명에 대한 단기적인 예언을 할 수 있었다. 이들의 관찰과 계산은 꽤나 정확했으나, 종교 의식에 매여 있었다.[9]

이집트인들과 바빌로니아인들은 시험을 거쳐 나온 무오류의 기술들에 만족했다. 이들은 기술들을 계속 사용했을 뿐, 기술들이 발생하는 원인에는 관심이 없었다. 이들은 기술이 발생한 원인을 자유로운 합리적인 토론을 통해 밝히지 않았다. 반면 밀레토스 사람들, 더 나아가 이들의 영향을 받은 그리스인들은 달랐다. 그들은 어떤 현상의 원인을 물었으며, 원인에 대한 관심은 일반화에 대한 요구로 이어졌다. 이집트인들이나 바빌로니아인들은 불이 유용하며, 벽돌을 딱딱하게 만들고, 집을 따뜻하게 하며, 광석에서 금속을 만든다는 사실은 알고 있었다. 이들은 이런 것들을 만들어서 즐기는 데 만족했다. 하지만 그들은 불이 왜 벽돌, 금속 등과 같은 것을 만드는지 묻지 않았다. 반면 밀레토스 사람들을 비롯한 그리스인들은 벽돌 굽는 가마에 있는 불과 화덕에 있는 불과 대장간에 있는 불이 서로 다르다고 생각하지 않았으며, 더 나아가 '일반적으로 불의 본성은 무엇인가?'라는 질문을 제기하여 불의 일반적인 특성을 밝히고자 했다. 수학, 기하학과 관련된 경우에도 그리스인들은 바빌로니아인들, 이집트인들과 달랐다. 바빌로니아인들은 예컨대 두 숫자를 곱한 값과 두 숫자를 더하거나 뺀 값을 제시하고서는 원래의 두 숫자를 구하라는 문제는 풀 수 있었지만, 이 문제를 일반적인 공식을 통해서 해결할 생각은 없었다.

---

9 Guthrie, *A History of Greek Philosophy*, vol. 1, 33-34쪽.

이집트인들도 기하학을 직사각형 형태의 개인 농장과 관련지어 생각했을 뿐, 직사각형 자체에 대해서는 관심이 없었다. 하지만 그리스인들은 구체적인 평면에서 벗어난, 어디에서나 동일한 특성을 갖는 직사각형 자체에 대해 생각하기 시작했다. 그들은 특정한 곳에 있는 직사각형 대신에 직사각형의 형상을 중요한 문제로 다루었다. 형상은 감각에서 개념으로의 진전을, 또한 시각이나 촉각을 통해 감각되는 개별 사례들에서 마음을 통해 파악되는 보편적인 개념으로의 진전을 보여 준다.[10]

이집트인들은 단순한 일반화를 통해 만들어진 단순한 개념을 생각하지도 않았고, 이를 더 높은 수준의 일반화를 위한 재료나 구성 요소로도 사용하지 않았다. 그들은 개념을 추상적으로 다룰 줄 몰랐다. 바빌로니아인들은 천문학에서 수세기에 걸쳐 주의 깊은 관찰과 상당히 정확한 계산을 통해 데이터를 모았지만, 수많은 데이터를 합리적인 우주론을 구성하기 위한 토대로 사용할 줄 몰랐다. 이들처럼 사유가 실용적인 차원에 머무르는 한, 철학은 결코 탄생할 수 없었다.

결국 밀레토스 사람들은 기원전 6세기에 실용적인 차원을 넘어선 사유를 통해 철학을 탄생시켰다. 탈레스, 아낙시만드로스와 같은 최초의 서양철학자들은 천문학, 수학, 우주론, 기상학, 생물학, 영혼론 등의 분야에서 철학자의 면모를 보여 주었다. 이들이 서양철학을 어떻게 탄생시켰는지 구체적으로 살펴볼 때가 되었다.

10 같은 책, 35-38쪽.

탈레스의 철학

그림 4.4. 탈레스

최초의 서양철학자인 탈레스는 기원전 6세기 당시 7현인[11] 중 한 명이었다. 그는 『항해용 천문 안내서』, 『지점(至點: 동지점과 하지점)에 관하여』, 『분점(分點: 춘분점과 추분점)에 관하여』라는 책을 썼다고 전해진다(DK11B1, B4).[12] 그는 이오니아인들에게 이오니아의 여러 도시국가들을 연합하여 페르시아의 팽창을 견제하도록 정치적인 조언을 했고(DK11A4), 크로이소스 왕의 군대가 할뤼스 강을 건널 수 있도록 기술적인 조치를 취했다(DK11A6).

탈레스는 천문학자로 여겨지는데, 이에 관한 두 가지 일화가 있다. 어느 날 천체연구를 하느라 위를 쳐다보다 우물에 빠졌는데, 하

11 탈레스, 피타코스, 비아스, 솔론, 클레오불로스, 킬론, 페리안드로스.

12 DK는 헤르만 딜스가 편찬하고 나중에 발터 크란츠가 보충한 『소크라테스 이전 철학자들의 단편들(*Die Fragmente der Vorsokratiker*)』을 약칭한 표현이다. A는 해당 학자의 간접 단편을 의미하고, B는 직접 단편을 의미한다. 직접 단편은 해당 학자의 말을 직접 인용한 단편인 반면, 간접 단편은 해당 학자나 학파에 대한 이후 학자들의 설명이나 해석, 평가 등을 담은 글에서 뽑아낸 단편이다. 예를 들어 DK11B1은 'DK의 11장에 나오는 직접 전승 첫 번째 단편'을 뜻한다. 탈레스, 아낙시만드로스 단편의 한국어 번역은 『소크라테스 이전 철학자들의 단편 선집』에서 가져왔다.

늘에 있는 것들을 알려고 애썼지만 자기 뒤에, 그것도 바로 발 곁에 있는 것들을 못 본다며 어떤 하녀가 그를 놀린 것이 첫 번째 일화이다(DK11A9). 가난 때문에 철학은 아무런 쓸모가 없다는 비난을 받자, 천체연구를 통해 올리브의 풍작이 있을 것임을 알아내고서 겨울에 약간의 자금을 모아 싼 값에 올리브 짜는 기계를 빌렸는데, 이듬해 올리브가 풍성하게 열려 올리브 짜는 기계가 갑자기 많이 필요해지자 자기가 원하는 값에 빌려 줘서 큰돈을 벌었다. 그는 철학자들이 마음만 먹으면 쉽게 부자가 될 수 있지만, 그것이 그들의 진지한 관심사가 아님을 보여 준 것이 두 번째 일화이다(DK11A10).

천문학에서 탈레스의 가장 유명한 행적은 일식 예언이다. 탈레스는 기원전 585년에 갑자기 낮이 밤으로 바뀌는 변화, 즉 일식이 있을 것이라고 예언을 했다. 그가 예언한 해에 실제로 일식이 일어났다(DK11A5). 그는 매우 정확하게 알고서 일식을 예언한 것이 아니라, 오랜 기간에 걸친 경험적 관찰에 의지해서 예언했다. 일식이 일어나는 해[年]만 예언했을 뿐, 구체적인 날짜, 시간은 예언하지 않았다. 그의 일식 예언은 일식이 일어나는 해를 예언하는 바빌로니아인들의 일식 예언과 유사하다. 그들은 이미 기원전 8세기부터 일식 예언을 기록했다. 탈레스는 바빌로니아인들의 기록에 의존하여 일식을 예언한 셈이다. 그들은 농사, 종교, 점성술, 역법을 위해 일식, 지점의 주기와 같은 천체 현상들에 많은 관심을 기울여 왔고, 오랫동안 천체 현상을 기록해서 남겼다. 탈레스는 밀레토스의 폭넓은 교류 덕분에 바빌로니아인들의 기록을 접했을 것이다. 그는 천문학과 관련된 행적인 작은곰자리의 관찰과, 지점의 주기가 언제나 한결같지 않다는 사실도 그들의 기록에 의존해서 알아냈을 것이다(DK11A3a, A17).

탈레스는 수학에서도 여러 가지 발견의 장본인으로 여겨진다. 그는 이집트에서 기하학을 배워 밀레토스에 최초로 도입했다(DK11A11). 이집트 기하학은 땅을 측정하고 피라미드를 건축하기 위한 실용적인 측면에 초점을 맞춘 반면, 그리스 기하학은 측정이나 계산이 아니라 일반적인 정의와 정리에 초점을 맞췄다. 고대 그리스인들은 탈레스가 그리스 수학의 토대를 닦는 데 크게 기여했다고 여기고서 "모든 등변 삼각형의 밑변에 접한 각들은 등각이다", "원이 지름에 따라 양분된다"라는 정리를 그의 것으로 여겼다(DK11A20). 하지만 이런 정리들은 탈레스가 독창적으로 생각한 결과물이기보다 여러 사람들이 오랜 기간 동안 생각하다가 나온 결과물인 것 같다. 실제로 탈레스는 이런 정리들은 언급하지 않은 채 초보적인 측정 기구를 사용해서 측정과 관련된 문제들을 해결하여 동시대인들의 명성을 얻은 것 같다.[13]

아리스토텔레스는 탈레스의 우주론에 관한 두 가지 생각을 전해 주는데, 하나는 땅이 물 위에 떠 있다는 것이고, 다른 하나는 물이 만물의 근원이라는 것이다(DK11A12). 땅이 물 위에 떠 있다는 생각은 바빌로니아와 이집트의 우주론의 영향을 받아서 나온 것 같다.[14] 바빌로니아와 이집트에는 땅이 물 위에 떠 있다는 생각이 폭넓게 퍼져 있었다. 바빌로니아의 창조 신화를 담고 있는 에리두 시에 의하면, 태초에는 오직 바다만 있었고, 그 후에 마르두크가 갈대로 뗏목

13 G. S. Kirk, J. E. Raven, and M. Schofield, *The Presocratic Philosophers*, Cambridge University Press, 1983, 85-86쪽.

14 같은 책, 91-93쪽.

을 만들었으며, 그다음으로 다시 흙을 만들어 그것을 뗏목 위에 뿌렸다. 그리고 이집트의 신화적 세계관에 의하면, 대지는 물 위에 떠 있고, 물은 대지를 감싸며 흐른다. 나일 강은 대지 밑의 지하수로부터 솟아나오고, 대지의 주변으로부터 하늘의 지붕이 솟아올라 대지를 덮고 있으며, 물은 제2의 나일 강을 따라 하늘을 둘러싸고 흐르고, 이로부터 생명력을 가져다주는 비가 내린다.[15] 탈레스는 땅이 물 위에 떠 있다고 말할 때, 바빌로니아와 이집트의 신화적 우주론에 머물지 않았다. 그는 지진의 원인이 땅 아래에 있는 물의 운동이라고 말했다(DK11A15). 그는 지진과 같은 자연현상을 설명하기 위해 땅이 물 위에 떠 있다고 생각한 것 같다.

아리스토텔레스는 물이 만물의 근원이라는 탈레스의 생각을 전할 때, 사물이 변하는 원인으로 질료인[16], 형상인[17], 운동인[18], 목적인[19] 4가지가 있는데, 탈레스가 말하는 물은 질료인이라고 주장한다. 탈레스가 모든 것의 자양분이 축축하다는 것, 열 자체가 물에서 생긴다는 것, 물에 의해 모든 것이 생존하는 것을 보고 나서 물이 만물의 근원이라는 생각을 가졌을 것이라고 아리스토텔레스는 말한다(DK11A12). 물이 만물의 근원이라는 생각은 모든 사물은 물로 구성되었음을 뜻한다. 탈레스는 모든 사물은 어떤 것으로 구성되었는가라는 질문을 최초로 제기한 다음, 그것이 물이라고 생각했을 것이다.

---

15 프리도 릭켄, 『고대 그리스 철학』, 김성진 옮김, 서광사, 2000, 35쪽.
16 사물을 생성시키고 변화시키는 소재나 원료.
17 사물의 본질이나 형상.
18 사물의 생성, 변화, 운동을 일으키는 힘.
19 사물의 생성, 변화, 운동이 실현하려는 목적.

탈레스는 혼이 운동을 일으키는 원인이라고 생각했고, 자석이 쇠붙이를 움직이기 때문에 혼을 가졌다고 믿었다(DK11A22). 일반적으로 그리스 사유에서는 혼이 생명의 원천으로 여겨지고, 혼의 유무에 따라 생사가 구분된다. 그런데 자석은 식물과 동물처럼 살아 있는 것으로 보이지도 않고, 스스로 움직이거나 변하지도 않는다. 그러면 자석이 혼을 가졌다는 탈레스의 말은 모순 아닌가? 그런데 탈레스는 모든 것이 신으로 충만하다고 믿었고, 이 믿음을 혼이 우주 안에 섞여 있다는 믿음과 연결시켰다(DK11A12). 탈레스는 세계가 어떤 의미에서는 생명력으로 충만한 것이고, 이런 생명력은 광범위하고 영속하기 때문에 자연스럽게 세계를 신적인 것이라고 불렀을 것이다. 탈레스는 자석도 생명력으로 충만하여 쇠붙이를 움직이게 한다고 생각하여 자석이 혼을 가졌다고 믿은 것 같다.

아낙시만드로스의 철학

탈레스는 최초의 서양철학자이지만, 근원적 질료인 물에서 다른 사물들이 어떻게 나오는지 설명하지도 않았고, 땅을 받치고 있는 물은 어떤 것으로 받쳐져야 하는지도 말하지 않았다. 그의 제자 아낙시만드로스는 더욱 정교한 주장을 펼쳐서 이와 같은 탈레스의 문제들을 해결하고자 했다.

아낙시만드로스는 그노몬을 바빌로니아에서 도입했고, 해시계 위에 그노몬을 세워 지점과 분점을 표시했으며, 시간을 알려 주는 계기도 만들었다. 게다가 땅과 바다의 경계를 처음으로 그렸고, 천구를

그림 4.5. 아낙시만드로스

만들었으며, 처음으로 지도를 내놓았다. 그는 『자연에 관하여』, 『땅의 회전』, 『붙박이별에 관하여』, 『천구』와 다른 몇 가지 책들을 썼다(DK12A2).

아낙시만드로스는 만물의 근원을 '아페이론(무한정한 것)'이라고 말한다(DK12B1). 아페이론은 물, 불과 같은 질료들과 다르다. 이것은 영원하고, 늙지 않으며, 모든 세계를 둘러싸고, 하늘과 그 속의 세계를 생겨나게 한다(DK12A11, B2). 아페이론은 공간적인 한계를 갖지 않는 무한히 큰 것이고, 시간적인 한계도 없으며, 특정한 것으로 정해져 있지도 않다. 이것은 물도 불도 아니고, 뜨겁지도 차갑지도, 무겁지도 가볍지도, 축축하지도 건조하지도, 밝지도 어둡지도 않다. 이것은 신적인 것이고, 사멸하지 않고 파괴되지 않으며, 영원히 운동하는 것이기 때문에, 세계를 생겨나게 한다(DK12A15, B3).

우주는 아페이론에서 대립자들이 떨어져 나오면서 발생한다. 우주의 발생에서 주요 대립자들은 뜨거운 것과 차가운 것이다. 대립자를 도입함으로써 근원적 질료인 물에서 다른 사물들이 어떻게 나오는지 설명하지 않는 탈레스의 문제를 해결할 수 있다. 아낙시만드로스는 뜨거운 것과 차가운 것을 산출하는 것이 아페이론에서 분리되어 나온다고 말한다(DK12A16). 뜨거운 것과 차가운 것은 동등한 힘을 가지고 동시에 산출되기 때문에, 한쪽이 다른 한쪽을 압도하지 못한다. 뜨거운 것과 차가운 것의 구체적인 모습은 불꽃과 공기이다. 불꽃은 껍질이 나무를 둘러싸듯이 땅 주위의 공기(짙은 안개)를 감싸고 자란다. 불꽃이 부서져서 둥근 것들로 될 때, 해와 달, 별이 있게 된다(DK12A10). 땅 주위의 공기인 짙은 안개는 인간이 숨을 쉬는 공기와 인간이 밟고 다니는 땅으로 분화되는데, 축축한 땅은 태양에 의해 마르고, 남아 있는 습기는 바다가 된다(DK12A27).

아낙시만드로스는 우주의 중앙에 높이가 원 지름의 3분의 1이 되는 원통 모양의 지구가 있고, 인간은 평평한 한쪽 표면 위에 산다고 생각했다(DK12A10, 11). 지구가 우주의 중심에서 움직이지 않는다는 그의 생각은 탈레스에 비해 혁신적이다. 탈레스는 물이 땅을 떠받치고 있다고 생각했지만, 이는 어떤 것이 물을 떠받치고, 어떤 것이 어떤 것을 떠받치는가라는 의문을 낳는다. 지구가 모든 방향에서 같은 거리에 놓여 있기 때문에 움직이지 않은 채 공중에 떠 있어서 아무것도 지구를 떠받치지 않는다는 아낙시만드로스의 생각은 이러한 의문을 없앤다.

기상현상은 떨어져 나옴에서 시작된다. 공기의 가장 미세한 증기들은 바람이 되고, 좀 더 짙은 증기는 남아서 구름이 된다. 천둥과 번개는 구름에 에워싸였다가 터져 나올 때 생긴다. 바람은 해와 달의 운동을 포함한 대부분의 기상 현상을 일으키는 것으로 설명된다(DK12A11).

아낙시만드로스는 생물의 기원에 대한 설명도 제시한다. 더 단순한 것에서 더 복잡한 것이 생기며, 생겨나는 것은 어떤 것 속에 둘러싸여 있다가 밖으로 터져 나와서 존재한다. 최초의 생물은 가시투성이 껍질로 싸여 있다가 나중에 껍질을 터뜨리고 나왔으며, 사람도 물고기 같은 생물 속에 갇혀 있다가 성장한 다음에 몸을 터뜨리고 나온다(DK12A11, A30). 사람이 물고기 같은 생물 속에서 길러졌다는 발상은 최초의 생물이 축축한 것에서 생겨났다는 생각의 연장선상에 있는 것으로 보이며, 사람은 어느 정도 자라기 전까지 무기력하게 존재한다는 문제를 해결하는 착상의 기발함을 보여 준다.

철학의 탄생 덕분에 신에 의존하지 않은 채 합리적이고 과학적으로 사고를 하여 여러 자연 현상들을 설명할 수 있게 되었다. 밀레토스에서 탄생한 철학은 터키 서부 이오니아 지방에 전파되었고, 곧이어 남부 이탈리아 지방으로 전파되었다. 이오니아 지방에서는 이오니아학파가 형성되었고, 남부 이탈리아 지방에서는 엘레아학파가 형성되었다. 소크라테스(기원전 469-399년)가 등장하기 전의 철학자들은 보통 소크라테스 이전 철학자들 또는 자연철학자들이라고 일컬어진다. 기원전 5세기에 아테네에서 소크라테스와 소피스트들이 인간을 중심에 두고 철학하기 전까지 이들은 자연을 중심으로 철학을 했다. 이들은 자연 세계에 존재하는 것들의 근원은 무엇인가, 즉 이것들은 무엇에서 발생하고, 무엇으로 구성되어 있는가라는 질문에 답하면서 철학을 발전시켰다. 이러한 철학의 발전은 탈레스가 기원전 6세기에 밀레토스에서 서양철학을 탄생시켰고, 그 뒤를 이어 아낙시만드로스가 철학의 기반을 어느 정도 마련해서 비롯되었음을 잊어서는 안 된다.

참고문헌

럭켄, 프리도, 『고대 그리스 철학』, 김성진 옮김, 서광사, 2000.

아리스토텔레스, 『형이상학』, 조대호 옮김, 나남, 2012.

탈레스 외, 『소크라테스 이전 철학자들의 단편 선집』, 김인곤 외 옮김, 아카넷, 2005.

플라톤, 『테아이테토스』, 정준영 옮김, 이제이북스, 2013.

헤로도토스, 『역사』, 김봉철 옮김, 도서출판 길, 2016.

호메로스, 『일리아스』, 천병희 옮김, 숲, 2015.

Guthrie, W. K. C., *A History of Greek Philosophy*, vol. 1, Cambridge: Cambridge University Press, 1962.

Kirk, G. S., J. E. Raven, and M. Schofield, *The Presocratic Philosophers: A Critical History with a Selcetion of Texts*, Cambridge: Cambridge University Press, 1983.

Laks, A. and G. W. Most, *Early Greek Philosophy: Beginnings and Early Ionian Thinkers,* Part Ⅰ, Cambridge, MA: Harvard University Press, 2016.

제5장

알렉산드리아에서 조선까지 1,400년의 문명 대이동

프톨레마이오스와 황도12궁

곽문석

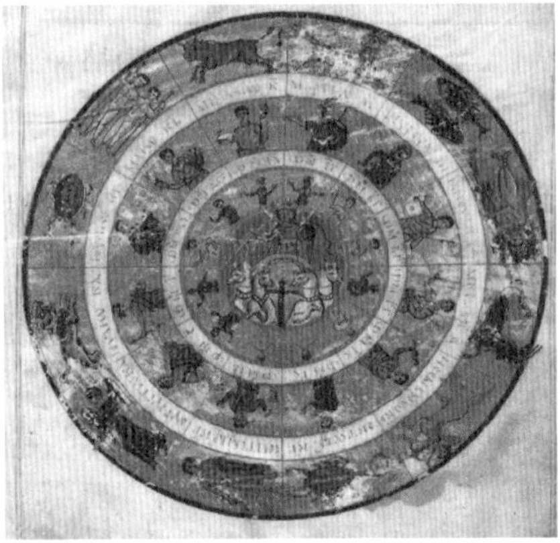

그림 5.1. 프톨레마이오스의 『테트라비블로스』 바티칸 사본(Vat. Gr. 1291)에 묘사된 황도12궁

이집트 알렉산드리아의 로마인 프톨레마이오스(Claudius Ptolemy, 90-168). 그는 서양 우주관을 체계화한 천문점성학자였으며, 그리스어로 『알마게스트(*Almagest*, 가장 위대한 책)』와 『테트라비블로스(*Tetrabiblos*, 네 권의 책)』라는 저서를 후세에 남겼다. 그의 책이 서양 천문점성학사에 끼친 영향은 실로 대단했다. 그의 명성은 서양에만 머물러 있지 않았다. 그의 저서는 아프리카 대륙에서 터키가 있는 아나톨리아와 중동을 거쳐 중국에 이르렀다. 언어적으로는 시리아어, 페르시아어, 아랍어, 중국어로 번역되었다. 그리고 마침내 1,400여 년 후 조선에 전해지게 된다. 프톨레마이오스가 지나온 길은 곧 세계 문명 교류의 역사다. 이제 프톨레마이오스의 저작이 1,400년에 걸쳐 동방으로 이동한 경로를 따라가면서 추적해 본다. 이 여정은 천문점성학의 대표적 상징체계인 황도12궁이 안내할 것이다(그림 5.1).

신비를 푸는 열쇠 황도12궁

바빌로니아 지역에서 탄생했지만 그리스인들에 의해 확정된 황도12궁 별자리 체계는 태양의 길인 황도대(黃道帶)의 360도 원주를 12개로 나눠 놓은 것이다. 영어로는 '동물들의 띠[獸帶]'라는 뜻의 조디악(Zodiac)으로 불린다. 이 용어는 별자리의 이름이 주로 동물들이기 때문에, 동물을 뜻하는 그리스어에서 파생된 단어 '조디아코스(zodiakos)'에서 나왔다.

고대인은 황도12궁에 따라 달과 별의 이동 경로를 계산해 시간과 계절의 변화를 알았기에, 농사를 짓고 사막을 건넜으며 바다 여행을 할 수 있었다. 이 체계가 실생활에서만 이용된 것은 아니다. 각각의 별들은 곧 그들이 믿는 신을 상징해, 별자리의 움직임은 곧 신의

양	황소	쌍둥이	게	사자	처녀
	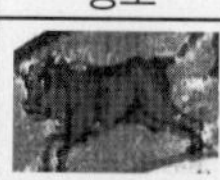		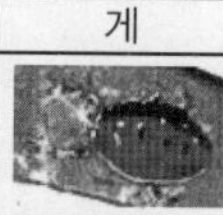		
Κριός (Krios)	Ταῦρος (Tauros)	Δίδυμοι (Didumoi)	Καρκίνος (Karkinos)	Λέων (Leōn)	Παρθένος (Parthenos)
Aries	Taurus	Gemini	Cancer	Leo	Virgo

천칭	전갈	궁수	염소	물병	물고기
		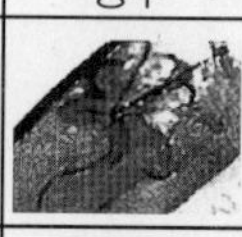			
Ζυγός (Zygos)	Σκορπιός (Skorpios)	Τοξότης (Toxotēs)	Αἰγόκερως (Aigokerōs)	Ὑδροχόος (Hydrokhoos)	Ἰχθύες (Ikhthyes)
Libra	Scorpio	Sagittarius	Capricorn	Aquarius	Pisces

그림 5.2. 프톨레마이오스(그림 5.1의 원의 가장자리, 시계 반대방향으로)의 황도12궁 상징물들과 그리스어, 라틴어 명칭

뜻을 대변한다는 종교적 의미를 갖게 되었다. 이 때문에 그리스와 로마인들은 12궁에 그리스와 로마 신의 이름을 붙여 주었다.

12궁은 유대교와 기독교에서도 아주 중요한 상징적 의미를 갖고 있었다. 알렉산드리아의 유대인 철학자 필로(Philo, BC 20-AD 50)는 『모세의 생애에 관하여(*De Vita Moysis*)』에서 대선지자의 에봇(사제복)에 있는 12개의 보석이 황도12궁을 상징한다며 이렇게 진술했다.

> 그 후에 (대제사장의) 흉부에는 각기 다른 색을 가진 12개의 보석이 3개씩 4줄로 장식되어 있는데, 이것들이 황도12궁의 상징들이 아니라면 무엇이겠는가? 왜냐하면, 황도12궁은 각기 세 동물들이 할당된 네 부분으로 구성되어 있는데, 각 부분은 일 년의 기간들, 즉 봄, 여름, 가을, 겨울에 해당된다.[1]

팔레스타인의 베트 알파(Beth Alpha)에서 발굴된 유대인 회당 바닥에 장식된 모자이크는 분명히 황도12궁이다(그림 5.3). 이 모자이크가 상징하는 것은 이스라엘의 12지파였다. 시리아어, 콥트어 등으로 기록된 초대 유대 기독교 문헌들은 12지파와 예수의 열두 제자, 그리고 요한계시록에 적힌 성곽 주춧돌의 12보석을 황도12궁과 연결시켜 설명하고자 시도했다.

---

1 “ἔπειθ' οἱ κατὰ τὰ στέρνα δώδεκα λίθοι ταῖς χρόαις οὐχ ὅμοιοι διανεμηθέντες εἰς τέσσαρας στοίχους ἐκ τριῶν τίνος ἑτέρου δείγματ' εἰσὶν ἢ τοῦ ζῳδιακοῦ κύκλου; καὶ γὰρ οὗτος τετραχῇ διανεμηθεὶς ἐκ τριῶν ζῳδίων τὰς ἐτησίους ὥρας ἀποτελεῖ, ἔαρ, θέρος, μετόπωρον, χειμῶνα ...”(De Vita Mosis, 2.124)(Philo, 508쪽).

그림 5.3. 유대인 회당에 새겨진 황도 12궁(팔레스타인에서 발굴된 유대인 회당 바닥에 새겨진 모자이크, 6세기)

이처럼 황도12궁을 상징하는 숫자 12는 고대 문헌들 속에 숨은 신비를 풀 수 있는 열쇠 구실을 한다. 12의 3배수인 36과 6배수인 72도 같은 구실을 했다. 이후 그리스의 황도12궁은 주변 문명국들에도 전해지게 된다.

인도와의 만남

기원전 4세기 이후 인도는 알렉산드로스 대왕이 세운 대제국의 영향으로 그리스 문명과 군사적이고 상업적으로 교류하면서 그리스 천문점성술을 받아들이기 시작했다(그림 5.4). 그리스인들은 인도와 국경이 맞닿은 곳에 박트리아 왕국을 세웠는데, 박트리아 왕국은 인도에 그리스 문명을 전하는 매개체였다. 그 대표적인 문화유산이 인도의 간다라 미술이다.

그림 5.4. 인도화한 황도12궁

그리스의 황도12궁 명칭이 등장하는 문헌 중 가장 오래된 산스크리트어 문헌은 서기 270년경 작성된 『야바나 자타카(*Yavana Jataka*)』다. '야바나'는 '이오니아 사람' 즉 그리스 사람을 뜻하고, '자타카'는 '탄생' 즉 탄생 시의 성위(星位, horoscope)를 의미한다. 따라서 이 책의 제목은 '그리스인들의 점성술(The Horoscopy of the Greeks)'이라고 번

क्रियताबुरिजितुमकुलीरलेयपाथोनजूककौर्प्याख्याः ।
तौक्षिक आकोकेरो हृद्रोगश्चान्त्यभं चेत्थम् ॥ ८ ॥

그림 5.5. 『브리하트 자타카』에 기록된 황도12궁 그리스어 명칭들에 대한 산스크리트어 음역. 번역은 다음과 같다: "Kriya, Thavuri, Jitheema, Kulira, Laya, Pathona, Juka, Kowrpi, Thaukshika, Akokero, Hridroga and Anthya are names for Mesha, Vrishabha, Mithuna, Kataka, Simha, Kanya, Thula, Vrischika, Dhanus, Makara, Kumbha and Meena respectively."(Rao, 3–6쪽)

역된다(Pingree, 46-47쪽). 또한 이 책에서 사용되고 있는 중요 천문학 용어들은 그리스어 음역이다. 이 책의 그리스어 원전은 정확히 알 수 없으나, 서기 1-2세기 프톨레마이오스를 중심으로 한 그리스의 천문점성술을 바탕으로 번역된 책인 것은 분명하다.

6세기에 작성된 힌두교 점성술의 기본서 『브리하트 자타카(*Brihat Jataka: The Great Horoscopy*)』도 그리스어 황도12궁 명칭을 음역해 제시하고 있다. 양자리를 가리키는 그리스어 '크리오스(Krios)'는 산스크리트어로 'Kriya', 황소자리인 '타우로스(Tauros)'는 'Thavuri', 쌍둥이자리인 '디두모이(Didumoi)'는 'Jiteema' 등으로 음역되어 있다(그림 5.5). 이러한 예들은 인도 천문점성학의 뿌리가 그리스임을 보여 준다. 서양 천문점성학은 인도를 통해 중국으로 전해진다.

아나톨리아의 시리아 문헌

서양 천문점성학 서적들이 인도에서 번역되어 중국으로 전해지기 전

그림 5.6. 프톨레마이오스의 황도12궁을 설명하고 있는 시리아어 문헌(Bnf Syr. 346. f. 112v)

아나톨리아의 동남부 지역에서 서양 고전문헌 전반에 대한 연구와 번역이 시도되었다. 니시비스(Nisibis, 현재 터키의 누사이빈)와 에데사(Edessa, 현재 터키의 우르파) 지역이 그곳이었다.

350년 니시비스에는 오늘날 대학과 비슷한 '니시비스 학교'가 설립되었는데, 이 학교는 363년 페르시아의 침공 때 에데사로 이동했다. 에데사는 셈어족에 속하는 시리아어를 사용하던 동방기독교의 중심지였다.

이 언어가 바로 비옥한 초승달 지대 전체에서 쓰이던 '링구아 프랑카'였다. 니시비스와 에데사의 학자들은 시리아어로, 그리스의 문학, 역사, 철학 그리고 종교와 과학 서적들을 연구하고 번역했다(그림 5.6).

이들이 남긴 수많은 서적이 필사본 형태로 세계 유수의 도서관 서고에 쌓여 있었다. 그리고 20세기 들어 하나씩 그 모습을 드러내기 시작했다. 여기에는 신 · 구약 성경주석과 사도들에 관한 기록뿐만 아니라 서양고전 문학서적들과 아리스토텔레스의 철학서적 등 수많은 번역서와 연구서들이 있었다.

물론 프톨레마이오스의 『알마게스트』와 『테트라비블로스』 등도 존재했다. 이 서적들은 시리아어를 통해 페르시아와 아랍문명권에 전해진다.

그리스 고전의 아랍어 번역운동

서양 천문학이 인도와 페르시아를 거쳐 중국으로 전승되던 시기, 아랍 문명은 시리아어를 사용하는 기독교인을 통해 서양 문헌을 받아들이기 시작했다. 9세기 이전, 아랍 문명권에서는 그리스 문헌을 시리아어를 거쳐 중역(重譯)했다. 시리아어 문헌을 아랍어로 옮기는 작업은 두 언어가 같은 셈어족에 속해 있었기에 어려운 일이 아니었다. 그러나 아랍 정복 후 그 양상을 달리하게 된다. 아랍 문명은 바그다드에서 시작된 압바스 왕조(750-1258) 때, 특히 830년 이후 100여 년 동안 지속된 번역운동을 통해 그리스 문헌을 직접 아랍어로 번역하기 시작했다. 이 시기 번역된 서양서적들은 주로 의학서와 천문서적들이었다.

이 운동을 통해서 서양 고전문헌 중 일부 사라진 자료들이 아랍어로 남아 후세에 전해지게 되었다. 그리고 중세에 라틴어로 번역된

그림 5.7. 아부 마으샤르의 황도12궁(Bnf Arabe 2583)

다. 이 라틴어 판본을 바탕으로 그리스어 원본을 재구성해 비평하는 일까지 생겨났다.

대표적인 예가 바로 프톨레마이오스의 저서 『알마게스트』다. 이 책의 그리스어 원본은 사라지고 없고 아랍어 번역본만 남아 있다. 제목 '알마게스트'는 그리스어가 아닌, '가장 위대한 책'이라는 뜻을 가진 아랍어인 것이다.

프톨레마이오스의 『알마게스트』와 『테트라비블로스』는 아랍어 번역서뿐만 아니라 주석서까지 출판되었다. 중요 천문학자로는 아부 마으샤르(787-886), 쿠쉬아르 이븐 랍반(971-1029) 등이 있다(그림 5.7).

문명 교류의 중심 당나라 장안(長安)

6세기 후 서양의 황도12궁은 인도 불경 번역 과정을 통해 중국에 전해지기 시작했다. 이 불전들을 모아 편찬한 대장경에는 경전뿐만 아니라 당시 인도에 들어온 천문점성학 서적들이 포함되어 있다. 밀교부(密敎部)에 포함된 『일장경(日藏經)』, 『수요경(宿曜經)』, 『칠요양재결(七曜攘災決)』, 『범천화라구요(梵天火羅九曜)』 등이 그것이다. 『범천화라구요』에서 '화라(火羅)'는 시간을 의미하는 그리스어 '호라(ὥρα: hora)'의 음역이며, 이 서적들에 서양 황도12궁의 명칭의 한자어 번역 용어들이 처음으로 등장한다(그림 5.8). 아래 원의 중간 부분에 황도12궁 한자 명칭들 羊(양), 牛(우), 儀(의), 蟹(해), 師子(사자), 雙(쌍), 秤(칭), 蝎(갈), 弓(궁), 磨羯(마갈), 寶瓶(보병), 魚(어) 등을 볼 수 있다.

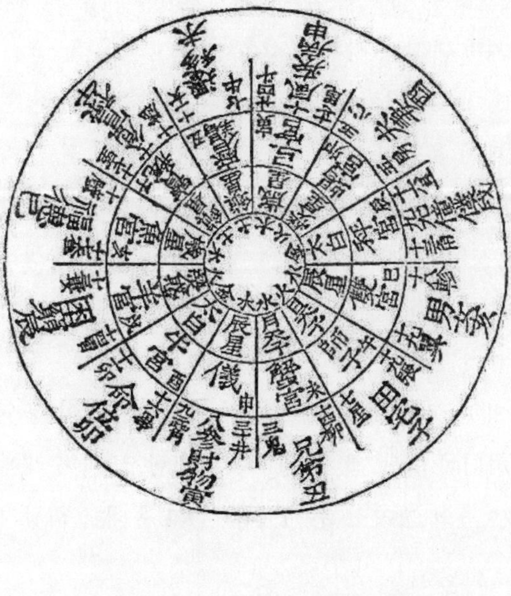

그림 5.8. 『칠요양재결』의 황도12궁과 12위(位) 관계도

이처럼 서양 천문서는 인도를 통해 중국에 건너갔지만, 지금까지 잘 알려지지 않은 다른 경로도 존재했다. 시리아어와 페르시아어, 소그드어를 통한 전달이다.

당나라 수도 장안(長安)은 세계 문명교류의 중심지였다. 장안에 종교 · 과학 서적을 전해 준 것은 소그드 상인들과 페르시아 기독교도들이었다. 당시 무역을 위한 링구아 프랑카는 소그드어였으며, 소그드인들은 무역상인답게 시리아어와 페르시아어도 구사할 수 있었다. 이들이 가져온 문헌들은 역사의 기억 속에서 잊혀졌으나, 20세기 초 둔황과 투르판 지역에서 발견되게 된다. 가장 주목되는 것은 페르시아에서 온 기독교 사제, 파사승(波斯僧) 경정(景淨)이 당에 바쳤다는 기독교 문헌들이다.

이 문헌들 가운데 『사문경(四門經)』이라는 책이 있었다고 전해진다. 일부 학자들은 이것이 네 권으로 구성된 프톨레마이오스의 『테트라비블로스』를 한역(漢譯)한 것으로 짐작한다. 그러나 『사문경(四門經)』은 문헌 자체가 존재하지 않아 정확한 것은 알 수 없다.

이처럼 인도와 페르시아를 거쳐 중국에 들어온 서양 천문학의 흔적은 시리아어와 소그드어 문헌이 다수 발견된 둔황 석굴의 불교 벽화에서 발견된다. 돈황 막고굴(敦煌 莫高窟) 61호동 좌우 벽면에 묘사된 수레에 탄 '치성광불상'이 그것이다(그림 5.9). '치성광'은 북극성을 말하는데, 이 불상 주변에는 서양의 황도12궁 도형들이 모두 그려져 있다(그림 5.10).

이 도형들은 서양의 12궁과 거의 차이가 없으나, 염소궁이 용수어신(龍首魚身)으로 표현되어 있는 점이 흥미롭다. 그림 5.9의 수레에 탄 불상은 프톨레마이오스의 그리스 문헌(그림 5.1)과 유대교 회당의

그림 5.9. 치성광불상과 황도12궁

그림 5.10. 돈황 막고굴 61호동 좌우 벽면의 황도12궁 도형들

황도12궁(그림 5.3)에 나오는 '마차를 탄 태양신'을 연상시킨다.

아랍어 문헌의 번역 원 · 명나라

원나라는 압바스 시대 아랍어로 번역된 서양의 과학서적들을 받아들이게 된다. 원나라에서는 아랍인을 '회회인(回回人)'으로 불렀으며, '회회사천감(回回司天監)'을 설치해 이들 문헌들을 번역하도록 했다.

이후 명나라 때는 '흠천감(欽天監)'이 이러한 임무를 이어받게 된다. 이로 인해 아랍의 여러 과학 서적이 중국어로 번역되었다. 의학서『회회약방(回回藥方)』과 천문서『회회력(回回曆)』등이 그것이다.『회회력』은 이슬람 학자인 마사역흑(馬沙亦黑 · Mashayihei)과 중국인 한림 이충과 오백종이 번역했다고 전해진다. 그런데 바로 이 회회력의 저본이 프톨레마이오스의『알마게스트』였다.

또한 쿠쉬아르 이븐 랍반의 아랍어 천문점성학 서적이 중국어로 번역되었다. 이 아랍어본과 한역본『천문서(天文書)』는 4권으로 구성되어 있었는데, 내용 중에 프톨레마이오스가 등장한다(그림 5.11).

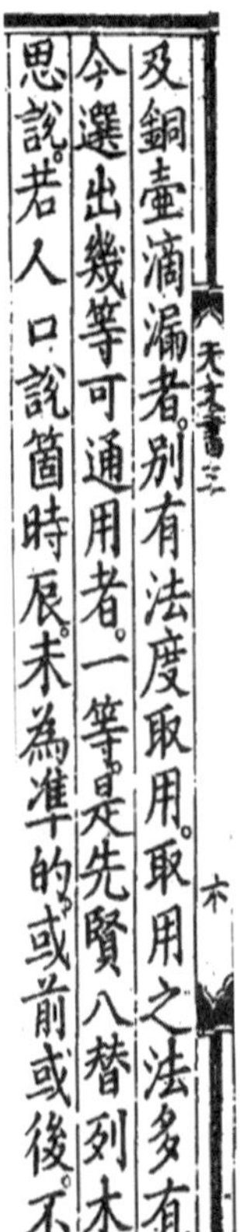
及銅壺滴漏者。別有法度取用。取用之法多有。
今選出幾等可通用者。一等是先賢八替列木
思說。若人口說箇時辰。未爲準的。或前或後。不

그림 5.11. 명대『천문서(天文書)』에서 프톨레마이오스의 한문 음역(팔체렬목사 · 八替列木思) 부분

이는 이 책들의 저본이 프톨레마이오스의 『테트라비블로스』라는 것을 알려 주고 있는 것이다.

『칠요양재결』(위 줄)과 『천문서』(아래 줄)의 황도12궁 한자어 명칭들을 비교해 보면 다음과 같다.

羊	牛	儀	蟹	師子	雙	秤	蝎	弓	磨羯	寶瓶	魚
白羊	金牛	陰陽	巨蟹	獅子	雙女	天稱	天蝎	人馬	磨羯	寶瓶	雙魚

아라비아 압바스 왕조의 그리스 원전 번역 운동의 결과물들은 이러한 과정을 거쳐 중국의 원 · 명대를 거쳐 고려와 조선에 전해지게 된다.

고려와 조선에 전해진 서양 천문학

고대 그리스 문화의 고려와 조선 전래를 상징적으로 보여 주는 것이 황도12궁이다. 이 황도12궁의 도형들과 명칭들은 14세기 고려시대의 〈치성광불여래왕림도(熾盛光佛如來往臨圖)〉에 등장하기 시작한다. 이후 조선에서는 이 불화를 바탕으로 선조 2년(1569)에 〈치성광불제성강림도(熾盛光諸星往臨圖)〉(그림 5.12)가 등장하게 된다.

이러한 서양천문학의 황도12궁이 언제, 어떤 경로로 고려시대에 들어왔는지는 알 수 없다. 그러나 프톨레마이오스의 1,400년 동안의 동양전래의 마지막 종착점은 조선이었다. 아랍어로 번역된 프톨레마이오스의 『알마게스트』는 원 · 명대 『회회력』의 저본이 되었으며, 이후 조선에 전해지게 된다. 『회회력』을 바탕으로 조선 세종 26년인

그림 5.12. 조선시대 〈치성광불제성감림도〉와 모사도

1444년 왕명에 따라 이순지(李純之)와 김담(金淡)이 『칠정산외편(七政算外篇)』을 간행하게 되는 것이다.

프톨레마이오스(그림 5.1)와 〈치성광불제성강림도〉(그림 5.12)에 새겨진 12궁의 한자명과 상징물을 비교해 보자(그림 5.13).

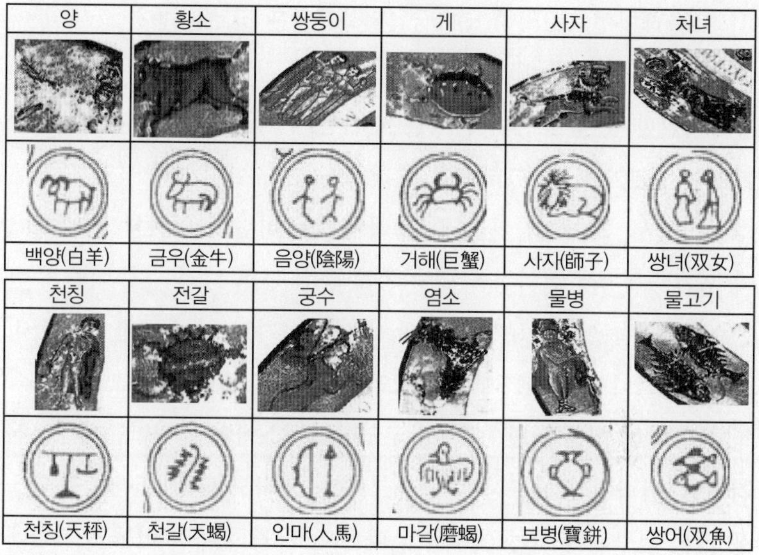

그림 5.13. 프톨레마이오스와 〈치성광불제성강림도〉에 새겨진 12궁의 비교

두 문명의 황도12궁 상징물과 명칭을 자세히 살펴보면 약간의 차이가 있음을 알 수 있다. 염소궁은 많은 변화를 거쳤음을 알 수 있고, 처녀궁과 쌍녀궁, 저울을 든 남자와 저울, 활을 든 반인반수(半人半獸) 켄타우로스와 활과 화살, 그리고 물병을 든 사람과 물병 등의 변화를 볼 수 있다. 그러나 두 문명의 12궁이 상징하는 바와 명칭, 순서는 대부분 일치하고 있다.

그리스와 조선, 두 문명 사이의 시간적, 지리적 간격을 생각할 때, 이는 놀라운 일이 아닐 수 없다. 이러한 일치는 문명 교류 활동이 역사 속에서 끊임없이 이어져 왔음을 보여 주는 실례다. 군사적인 충돌과 물품의 교역을 넘어, 종교와 과학 문헌들이 번역을 통해 구체적이고 세밀하게 교류되었음을 말해 주고 있는 것이다.

프톨레마이오스와 황도12궁 등이 걸어온 경로를 통한 문명의 이동은 단순히 천문학에 국한되지 않았다. 이 길을 추적하다 보면 더욱 흥미진진한 문명 교류의 흔적을 발견할 수 있다. 이솝 우화의 시리아어와 소그드어본, 그리스인 갈레노스(Galenos)의 아랍어와 중국어의 · 약학서, 징기스칸에 관한 시리아어와 아랍어 역사책, 시리아어와 소그드어에서 번역된 당대 기독교 문헌 등이 그것이다. 이들 문헌들에 대한 연구를 위해서는 고대 문명의 십자로 구실을 한 아나톨리아 지방의 니시비스와 에데사, 그리고 둔황과 투르판 지역의 문화와 역사에 대한 이해가 필수적이다. 또한 그리스어와 라틴어는 물론, 시리아어, 아랍어와 페르시아어, 소그드어, 그리고 당대의 한문 문헌들을 비교 연구해야 하는 어려움이 따른다. 당연히 아직 이들 문헌들에 대한 연구는 걸음마 단계에 있다. 그러나 이들 문헌들에 대한 비교연구를 시작하겠다는 도전적인 연구자들의 소식이 들린다. 프톨레마이오스 아랍어본에 대한 독일의 연구, 갈레노스 중국어본에 대한 영국의 연구, 이탈리아에서 진행한 징기스칸의 역사에 대한 시리아어본 연구 등이다. 이제 우리도 이 분야에 있어서 '고요한 아침의 나라'로 머물러 있어서는 안 될 것이다. 한국보다 앞서, 독일에서 『알마게스트』와 『칠정산외편』의 비교연구서가 나왔다는 소식이 들리지는 않기를 바란다.

참고문헌

필사본

바티칸도서관 Vat. gr. 1291. f. 9r.

프랑스국립도서관 Bnf Syr. 346. f. 112v.

프랑스국립도서관 Bnf Arabe 2583.

영인본

續修四庫全書編纂委員會, 『續修四庫全書 1063 子部 術數類. 天文書』, 上海: 上海古籍出版社, 1995-1999, 569쪽.

大正一切經刊行會, 『大正新脩大藏經 21 密教部四. 七曜攘災決』, 東京: 大正一切經刊行會, 1924-1929, 1308쪽.

단행본

김일권, 『우리 역사의 하늘과 별자리』, 서울: 고즈윈, 2008, 292쪽.

Philo, *Philo Volume VI On Abraham. On Joseph. On Moses*, F. H. Colson (trans.), Loeb Classical Library 289, Cambridge, MA: Harvard University Press, 1935, p. 508.

Pingree, David, *Yavanajataka of Sphujidhvaja,* vol. 1, Cambridge, MA: Harvard University Press, 1978, pp. 3-6.

Rao, Bangalore Suryanarain, *Varaha Mihira's Brihat Jataka*, Delhi: Motilal Banarsidass, 1986, pp. 46-47.

Whitfield, P., *Astrology: A History*, New York: Harry N. Abrams, 2001, p. 30.

敦煌研究院, 『敦煌石窟全集 23 科学技術畫卷』, 香港: 商務印書館, 2001, 37쪽.

______, 「敦煌石窟藝術 莫高窟第六一窟(伍代)」, 南京: 江蘇美術出版社, 1995, 圖版 155-166.

제2부

비잔티움과 기독교 문명

제6장

콘스탄티누스의 도시, 콘스탄티노플과 비잔틴 세계의 탄생

안연희

그림 6.1. 하기아 소피아

오늘날 터키의 이스탄불에 그 옛날 콘스탄티누스 대제가 세웠던 도시의 자취는 거의 남아 있지 않다. 콘스탄티누스 광장에 우뚝 서 있던 그의 기념주는 남아 있던 일부마저 불타 복원 작업 중이며, 황제의 행렬이 지나던 중앙의 큰 길 메세(Mese)의 경로가 현재 이스탄불의 도로로도 이용되고 있는 정도이다. 세월의 풍상 속에 잔해만 남아 도시 구석을 차지하고 있는 오래된 돌담들이 언뜻 콘스탄티누스의 성벽처럼 보이지만, 어디까지나 추정일 뿐이다. 이스탄불 관광객들이 으레 들르는 톱카프 궁전의 정문에서부터 펼쳐지는 제1정원의 왼쪽 담 안쪽에 자리 잡은 하기아 에이레네(Hagia Eirene)는 콘스탄티누스 대제가 아프로디테 신전을 개조해 세운 첫 비잔틴 교회로 알려져 있다. 그러나 현재의 모습은 니카의 반란 때 하기아 소피아와 함께 전소되었다가 6세기 유스티니아누스 황제 때에 재건된 것이다. "거룩한 평화"를 의미하는 하기아 에이레네 교회는 훗날 바로 옆에 나란

그림 6.2. 하기에 에이레네

히 세워진 비잔틴 제국의 상징적 건축물 하기아 소피아의 위용에 묻혔지만, 콘스탄티노플의 창건 당시에는 수도좌 교회였다. 381년 니케아신경을 재확인하고 삼위일체교리를 정식화한 제2차 콘스탄티노플 공의회가 열린 그리스도교의 유서 깊은 장소이기도 하다. 얄궂게도 이곳은 1453년 술탄 메흐메트 2세가 콘스탄티노플을 정복한 후 그의 궁정에 포함되어 근위대 예니체리 부대의 무기고로 전용되었기 때문에 모스크로 개조되는 것을 피할 수 있었다. 덕분에 아직까지도 비교적 비잔틴 교회의 모습을 간직한 채, 현재는 박물관이나 음악당으로 활용되고 있다.

좀 더 눈이 밝은 여행자라면 도보로 유적들이 즐비한 구시가지 쪽을 향해 걷다 스쳐 가는 도로원표 밀리온(Milion)의 흔적에 잠시 발길을 멈추게 될 것이다. 거의 주춧돌만 남은 밀리온의 잔해는 1960년대 발굴 때 하기아 소피아의 북쪽 지하수조 근처에서 발견되었다. 본래 4개의 아치형 개선문이 정사각형을 이루어 둥근 돔형 천장을 떠받치고 있던 건축물이었고 그 위에는 콘스탄티누스 대제의 모후 헬레나가 예루살렘에서 발견해 보낸 그리스도의 참 십자가 유물이 놓여 있었다고 한다. 밀리온은 신도시 콘스탄티노플의 첫 이정표이며 초석이었다. 그러나 지금은 그 흔적만 남은 기둥뿌리가 오히려 바로 여기서부터 비잔틴 제국의 역사가 시작되었구나 하는 감회와 이런저런 상념을 불러일으키는 것이다.

콘스탄티누스의 새로운 로마, 콘스탄티노플

그림 6.3. 밀리온(이스탄불)

모든 길은 로마로 통한다는 격언처럼, 위풍당당한 로마 제국의 근간에는 실제 제국의 구석구석으로 뻗어나간 로마 가도가 있었다. 콘스탄티노플의 밀리온은 바로 그 모든 길이 시작되는 로마 가도의 원점, 곧 제국의 출발점이었던 로마의 황금 밀리온(Milion Milliarum Aureum)을 본뜬 것이다. 콘스탄티노플의 메세는 바로 밀리온으로부터 시작해 콘스탄티누스의 원형 광장으로 쭉 뻗어 있던 중앙대로였다.

4세기 초 콘스탄티누스 대제는

정적이었던 막센티우스, 리키니우스 등을 차례차례 물리쳐 디오클레티아누스 황제 이후 동서의 정제(아우구스투스)와 부제(카이사르)가 난립하던 사두정치를 끝내고 로마 제국의 명실상부한 최고권력자로 등극했다. 재통합된 제국을 더 효율적으로 통치, 방어하고 구세력으로 벗어나 중앙집권적 권력을 확립하기 위해 그는 매우 중대한 결단을 내렸다. 유서 깊은 로마를 등지고 아시아와 유럽의 관문인 비잔티온(Byzantion)에 도시를 새로 조성하여 제국의 무게 중심을 동쪽으로 옮긴 것이다. 비잔티온은 애초 기원전 7-6세기경 그리스인 비자스(Byzas)가 델포이의 신탁을 받아 세웠다는 전설이 전해지는 그리스의 식민도시였다. 그 뒤 로마의 속주로 편입되어 세베루스 황제 때는 욕장과 히포드롬(전차경기장)이 있는 로마식 도시로 개조되었으나 큰 주목을 받지 못했는데, 마침내 대제 '콘스탄티누스의 도시', 콘스탄티노플로 화려하게 탈바꿈한 것이다. 새로운 로마, 비잔틴 제국의 탄생이기도 했다. 콘스탄티누스의 바람에 따라 노쇠한 로마를 대체하여 갱생시킬 '새로운 처녀'[1]로 거듭난 콘스탄티노플은 옛 로마를 모방하고 변형했다. 비잔틴 제국의 원점이 되는 밀리온의 건축은 바로 로마의 황금 밀리온을 모방하고 대체함으로써 새로운 로마의 중심을 만든 의례적 행위였다.

---

1 에드워드 기번, 『로마제국쇠망사 2』, 송은주 · 윤수인 · 김희용 옮김, 민음사, 2008, 8-9쪽. 테오파네스, 케드레누스 및 알렉산드리아 연대기의 작가들이 전하는 바에 따르면, 콘스탄티누스가 비잔티움 성 안에서 잠자는 동안 늙고 쇠약하여 구부정하고 점잖은 노부인이던 비잔티움의 수호신이 갑자기 젊디젊은 아가씨로 변신하는 것을 환상처럼 계시 받았고, 황제는 신의 뜻을 따라 콘스탄티노플을 창건했다고 한다.

이 새 도시의 건설에 대한 전설적인 이야기들을 윤색한 후대 작가들에 따르면, 당시 콘스탄티누스 대제는 긴 창을 들고 직접 그 중심 원점에서부터 광활한 새 도시의 경계선을 지정하며 이렇게 말했다고 한다.

> 짐은 짐 앞에 걸어가고 있는 보이지 않는 인도자이신 신께서 멈추는 것이 좋겠다고 생각할 때까지 더 나아갈 것이다.[2]

사실 여부와 관계없이 널리 회자된 이 일화가 묘사해 주는, 창을 들고 도시 경계선을 긋는 콘스탄티누스 대제의 의식은 고대 로마 전통을 따른 것이다. 콘스탄티노플이 오래된 도시지만, 새로 건립되었다는 이중적 의미를 상징적으로 보여 주는 의미심장한 행위였다.[3] '새로운 태양'으로 떠오른 콘스탄티누스 대제가 새로운 로마, 제2의 로마 콘스탄티노플을 창건한 것이다. 남쪽의 마르마라 해에서 골든 혼(Golden Horn)까지 부채꼴 모양으로 그어진 이 콘스탄티누스 성벽의 경계선은 옛 비잔티온의 면적을 몇 배나 넓혔다. 적극적인 이주정책, 곡식 수송선의 정박, 건축주에 대한 세금 면제 등 콘스탄티누스의 실질적인 수혜정책은 콘스탄티노플을 단기간에 훨씬 더 매력적인 도시로 만들었다.[4]

콘스탄티노플의 또 다른 이점은 로마의 유서 깊은 가문과 원로원

---

2 에드워드 기번, 『로마제국쇠망사』 2권, 9쪽.

3 조너선 스미스, 『자리잡기: 의례 내의 이론을 찾아서』, 방원일 옮김, 이학사, 2009, 153쪽.

4 토마스 F. 매튜스, 『비잔틴 예술』, 김이순 옮김, 도서출판 예경, 2006, 20-21쪽.

의 권위도, 알렉산드리아나 안티오키아와 같은 확립된 그리스도교회의 전통도 존재하지 않았다는 것이었다. 상대적으로 콘스탄티누스가 자신의 뜻대로 도시를 설계하고 그에 부합하는 제국의 종교로 그리스도교를 세우고 다듬기에 두루 용이했던 것이다. 옛 제국의 영광과 권위를 모방하더라도, 새로움이 주는 자유가 있었다.

콘스탄티노플은 새로운 로마였지만, 그 독보적 중심인 콘스탄티누스 대제의 유일무이한 권력을 효과적으로 전시할 수 있도록 기획되었다. 웅장한 황궁과 함께 바실리카 구조의 원로원 의사당도 새로 세우고, 기존의 공중욕장과 히포드롬은 더 크고 화려하게 증축했다. 황제가 신민들에게 위엄 있는 모습을 과시하던 전차경기장 히포드롬과 더불어 광장(포룸)은 특히 상징적으로 중요한 공간이었다. 콘스탄티누스는 옛 비잔티온의 경계에 있는 밀리온 자리에서 새로운 시가지가 뻗어 나가는 지점에 원형 광장을 만들고 중앙에 테베의 돌로(지금은 불탄 채 남아 있는) 거대한 자신의 기념주를 세웠다. 맨 꼭대기에는 프리기아에서 가져온 아폴론 신상의 몸통에 자신의 두상을 붙인 동상을 세워 도시 전체를 내려다보게 했다. 도시 어디서나 볼 수 있는 높은 언덕에 세워진 거대한 그의 기념주 위의 동상은 태양신 헬리오스처럼 일곱 광선을 내뿜으며 콘스탄티누스가 새로운 로마를 건설한 확고한 중심이며 세계에 평화와 질서를 가져다준 구원자임을 웅변적으로 보여 주었던 것이다. 콘스탄티노플은 옛 로마의 중심 상징과 도시 구조를 모방한 새로운 '로마'지만, 콘스탄티누스 대제 개인의 정치적 비전과 구상을 그 주요 건축물에 형상화한 철저히 계획된 '새로운' 도시였다.

이교와 그리스도교의 새로운 배치와 공존

한편 콘스탄티누스의 관용령과 적극적 종교정책에 의해 박해받는 소수종교에서 황제의 후원을 받는 종교로 변신한 그리스도교도 콘스탄티노플의 새로운 지형을 만들어 냈다. 콘스탄티누스의 정치적 구상과 그리스도교의 역사적 조우는 도시의 주요건축과 상징물이 배치되는 방식에 점진적 변화를 야기했다. 이를테면 로마와도 예루살렘과

그림 6.4. 콘스탄티누스 대제 기념주

도 다른 동로마 비잔틴 제국을 특징짓는 중심 모델이 모호한 형태로나마 만들어지기 시작한 것이다.

4세기 창건 무렵 콘스탄티노플은 극적으로 그리스도교로 개종한 로마 황제가 로마로 상징되는 이교(paganism)와 절연하고 세운 그리스도교식 도시는 아니었다. 그리스도교 교부들에 의해 윤색된 이야기에 의하면, 결전을 앞두고 하늘에서(혹은 꿈에서) 본 그리스도를 상징하는 문자[5]를 신의 계시로 받아들인 콘스탄티누스는 밀비우스 다리 전투에서 그 문자를 수놓은 라바룸 군기를 앞세워 정적 막센티우스를 물리친 후 그리스도교의 자유와 평화를 가져다주었으며, 승리에 대한 감사로 콘스탄티노플을 세워 그리스도교의 신에게 봉헌했다. 그러나 좀 더 객관적 사료에 기대는 많은 역사가들은 콘스탄티누스 대제의 소명과 환시, 종교적 순수성에 의혹을 제기할 뿐 아니라 새 수도 창건의 그리스도교적 의미에 대해서도 회의적이다.

콘스탄티누스 대제와 그리스도교의 관계, 그가 세운 콘스탄티노플의 성격에 대한 평가는 각양각색이다. 흔히 회자되는 개종 시점 이후에도 사실 그가 계속 종교적으로 애매한 태도를 보였음을 입증하는 자료들도 적지 않다. 그 때문에 제국의 황제로서의 현실 정치적 고려를 차치하더라도 그의 개종 동기와 신심의 진정성을 놓고 서로 엇갈리는 주장이 맞선다. 제국통합을 위한 전략적 선택, 친아들과 혈족 살해에 대한 양심의 가책, 신의 소명에 사로잡힌 자의 종교적 과대망상 등 콘스탄티누스의 개종에 대한 다양한 내외적 동기가 추론

---

5 라바룸(Labarum): 그리스도(Χριστός)의 처음 두 글자 그리스어 X와 P를 조합시킨 것으로 ☧.

되어 왔다. 그만큼 콘스탄티누스는 복합적 면모를 지녔던 인물로 보인다.

그림 6.5. 콘스탄티누스 기념주화

콘스탄티누스 대제가 그리스도교를 공인한 313년 밀라노 칙령 이후 그동안 몰수한 교회재산을 되돌려주고 성직자 세금 면제, 막대한 기부 등 특혜를 제공하며 친 그리스도교 정책을 편 것은 사실이다. 그러나 다른 사료와 고고학적 증거들을 볼 때 그가 온갖 형태의 이교를 근절했고 이교를 연상시키는 관습들조차 점차 용인하지 않았다는 몇몇 그리스도교 교부들의 서술은 사뭇 그들의 소망이 투영되어 과장된 측면이 있다. 예컨대 그는 로마 제국의 황제가 겸하던 종교적 수장자리를 고수했다. 공공연하게 그리스도교 황제를 자처하던 시기에 발행된 기념주화는 '무적의 태양신'(Sol Invictus) 숭배[6]가 계속되고 있었음을 보여 준다. 콘스탄티누스가 로마의 전통적인 다신교와 유혈 희생제의에서 마음이 떠나 일신교로 기운 것은 분명하지만 국가적 차원의 종교의식 자체를 등한시했다기보다 자신을 중심으로 그러한 종교의식을 재편했다고 봐야 한다. 또한 과연 일신교적 태양신 숭배와 그리스도교를 진정으로 구별하고 개종한 것인지도 불분명하다. 그가 자주색 황제복을 벗고 세례를 받아 그

6 '무적의 태양신'은 후기 로마 제국에서 숭배되고 로마 군대의 수호신으로 알려진 태양신이다. 274년 Aurelianus 황제 때부터 로마 제국의 공식 숭배대상이 되어 콘스탄티누스 대제 때까지 로마 황제에게 태양신의 후광을 부여하기 위해 황제의 공식 주화에 종종 등장하였는데, 이는 개종 이후에도 계속되었다.

리스도인으로서 흰 옷을 입은 것은 임종에 이르러서였다. 콘스탄티누스의 생애 전반은 그리스도인보다는 오히려 그리스도교의 보호자, 후견자에 더 걸 맞는 것이었다.

무엇보다 대제의 즉위 기념식에 맞추어 성대히 거행된 콘스탄티노플의 기공식과 준공식은 여전히 그가 로마 전통 종교에 기대고 있음을 단적으로 보여 준다. 328년 11월 4일 거행된 콘스탄티노플 기공식의 핵심적 역할은 이교 사제 프라이텍스투스와 신플라톤주의 철학자 소파테르가 떠맡았던 것이다.[7] 성대한 기념식의 어디에서도 명시적으로 그리스도교가 언급되지 않았다. 콘스탄티누스를 그리스도교 황제로 높이 칭송한 에우세비오스가 그가 로마에 세운 바실리카 교회들과 예루살렘의 그리스도교 유적 발굴 및 성묘교회 건립 등을 상세히 언급하면서도 콘스탄티노플의 건설에 대해서 상대적으로 침묵하는 것은 이해할 만한 일이다. 콘스탄티노플의 창건과정과 그리스도교 사가들의 기대와 구미에 맞는 콘스탄티누스 대제의 모습 사이에는 일정한 간극과 불일치가 존재하는 것이다.

즉위 25주년을 기념하여 40일간 축제와 함께 성대하게 거행된 콘스탄티노플의 준공식도 크게 다를 바 없었다. 금박을 입힌 대제의 거대한 목상이 거리 행렬의 중심을 이루었는데, 그 손에는 도시의 수호신인 튀케 여신의 작은 신상이 들려 있었다. 로마 종교의 전통적인 유혈 희생제의는 제거되었지만, 이교의식과 오래된 황제숭배의식은 그대로 재현되었다. 그러나 40일간의 축제의 마지막 절정에 콘스탄

7 존 줄리어스 노리치, 『비잔티움연대기』, 남경태 옮김, 바다출판사, 2007, 92쪽.

그림 6.6. 콘스탄티노플을 성모에게 봉헌하는 콘스탄티누스 대제 (하기아 소피아 경내 모자이크)

티누스 황제는 하기아 에이레네 교회의 대 미사에서 새로운 도시 콘스탄티노플을 공식적으로 성모 마리아에게 봉헌했다. 이는 그리스도교 신앙을 명시적으로 드러낸 것으로 기공식 때와의 주목할 만한 차이였다.

흥미로운 것은 제국의 이 새로운 수도가 성모 마리아에게 봉헌되는 준공식에서 동시에 튀케 여신이 도시의 수호신으로 간주된 대목이다. 그 밖의 신들의 신전이 전격적으로 폐쇄될 때도 튀케 신의 신전은 콘스탄티노플에서 예외적으로 건재했다.[8] 다음 세기에 네스토리우스의 '테오토코스(Θεοτόκος, 하느님의 어머니)' 논쟁을 낳은 마리아 숭배가 이 지역의 전통적인 여신 숭배와 교감하고 있는 것은 아

8 에른스트 다스만, 『교회사II/1』, 하성수 옮김, 분도출판사, 2013, 107쪽. 로마의 행운의 여신이자 도시의 생명력을 상징하는 튀케의 성소만은 보존되었다.

니었을까 짐작가능하다. 콘스탄티노플은 단지 그리스도교 이상에 따라 세워진 도시도, 전통적 로마를 답습한 도시도 아니었다. 그리스도교와 그리스 로마의 고대 문명의 유산이 후기 로마 제국의 변화 속에서 공존하고 통합되기 시작한 새로운 문명의 요람에 가까웠다. 하지만 콘스탄티노플의 기공식과 준공식의 변화처럼 그러한 통합의 구도 속에는 이교와 그리스도교의 위치가 점차 교묘하게 역전되는 조짐도 엿보이고 있었다.

콘스탄티노플의 두 가지 경관이 그와 관련해 주목할 만하다. 첫 번째 콘스탄티노플의 거대한 공공장소들은 제국의 여러 도시에서 가져온 갖가지 진귀한 기념물로 화려하게 장식되었다. 마치 고대 문명의 막대한 수집품들로 가득 찬 거대한 '박물관' 같은 모습을 연출한 것이다. 히포드롬에 있었으나 현재 베네치아의 산 마르코 성당에 있는 대형 청동 말들이나 테오도시우스의 오벨리스크 뒤에 있는 세 마리 청동 뱀 기둥은 현전하는 것들 중 단연 눈에 띄는 사례다. 청동 뱀 기둥은 본래 기원전 479년 플라테이아 전투에서 그리스 도시국가연합이 페르시아에 승전한 것을 기념하여 델포이의 아폴론 신전 앞에 세웠던 것인데, 콘스탄티누스 대제가 330년 청동 말들과 함께 콘스탄티노플의 광장으로 옮겼던 것이다. 그리스도교 교부 히에로니무스조차 이러한 분위기에 대해 콘스탄티노플이 등장하자 모든 도시가 발가벗겨졌다고 독설을 퍼부을 정도였다.

고대 종교의 힘이 깃든 성물들을 새로운 공간에 재배치한 콘스탄티노플의 도시 풍경은 후대에 점진적으로 진행될 그리스도교의 제국 종교화와 이교의 쇠퇴를 예시하는 듯하다. 그러나 고대 이교신(상)들이 자신의 고유한 신전에서 분리되어 콘스탄티노플의 공공장소 여기

저기를 장식하게 된 것은 양가적 해석이 가능하다. 우선 종교적 상징물의 자리를 임의적으로 옮기는 것은 원래 있었던 장소와 결부된 그것들의 고유한 거룩함을 박탈하는 행위라고도 할 수 있다. 신상과 성물들의 본래 종교적인 의미를 탈색시키는 문화화 전략은 전통적인 이교신앙에 상당한 타격이 되었다. 반면 콘스탄티노플을 장식한 무수한 수집품들이 오히려 고대 문명과 이교의 분위기를 시각적으로 재현함으로써 여전히 그 힘의 현존을 증거하고 있다고 볼 수도 있다. 히에로니무스의 독설이 보여 주듯 그러한 풍경을 대하는 그리스도교부들의 심정도 상당히 복잡했던 것 같다. 에우세비오스가 그러한 콘스탄티노플의 새로운 풍경을 이교에 대한 조롱이라고 폄하하는 것은 어쩐지 애써 좋게 해석하는 듯한 인상을 준다. 고대 문화의 수집품들로 화려하게 장식된 콘스탄티노플의 경관은 이후 그리스도교 세계에서 이교의 주변화와 끈질긴 지속성을 동시에 보여 주고 있다.

두 번째 눈에 띄는 것은 콘스탄티노플의 도시 배치와 그리스도교 건축물들의 등장이다. 콘스탄티노플의 창건과 콘스탄티누스의 그리스도교 신심의 관계를 문헌상 명시적으로 확인할 수 없지만 경관과 건축물들은 그리스도의 달라진 위상을 반영하고 있다. 콘스탄티누스 대제가 그리스도교 공인 이후 로마에 세운 대부분의 교회들은 도시 중심부가 아니라 주로 외곽이나 주변의 묘지에 위치했다. 그와 달리 계획된 신도시 콘스탄티노플에는 황제의 궁궐과 광장이 있는 도시의 심장부에 교회가 들어섰다. 하기아 에이레네 교회와 주교관도 도시 한가운데, 곧 황제의 궁전 근처 아우구스타이움 광장 맞은편에 위치했다. 다음 세대에 완성된 하기아 소피아도 도시의 북쪽 중심에 있다. 이와 같이 궁궐, 광장, 교회가 밀접한 동선으로 연결되는 도시 설계는 이후 비잔틴 제국의 두 토대가 될 그리스도교의 종교권력과 황제의 권력의 밀접한 관계를 공간적으로 구현하고 있다.[9] 그것은 그리스도교 주교들이 황제의 권력을 뒷받침하고 제국을 떠받치는 새로운 도시 지도자들로 부상하는 빠른 통로를 제공했다.

콘스탄티노플의 새로운 도시 지도자들

콘스탄티누스의 도시가 되기 전 비잔티온은 사실상 그리스도교 전통이 미약했다. 독립된 교회와 주교가 존재했다는 역사적 증거도 없고, 근처인 트라키아, 폰투스, 비티니아의 교회와 주교들에 대해 교회사가 에우세비오스가 작성한 목록에도 빠져 있다. 콘스탄티노플의 창건을 전후로 이 도시가 새로운 그리스도교의 중심으로 급부상한 것이다. 콘스탄티노플 교회는 사도들이 세운 교회 전통을 계승했다기보다 신의 대리자라는 자의식을 가진 로마 황제가 세우고 힘을 실어준 교회였다. 그러자 콘스탄티노플 교회는 불과 몇 년 만에 총대주교좌로 승격되었으며, 황제의 최측근이 될 수 있는 선망의 자리가 되었다. 잘 알려진 초기 그리스도교의 주요 교리 논쟁은 콘스탄티노플의 주교좌를 둘러싼 알력 및 교회정치와도 뗄 수 없는 관계다. 아리우스 논쟁이나 네스토리우스 논쟁을 거치는 동안 콘스탄티노플의 주교좌는 황제의 결정이나 정치적 상황에 따라 니케아파와 아리우스파, 유

---

9 토마스 F. 매튜스, 『비잔틴 예술』, 23쪽.

사본질파의 주교들로 여러 번 뒤바뀌며 요동치곤 했다. 뿐만 아니라 콘스탄티노플과 그 주변 지역의 그리스도교 주교들은 정치권력과 긴밀한 관계를 가지고 황제의 자문역할을 하거나 권력을 위임받아 도시 지도자로서의 공적 기능을 적극적으로 떠맡기 시작했다.

이미 로마 제국의 곳곳에서 주교를 중심으로 통합된 그리스도교회가 상당한 사회적 힘을 획득하고 있었지만, 주교들이 명실상부하게 도시의 새로운 지도자요, 황제의 정치적 동반자로 자리매김한 것은 콘스탄티누스 시대의 현격한 변화였다. 콘스탄티누스 대제의 공인 이후 주교들은 점차 세금 면제와 노예해방권, 탄원의 권리, 민사소송의 중재권, 기부된 유산 관리권을 가지게 되었으며, 주교관을 하사받거나 공공 기금의 수혜자가 되는 등 막대한 혜택을 받게 되었다. 그러한 혜택은 제국의 운영에 필요한 공적 역할을 담당할 의무를 수반하는 것이었지만, 그러한 의무조차 새로운 힘의 일부였다.[10]

콘스탄티노플 주변의 그리스도교 주교들은 단지 황제의 위임을 받은 대리자 역할에 머무르지만은 않았다. 그것을 역비판하거나 고대 로마 도시를 뒷받침하던 사회적 명사들의 역할을 그리스도교적인 관점에서 적극적으로 변형하여 대체하기도 했다. 고대 도시의 명사들은 한마디로 자신의 '도시를 사랑하는 자들'이었다. 그들은 공공건물 건축, 기부, 자선 등 각종 공적 희사를 통해 그 사랑을 표현하여 시민들의 명성과 권위를 획득했다. 반면에 주교들은 '가난한 자를 사랑하는 자들'로 자처하고 모든 사람을 대신한 탄원자 역할을 하면서

10 피터 브라운, 『기독교 세계의 등장』, 이종경 옮김, 새물결, 2004, 71-73쪽.

새로운 도시 지도자의 권위모델을 창출했던 것이다.[11] 4세기 콘스탄티노플의 총대주교였던 요하네스 크리소스토모스는 철저히 가난한 자들의 편에서 제국과 황제에 영합하는 그리스도교를 비판했던 대표적 인물이었다. '가난한 자'라는 표상은 그리스도교의 관점에서 신 앞에선 인간의 보편적 상황을 의미하는 것으로, 그 절묘한 말 바꾸기는 그리스도교식 사회화의 저력을 보여 주는 것이다. 그렇게 막강한 사회적 힘을 획득한 주교들과 황제의 정치 종교적 제휴와 공모, 힘겨루기와 타협은 이후 비잔틴 제국과 그리스도교 세계에서 반복되게 될 터였다.

콘스탄티누스와 에우세비오스

콘스탄티누스의 개종과 밀라노 칙령, 교회의 후원자로의 변신 이야기를 영웅적으로 들려주는 그리스도교 교부들(에우세비오스, 역사가 소크라테스, 락탄티우스, 소조메노스 등) 중 가장 중요한 인물은 교회사가 에우세비오스(Eusebius of Caesarea)다. 그는 콘스탄티누스와 교류한 가이사리아의 주교로서 로마 황제에 의한 그리스도교 세계의 확장과 통합에 적극적인 신학적 의미를 부여했다. 특히 니케아에서 열린 최초의 보편공의회에서 콘스탄티누스 대제의 역할을 상세히 기록했으며, 그 자리에 참석한 주교단의 한 사람으로서 니케아신경의 형성에

11 이에 대해서는 Peter Brown, *Poverty and Leadership in the Later Roman Empire*, 2002, 서원모 · 이은혜 옮김, 『고대후기 로마 제국의 가난과 리더십』, 태학사, 2012를 참고할 것.

중요한 역할을 한 것으로 평가되기도 한다.

에우세비오스는 종교 문제에 대해 황제가 개입하고 그리스도교 내부의 문제가 국가적 사안으로 이해되는 등 4세기 콘스탄티누스 이후의 새로운 상황을 신학적으로 정당화했다. 먼저 그는 이전의 모든 역사를 콘스탄티누스의 시대에서 정점에 이른 그리스도교의 구원사로 재편해 서술하는 새로운 역사관을 도입하여 당시까지의 세계사 연대기와 교회사를 서술했다. 오리게네스의 제자 팜필루스에게 배운 에우세비오스는 신학적으로는 아리우스파와 니케아파 사이에서 우유부단한 태도를 보여 지조가 없다는 평가를 받곤 하지만, 니케아 공의회에서 중도세력으로 비중 있는 역할을 할 정도로 동방에서 영향력이 있었고 황제의 신임도 두터웠다. 337년 황제가 사망한 직후에는 콘스탄티누스의 생애와 업적을 성인이자 사도적 반열에 이르는 인물로 찬양하는 전기와 찬가를 지었다.[12] 로마 황제를 승리하는 그리스도교 시대를 열어 준 지상의 신적 대리자로 격상시키는 그리스도교 정치신학의 한 범례를 제공한 것이다.

에우세비오스의 교회사와 콘스탄티누스의 생애 서술은 역사적 사실 자체보다는 그가 생각한 구원사의 관점에서 의미 있고 교훈적인 사건들에 집중되어 있다. 이러한 기록들에서 콘스탄티누스 대제와 정적들의 전쟁은 그리스도교와 이교적 우상숭배와의 종교적 전쟁으로 묘사되고 콘스탄티누스의 승리는 그리스도교의 승리와 동일시

12 Eusebius, *Vita Constantini, Oratio de laudibus Constantin*. H. A. Drake, *In Praise of Constantine. A Historical Study and New Translation of Eusebius's Tricennial Orations*, Berkeley: University of California Press, 1975.

된 반면, 콘스탄티누스의 정적들은 비참한 최후를 맞아 마땅한 불경한 폭군으로 그려지고 있다. 엄밀한 역사적 관점에서 에우세비오스는 콘스탄티누스의 개종 과정과 자신과 콘스탄티누스의 관계를 윤색했을 뿐만 아니라, 그의 나쁜 평판, 불미스러운 일들은 고의적으로 누락 혹은 삭제하고 정적들에 대해서는 노골적으로 악평을 일삼고 있다고 비판을 받는다.

그러나 그리스도교 교부이자 성서신학자였던 에우세비오스의 역사서술은 그 목표 자체가 인간의 역사가 아니라, 그러한 인간의 역사 속에서 섭리하는 신의 역사에 맞추어져 있었다. 따라서 콘스탄티누스의 모호한 종교적 태도, 무참한 친족 살해와 같은 부정적인 사실들은 철저히 누락되거나 의도적으로 삭제되었던 것이다. 그러한 선별과 편향성은 그리스도교의 우주적 승리와 세계의 새로운 창조라는 관점에서 역사를 바라보는 그 자신에게는 정당한 것이었을 수 있다. 같은 맥락에서 에오세비오스는 콘스탄티누스를 그리스도교 황제로 예찬하지만, 이교적 의식이 두드러졌던 콘스탄티노플의 건설과정에 대해서는 놀라울 만큼 말을 아끼고 있다.

콘스탄티누스 대제의 가장 핵심적 관심사가 제국의 통합과 일치, 자신에 의한 제국의 평화였다면, 그를 예찬한 교부 에우세비오스를 사로잡고 있던 주제는 콘스탄티누스에 의한 그리스도교 시대의 도래와 구원사의 완성이었다. 콘스탄티노플을 중심한 로마 황제와 그리스도교 주교들의 제휴는 그처럼 서로 미묘하게 다른 초점이 시대의 더 큰 그림 속에서 모호해지거나 봉합되면서 이루어진 것이라고 볼 수 있다. 콘스탄티누스의 종교적 진심만큼이나 황제에게 아첨하는 것처럼 보이는 에우세비오스의 제국신학의 진의도 논쟁적이다. 어쩌면 콘스탄티노플을 중심으로 펼쳐진 새로운 세계 속에, 자기 시대까지의 모든 역사를 그리스도교를 중심한 거룩한 구원사로 재해석하고자 했던 그리스도교 주교 에우세비오스와 그리스도교를 통해 자신의 제국을 통합하고자 했던 황제 콘스탄티누스가 서로의 입장을 상대에게 투영하고 관철시키며 제휴할 수 있었던 '전략적 공존'의 공간이 마련되었다고 보는 게 더 진실에 가까울 것이다.

니케아 공의회와 그리스도교 정통교리의 요람

그리스도교의 첫 보편공의회인 니케아 공의회에서 콘스탄티누스가 담당한 역할에 대한 에오세비오스의 묘사는 그러한 제휴와 시너지 작용을 잘 보여 준다. 누누이 말했듯이 콘스탄티누스 대제의 가장 큰 관심사는 로마 제국의 평화와 일치였다. 그가 그리스도교에게 기대했던 것도 그러한 정치적 통합의 구심점 역할이었다.

그러나 뜻밖에도 제국 도처에서 그리스도교는 여러 진영으로 나뉘어 상호비방과 논쟁에 휩싸여 있었다. 공동체의 분열과 혼란을 야기하는 경우도 적지 않았다. 콘스탄티노플 주변의 주교들이 대거 관련된 아리우스파와 아타나시우스파의 논쟁은 그 정점이었다. 제국의 일치와 평화를 위해서 교회의 보편적 일치를 확립하는 것이 시급함을 느낀 콘스탄티누스 대제는 325년 황궁이 있는 니코메디아의 근처인 니케아에서 최초의 보편공의회를 소집했다. 성부와 성자의 관계에 대한 아리우스 논쟁뿐 아니라 부활절의 절기 문제, 성직자 임면 및 예배의식 등이 주요 안건이었다. 약 300여 명의 참석자들 대부분은 동방주교들이었지만 6인의 서방주교들도 참석해 보편공의회로서의 구색이 맞추어졌다. 콘스탄티누스는 개회사에서 하느님의 교회 안에서 벌어지는 모든 소요를 전쟁이나 전투로 간주하겠다는 의지를 분명히 드러냈다. 신학적 종교적 쟁점보다는 통일의 중요성과 타협의 미덕이 우선이었다.

콘스탄티누스는 황궁으로 직접 주교들을 불러들여 환대하고 "하늘에서 내려온 신의 천사처럼" 입장해 황제의 상석에 앉아 회의를 주도적으로 참관했다. 그의 회유와 중재, 합의에 대한 종용은 니케아 공의회가 아리우스파를 정죄하고 성부와 성자의 동일본질을 정식화한 니케아신경에 모두 합의하게 만든 배후의 힘이기도 했다. 콘스탄티누스는 니케아 공의회가 끝나자 흡족한 마음으로 참석한 모든 주교들을 초대하여 즉위 20주년 기념연회를 자축했다고 한다. 당시 참석자였던 에우세비오스는 그때의 장면을 "마치 그리스도의 왕국을 미리 본 것"과 같은 꿈같은 광경이었다고 회고하고 있다. 에우세비오스는 이때 세상의 주인인 로마 황제의 그리스도교에 대한 호의와 분쟁을 타결하는 압도적 위엄에 고무되고 깊은 인상을 받았던 것으로 보인다. 그러므로 그는 교회 밖의 사도를 자처한 콘스탄티누스를 누구보다도 그리스도교적으로 정당화하는 역할을 했다.

콘스탄티누스가 소집한 니케아 공의회는 그리스도교가 향후 교리와 신경을 확립하게 되는 선례와 권위 있는 틀을 제공했다. 합의와 일치를 강조하는 보편적 교회의 관념과 합의된 신경을 반대하는 자에 대한 저주문이 따라붙는 형식도 정식화되었다. 니케아 공의회에 이어 중요한 고대의 보편공의회인 콘스탄티노플 공의회, 칼케돈 공의회, 에페소스 공의회 등이 열린 장소들은 모두 비잔틴 황제의 영향권에 있는 도시들로서 그리스도교의 정통교리를 확정짓는 요람 역할을 했다. 그것은 그리스도교의 후원자요 교회 밖의 사도를 자임한 로마 황제의 적극적인 개입, 일치와 통합에 대한 요구 속에서 통합된 정통 그리스도교의 틀이 형성되었다는 것을 의미한다.

콘스탄티누스 대제에 의한 서구 역사의 결정적 순간은 그리스도교의 공인과 제국의 수도를 동쪽의 콘스탄티노플로 옮긴 것이다. 그로부터 시작된 새로운 로마 제국은 동로마 제국 혹은 비잔틴 제국으로 불리며, 알렉산드로스 대왕의 동방 원정에 버금가게 지중해 지역의 동서 교류와 통합을 가져왔다. 지리적 중심이동과 더불어 그리스도교를 제국의 심장부로 끌어들임으로써 그리스 로마의 고전 문명과 그리스도교가 흡수한 팔레스타인과 소아시아 지역의 종교가 융합되기 시작했기 때문이다. 특히 콘스탄티누스 황제의 도시 콘스탄티노플은 격렬한 논쟁을 통해 그리스철학과 동방 그리스도교 사상의 융합이 이루어진 공의회의 거점이었으며, 제국의 정치와 보편적 그리스도교의 지향이 접점을 이룬 구심점이기도 했다. 로마나 예루살렘과는 또 다른 제3의 방식으로 옛것과 새로움이 교차하고, 그리스도교와 이교적 유산이 새로운 배치로 공존을 시도하며, 새로운 로마이자 새로운 그리스도교의 중심으로 떠오른 콘스탄티노플은 그 도시 자체가 그러한 역사적 융합의 생생한 가시적인 상징물로서 지중해 세계의 중심에 지금도 우뚝 서 있다.

참고문헌

기번, 에드워드, 『로마제국쇠망사 2』, 송은주 · 윤수인 · 김희용 옮김, 민음사, 2008.

노리치, 존 줄리어스, 『비잔티움연대기』, 남경태 옮김, 바다출판사, 2007.

다스만, 에른스트, 『교회사II/1』, 하성수 옮김, 분도출판사, 2013.

브라운, 피터, 『고대후기 로마 제국의 가난과 리더십』, 서원모 · 이은혜 옮김, 태학사, 2012.

_____, 『기독교 세계의 등장』, 이종경 옮김, 새물결, 2004.

스미스, 조너선, 『자리잡기: 의례 내의 이론을 찾아서』, 방원일 옮김, 이학사, 2009.

매튜스, 토마스 F., 『비잔틴 예술』, 김이순 옮김, 도서출판 예경, 2006.

Barnes, Timothy D., *Constantine and Eusebius*, Cambridge, Mass.: Harvard University Press, 1981.

Drake, H. A., *Constantine and the Bishops: The Politics of Intolerance*, Baltimore & London: Johns Hopkins University Press, 2002.

_____, *In Praise of Constantine. A Historical Study and New Translation of Eusebius's Tricennial Orations*, Berkeley: University of California Press, 1975.

제7장

하기아 소피아와 거룩함의 기하학

송유레

하기아 소피아와 고대의 '거룩한 지혜'

532년 동로마 제국의 유스티니아누스 황제는 콘스탄티노플에 대규모의 성당 건축을 시작한다. 수만 명의 사상자를 낸 폭동에 불타 버린 하기아 소피아 성당의 재건을 위한 것이었다. 그러나 537년 새로이 모습을 드러낸 하기아 소피아는 이전의 성당과는 비교할 수 없을 정도로 웅장한 스케일과 아름다운 디자인, 그리고 다양한 재질을 갖춘 경이로운 건축물이었다. 그리스어로 '거룩한 지혜'를 뜻하는 하기아 소피아는 역사상 가장 기독교적인 황제가 그의 '새로운 로마'를 위해서 건립한 기독교적 판테온이라고 할 수 있다.

동시대 역사가 프로코피우스는 유스티니아누스 황제의 건축 사업을 다룬 『건축물에 관하여(*De Aedificiis*)』에서 하기아 소피아의 아름다움에 감탄하며 다음과 같이 말한다.

> 만약 누군가 성당이 불타기 전에 기독교인들에게 지금 우리가 보고 있는 건물의 모형을 보여 주면서, 그런 모습의 건물이 생길 수 있도록 성당을 허물길 바라는지 물었다면, 내 생각에 그들은 성당이 지금의 모습으로 바뀔 수 있게끔 파괴되게 해 달라고 기도했을 것이다(B 173).[1]

이어서 프로코피우스는 우리를 지금으로부터 약 1,500년 전의

1 이 글의 인용문은 모두 필자가 그리스어 원전에서 번역한 것이다.

이스탄불, 즉 콘스탄티노플로 데려가 당시 전대미문의 거대한 아름다움의 출현을 목도한 고대인의 눈으로 하기아 소피아를 바라보게 한다. 우선 밖에서 바라본 건물은 "그 높이가 하늘의 경계에 닿았고, 마치 다른 건축물들 가운데서 우뚝 솟아 위에서 나머지 도시를 내려다보는 것처럼, 도시에 속하지만 그것을 지배하면서 아름답게 장식한다."(B 174) 그리고 건물 안은 햇빛과 대리석에 반사된 빛으로 가득 차서, 그 빛이 바깥으로 흘러넘치며, 중심부에 대칭적으로 배열된 거대한 벽기둥 위로 어마어마한 크기의 돔이 아슬아슬하게 놓여 있는데, 그것이 "마치 창공에 떠 있는 것 같아 두려움을 불러일으킨다."(B 175)

하기아 소피아는 유스티니아누스 시대의 기념비적 건축물이자 비잔틴 제국을 대표하는 상징물로서 오랫동안 세계에서 가장 큰 성당이었고, 많은 성당들의 원형이었다. 13세기 십자군의 콘스탄티노플 점령으로 반세기간 로마 가톨릭 교회로 사용되었던 것을 제외하고 비잔틴 제국의 종말에 이르기까지 동방정교회의 대성당이었다. 1453년 술탄 메흐메드 2세가 콘스탄티노플을 함락한 이후, 하기아 소피아는 오스만 제국의 이슬람 사원으로 변모하였다. 십자가와 교회 종, 성상들은 제거되었고 모자이크 벽화들은 훼손되거나 두꺼운 회칠로 뒤덮였다. 건물 바닥엔 양탄자가 깔리고, 바깥엔 미나레트가 세워졌다. 오스만 제국의 최고 건축가 시난(1489-1588)은 하기아 소피아를 모델로 삼아 쉴레이마니예 사원을 비롯하여 수많은 사원을 건축했다. 하기아 소피아는 아직도 자신을 닮은 이슬람 사원들과 함께 이스탄불의 스카이라인을 이루며 도시의 유서 깊은 제1언덕에서 마르마르 해와 골든 혼(Golden Horn)을 굽어보고 있다. 지금은 기독교 성당도, 이

그림 7.1. 하기아 소피아 내부

슬람 사원도 아닌 박물관이 되어 있지만, 건물로 들어선 방문객들은 거룩한 장소에 들어온 느낌을 받을 수 있다.

하기아 소피아는 원래 기독교 대성당으로 태어났으며, 기독교 유일신의 '거룩한 지혜'을 뜻하는 이름으로 불리게 되었다. 유스티니아누스 황제는 그가 건설하고자 한 기독교 대제국의 상징물로 하기아 소피아의 재건을 추진했다. 새로운 하기아 소피아의 건축은 수많은 사람들의 노고로 이루어졌지만, '거룩한 지혜'의 공간적 표현을 시도한 두 건축가, 즉 트랄레스의 안테미오스와 밀레토스의 이시도로스가 없었다면 불가능했을 것이다.

황제가 신봉한 거룩한 지혜는 분명 기독교 유일신의 지혜였지만, 건축가들이 거룩함을 표현하기 위해 사용한 지혜는 기하학이었다. 독실한 황제는 기독교 정설의 확립을 위해 몸소 주요 신학 논쟁에 관여하였을 뿐만 아니라, 제국 전체의 진정한 기독교화를 위해 이교를 근절하고, 이단을 축출하는 데 심혈을 기울였다. 무엇보다도 529년 아테네의 아카데미 철폐는 서양 고대 그리스-로마 문명의 종말을 상징하는 일이었다. 그런데 하기아 소피아의 건축가들은 537년 유스티니아누스의 대성당 건축을 통해 다름 아닌 플라톤주의 기하학을 입체화하는 데 성공한다.

일찍이 플라톤이 세운 아카데미의 입구에 '기하학을 모르는 자는 들어오지 마라.'는 문구가 쓰여 있었다고 전할 만큼, 플라톤주의 철학에서 기하학이 차지하는 위상은 높았다. 고대 후기 플라톤주의 철학이 재부상할 때, 철학의 주요 관심은 신학에 놓여 있었고, 기하학 역시 신학적 관점에서 재조명되었다.

그리하여 고대 후기의 '신플라톤주의'는 기하학을 형이상학적 신학의 공간적 표현으로 간주하며 '거룩함의 기하학'을 전개한다. 안테미오스와 이시도로스는 이러한 기하학을 배우고 연구한 수학자였다. 따라서 그들이 설계하고 건축한 하기아 소피아는 기독교의 거룩한 지혜뿐만 아니라, 고대 이교의 거룩한 지혜를 표현한다고 할 수 있다.

거룩함의 기하학–유클리드 기하학의 형이상학적 해석

하기아 소피아의 건축가인 안테미오스와 이시도로스는 당대 저명한 수학자인 에우토키오스의 영향을 받았다. 에우토키오스는 이집트 알렉산드리아의 신플라톤주의 학원에서 수학을 철학 커리큘럼의 일부

그림 7.2. 플라톤의 아카데미 모자이크, 폼페이

로서 가르쳤다. 그에 앞서 수학을 가르쳤던 암모니오스는 4세기 아테네에 재건된 아카데미의 수장인 프로클로스의 제자였다. 우리는 아직도 프로클로스가 쓴 유클리드 기하학 주석서를 읽을 수 있다. 프로클로스의 『유클리드 기하학 원리 1권 주석서』는 신플라톤주의 기하학의 기본 저술이다.

콘스탄티노플 출신의 프로클로스(412-485)는 5세기의 대표적 이교 철학자로서 서양 고대 철학의 전승에 있어 결정적인 역할을 했다. 비잔틴 중세, 유대교, 이슬람교, 서구 라틴 중세와 르네상스에 전해진 서양 고대 철학, 특히 플라톤 철학은 대부분 프로클로스의 해석을 거친 것이다. 그가 죽은 후 반세기가 되기도 전에 아카데미는 철폐되고 철학자들은 페르시아로 망명을 떠났지만, 그는 기독교의 위협 속에 살면서도 임박한 고대 철학의 종말을 감지하지 못했고, '고대의 지혜'가 영원히 지속되리라고 낙관했다. 그에게 영원한 고대의 지혜를 가장 순수하게 표현해 주는 것이 바로 플라톤의 철학이었고, 그러한 플라톤의 철학을 제대로 해석해 준 사람이 플로티누스였다. 플로티누스를 위시한 신플라톤주의자들은 플라톤 철학의 본질을 '신학'으로 보았다. 그들에게 신학은 이 세계의 존재 원리를 탐구하는 형이상학이며, 그들이 찾는 신성(神性)은 바로 이 세계의 형이상학적 원리들의 총체이다.

신플라톤주의자들은 '신을 닮는 것'을 철학의 목표로 삼았다. 그들은 신과의 동화, 나아가 인간의 신성화를 위해 인간적 사유에서 신적인 사유로의 상승을 요구했다. 수학은 신적인 사유로 올라가기 위해 거쳐야 하는 중요한 인식 단계이다. 수학은 플라톤의 『국가』에서 철인왕을 교육시키는 교과 과정에 포함되어 있다. 플라톤은 우리가 감각하는 이 세계의 존재 원리들은 감각이 아니라 오직 지성으로만 접근이 가능하다고 생각했다. 그는 이러한 비감각적인 원리들을 인식하기 위해 수학적 훈련이 유용하다고 판단했다. 비감각적인 수학적 대상의 인식을 연습함으로써 비감각적인 신적 원리의 인식을 준비하게 된다는 말이다.

프로클로스는 이 세계의 신적 원리가 우리 영혼 내의 표상 공간에서 점, 선, 면 그리고 기하학적 도형으로 나타나거나 공간적 표상 없이 순수한 양(量), 즉 수(數)로 나타난다고 여겼다. 수학적 대상은 신학적 대상의 양적, 공간적 표현이다. 따라서 수학적 인식은 형이상학적 인식의 그림자와 같은 것이다. 나아가, 그는 우리 영혼이 본성상 '수학적'이라고 생각했다. 그에 따르면, 우리의 영혼은 기하학적 도형을 표상하면서, 사실상 우리 자신을 바라보는 것이다. "마치 한 사람이 자신을 거울에서 바라보듯이, 영혼은 자신을 표상 능력 안에서 바라보고 그곳에서 [그것이 지닌] 도형들의 영상을 바라본다." 가령, 공간적으로 표상된 기하학적 삼각형은 우리 영혼에 내재하는 삼각형의 원형이 표상 능력에 투영된 것이다. 하지만 우리의 영혼은 거울에 비친 도형들의 아름다움에 만족하지 않고, 거울에 등을 돌리고 자신을 찾아 자신의 내면으로 들어가 그곳에서 도형들의 원형을 바라보길, 나아가 자신을 넘어서서 "아무도 발 들여놓지 않은 영원한 신들의 거처에서 어둡고 신비로운 도형들을 보기를, 신들의 꾸밈없는 아름다움을 보기를 바란다."(『유클리드 원리 주석서』 141, 4 이하) 우리의 영혼은 수학을 통해 자신을 발견할 뿐 아니라, 자신을 넘어 신성에 다가간다. 이런 식으로 수학은 인간을 신성화한다.

신플라톤주의 존재론에 따르면, 존재 전체는 위계적 질서를 지니고 있다. 그 위계의 꼭대기에 만물의 원인이자 절대적 초월자인 일자(一者)가 있다. 이 초월적 일자로부터 다양한 존재가 펼쳐진다. 존재의 층위에서 아래로 내려올수록 통일성이 약해지고 다양성이 강해진다. 어떤 것이 통일성을 지닌다는 것은 그것이 어떤 '하나'로 한정되고 규정됨을 뜻한다. 따라서 절대적 일자, 즉 하나 자체로부터의 존재의 전개는 한정성의 감소와 무한정성의 증가를 동반한다. 이와 유사하게 산술학에서도 일련의 수가 1로부터 생긴다. 1로부터 2가 생기고, 1과 2가 함께 3을 산출한다. 이때 1은 한정의 원리이고 2는 무한정성이며, 3은 '한정된 여럿'으로서 첫 번째 수(數)로 간주된다. 기하학에서도 한정의 원리인 점으로부터 무한정한 선이 나오고, 이러한 선의 한정을 통해 이차원, 삼차원의 도형들이 나온다.

프로클로스에 따르면, 기하학적 도형의 계열은 원에서 시작한다. 원은 하나의 선이지만 자기 회귀를 통해 자신을 한정짓는 선이다. 이어서 두 선으로 이루어진 반원과 세 선으로 이루어진 삼각형 그리고 네 선으로 이루어진 사각형이 따른다. 유클리드는 도형의 시작이 삼각형에 있다고 보았지만, 프로클로스는 정삼각형의 작도에 원을 사용해야 하므로, 삼각형이 원을 전제한다고 생각했다(『유클리드 원리 1권 주석서』 424, 3-6). 기하학적 도형들은 곡선과 직선, 그리고 복합선으로 구성된다. 프로클로스는 직선은 한정되지 않고 계속 뻗어 가려는 경향을 지니고 있지만, 곡선은 한정되어 있다는 이유로 곡선을 직선보다 우위에 놓았다. 따라서 완전히 한정되어 있는 단일 곡선인 원이 최상의 도형으로 인정된다.

프로클로스는 원의 단일성과 한정성을 강조하며, 그 점에서 원이 존재의 최고 원리를 재현한다고 주장한다. 하지만 그는 원의 내적 구

그림 7.3. 아래에서 바라본 하기아 소피아의 돔, 아치들, 펜던티브들(현대의 복구작업에 의해 네 명의 천사의 모습이 드러남)

성에도 주목한다. 종국적으로, 원의 중심이 모든 통일성과 한정성의 원천으로 제시된다. 원의 중심으로부터 반지름, 즉 다양성과 무한정성의 경향을 지닌 직선이 나오는데, 이 선은 무한히 뻗어 나가지 않고, 중심으로 회귀함으로써 원이 생기도록 한다. 원에 이어서 반원이 나온다. 반원은 하나의 곡선과 하나의 직선으로 이루어져 있으며, 원의 단일성과 직선 도형의 복잡성을 매개하는 역할을 한다. 다음으로 직선 도형 가운데 가장 단순한 삼각형이 오고, 다음으로 보다 복잡한 사각형이 따른다.

하기아 소피아의 중심부에 서서 위로 보면, 가장 높은 곳에 빛나는 황금 돔이 원을 보여 준다. 그 원은 반원 모양의 아치 4개로 지탱되는데, 원과 4개의 반원이 만나면서 4개의 삼각형 모양의 펜던티브를 만든다. 4개의 반원과 삼각형은 아래로 사각형으로 이어져 4개의 기둥벽을 만든다. 이와 같이 하기아 소피아는 중심, 원, 반원, 삼각형, 사각형의 계열을 삼차원적으로 표현해 준다. 그리하여 그것은 만물의 생성 원리를 입체적으로 재현해 준다.

기독교적 관점에서 말하자면, 콘스탄티노플의 대성당은 세계의 창조 원리를, 창조주의 거룩한 지혜를 드러내 준다고 할 수 있다. 프로코피우스는 대성당이 주는 거룩한 느낌을 다음과 같이 표현한다.

> 누군가 기도하기 위해 이 성당에 들어간다면, 곧바로 인간의 능력이나 기술이 아니라, 신의 능력이 이 작품을 만들었음을 인식하게 될 것이다. 그의 정신은 신을 향해 드높여지고, 창공을 노닐며, 신이 멀지 않게 기꺼이 스스로 고르신 집에 거하심을 믿게 된다(B 179).

물론, 구약의 창세기에는 창조주가 수학적 원리에 따라 이 세상을 창조했다는 이야기는 없다. 또한 프로코피우스가 하기아 소피아의 설계에 적용된 거룩함의 기하학을 이해했기 때문에 거룩함을 느낀 것도 아니다. 일찍이 플라톤은 『티마이오스』에서 조물주의 우주 제작 신화를 제시한다. 플라톤의 신화에서 조물주는 무에서 유를 창조한 기독교의 창조주와는 달리, 혼돈에서 질서를 만들어 내는 신적 장인('데미우르고스')이다. 그런데 중요한 점은 신적 장인이 질서를 만들기 위해 수학적 원리를 사용한다는 점이다. 요컨대, 플라톤의 조물주는 수학자이다. 이 신화는 수학적 원리를 통해 우주의 질서와 구조를 이해할 수 있다는 견해를 암시한다.

'우주'를 의미하는 희랍어 '코스모스'는 원래 '질서'를 뜻한다. 그런데 그것은 '장식'을 뜻하기도 한다. 고대 희랍인들은 실제로 '질서'

를 아름다운 것이라고 생각했다. 그런데 그들은 '질서'를 아름다운 것일 뿐만 아니라 신성한 것으로 보았다. 그들은 별들의 운행이나 계절의 변화에서 발견되는 규칙성에 감탄했고, 일식과 월식과 같은 천문 현상에 매료되었으며, 밤낮을 번갈아 가며 하늘에 떠 있는 저 기하학적 도형의 물체를 신이라 불렀다. 고대의 플라톤주의자들은 우주의 아름답고 신성한 질서를 유지해 주는 보다 근원적인 신성이 있다고 믿었다. 그들은 무엇보다도 만물의 수학적 질서에 관심을 기울였으며, 수학적 질서에서 궁극적 신성을 예감했다. 그들에게 수학은 신학의 모상이라 할 수 있다. 우리는 이러한 '신성한 수학'을 통해 — 그것을 믿든 말든 — 하기아 소피아를 예전과는 다른 눈으로 바라볼 수 있고, 그 옛날 그것을 설계했던 건축가들의 마음을 이해할 수 있으며, 그들이 표현하고자 한 거룩한 지혜에 다가갈 수 있다.

유스티니아누스, 거룩한 황제를 꿈꾸다

프로코피우스는 『건축물에 관하여』에서 유스티니아누스 시대의 최고 건축물인 하기아 소피아를 다루기 전에 황제의 업적을 다음과 같이 요약한다.

> 우리 시대에 태어난 유스티니아누스 황제는 불협화음으로 동요된 나라를 넘겨받아서 크게 확장했을 뿐만 아니라, 내가 전쟁에 관한 책들에서 상세히 밝혔듯이, 예로부터 위협이 된 이민족들을 이곳에서 몰아냄으로써 훨씬 더욱 빛나게 만들었다. 전하는 말에 따르

> 면, 언젠가 네오클레스의 아들 테미스토클레스는 자신이 작은 나라를 크게 만들 수 있는 능력을 지니고 있음을 자랑했다. 그런데 이 황제는 실로 나라를 완전히 변모시키는 기술을 갖추었다. 그의 치세에 타국이었던 많은 나라들을 수월하게 로마 제국에 병합했고, 이전에 없었던 나라들을 무수히 만들었다. 이전에 신에 대한 믿음이 잘못된 길에서 방황하고, 여러 방향으로 갈라져야 했음을 알게 된 그는 그것을 방황으로 이끄는 길들을 모두 파괴하고 하나의 신앙이라는 반석 위에 세웠다. 나아가, 필요보다 많이 생겨서 혼탁해지고 또 서로 모순을 일으켜서 명백한 혼란에 빠진 법률을 보자, 수많은 말장난과 속임수를 제거하고 상호 불일치를 확고한 의지로 통제함으로써 그것을 구했다. 반역을 꾀한 자들을 직접 사면하고, 부(富)를 풀어 주린 이들의 배를 불리며, 그들을 함부로 다룬 운명을 제압으로써, 온 나라를 행복한 삶과 결혼시켰다(B 171).

동로마 제국의 황제 유스티니아누스(재위 527-565)는 고대 후기에서 비잔틴 중세로의 이행기를 살았으며, 실질적으로 비잔틴 시대를 연 장본인이다. 프로코피우스가 가리키듯이, 유스티니아누스는 영토, 종교, 법 분야에서 두드러진 업적을 남겼다. 그는 북아프리카와 이탈리아, 피레네 지역에 이르기까지 옛 로마 제국의 영토를 대부분 수복했으며, 1,000년 동안 쌓인 로마법의 집대성과 체계화를 추진하여 『유스티니아누스 법전(*Codex Iustinianus*)』을 편찬했다. 이 법전은 16세기 이래 『로마법대전(*Corpus Iuris Civilis*)』으로 불리며, 이후 유럽 법제사에 큰 영향을 주게 된다. 이 두 분야에서 유스티니아누스는 여전히 과거 로마 제국의 영광을 되찾으려고 한 '로마' 황제라고 할 수 있다. 하지만 종교 분야에서 그는 비잔틴 황제가 된다. 그는 국가와 교회가 조화를 이루는 기독교 제국의 거룩한 황제가 되길 원했던 것이다. 결국, 그는 황제의 신성화를 통해 비잔틴 중세를 연다.

콘스탄티누스 대제가 기독교를 공인한 4세기 이래, 로마 제국에서 국가와 교회의 경계선은 분명치 않았다. 당시 유명한 신학자인 카이사레이아의 주교 에우세비오스는 '기독교 제국'의 이념을 전개하면서, 로마 제국을 천국의 모상으로, 황제를 신의 대리인으로 내세웠다. 그러나 콘스탄티누스 대제를 비롯한 이후의 황제들은 자신이 오랜 로마 제국의 전통에 따라 (적어도 명목상) 로마 민중(Populus Romanus)의 대리인임을 잊지 않았다.

유스티니아누스는 민중의 대리인이길 거부하고 오직 신의 대리인이길 선택한 첫 번째 황제이다. 그는 권력이 민중이나 군대가 아니라 오직 신으로부터 나온다고 믿었다. 527년, 황제의 대관식은 예전처럼 히포드롬(마차 경주장)에 모인 민중 앞에서 이루어진 것이 아니라, 황궁에서 민중을 제외한 채 거행되었다. 542년 오랜 전통의 원로원이 폐지된다. 새로운 황제는 오직 신의 명령에만 복종하며, 지상의 제국을 신국(神國)으로 만드는 것을 목표로 했다.

초기 유스티니아누스 시대의 것으로 추정되는 바르베리니 상아판화(그림 7.4)는 이러한 황제관의 변화를 상징적으로 보여 준다. 우리는 완전 무장을 한 채 이민족을 복속시키고, 제국의 중앙 권력을 쟁취한 황제가 십자가를 든 그리스도와 그를 에워싼 두 천사 아래에 서 있음을 발견할 수 있다.

유스티니아누스 황제는 로마 제국의 기독교화를 위해 총 96개의 교회를 건축했고, 유통되던 금전에 승리의 여신 대신 천사를 새기게

그림 7.4. 바르베리니-디프튀콘

했으며, 선교 활동을 대대적으로 지원했다. 소아시아에서 선교사로 활동한 에페소스의 요한네스는 (과장을 섞어서) 7만 명을 개종시키고 100개의 교회와 12개 수도원을 창설했다고 자랑했다.

유스티니아누스 치세에 세 차례에 걸쳐 대대적인 이교 박해가 있었다(528/9, 545/6, 562년). 황제는 기독교 제국의 이념에 반대하는 이들을 공직에서 파면했고, 이교적 문헌들을 불살랐으며, 이교도들을 사형에 처하기도 했다. 앞에서 언급했듯이, 529년 아카데미가 철폐되었고 더 이상 이교적 철학과 천문학을 가르치는 것은 용납되지 않았다. 황제는 이교 신전들을 허물어 그 건축 자재로 교회와 공공건물을 세웠다. 현재 이스탄불의 관광명소로 손꼽히는 '지하 궁전'(그림 7.5)

그림 7.5. 지하궁전(예레바탄 사라이), 이스탄불

은 콘스탄티누스 시대에 시공하여 유스티니아누스 시대에 완공된 지하 저수지이다. 음산한 지하에 서 있는 336개의 거대한 기둥들은 한때 이교 신전을 받치던 것들이었다. 그 지하 저수지에 고대 종교는 마침내 수장된 것이다.

황제는 이교를 탄압했을 뿐만 아니라 기독교 내부의 이단 논쟁에도 깊이 관여했다. 그가 태어났던 고대 후기에는 신학 문제가 대중적 관심사였다. 시장에서 성부와 성자, 성령의 관계에 대해 언쟁하는 장사꾼들을 보는 것은 흔한 일이었다. 신학적 입장 차이는 로마 제국을 정치적으로 분열시키고 있었다. 가장 논란이 되었던 문제는 성자 예수의 본성에 관련된 것이었다. 4세기 알렉산드리아의 신학자 아리우스는 성자는 성부와는 달리 영원한 신일 수 없다는 논변을 펼쳤다. 이에 기반하여, 5세기 콘스탄티노플의 총대주교 네스토리우스는 마

그림 7.6. 성모와 성자에게 콘스탄티노플 도시 모형을 바치는 콘스탄티누스 대제와 하기아 소피아 모형을 바치는 유스티니아누스 대제

리아가 신을 낳은 어머니(聖母: theotokos)일 수 없다고 주장했다. 아리우스파는 325년 니케아 공의회에서, 네스토리우스파는 431년 에페소스 공의회에서 이단으로 판결 받았다.

니케아 공의회는 성자 예수가 인간인 동시에 신이라고 선포했다. 하지만 이러한 성자의 본성을 어떻게 이해해야 하는가? 451년 소집된 칼케돈 공의회에서 성자는 인성과 신성의 두 가지 본성을 지닌다는 이성론(二性論)이 정설로 채택된다. 그러나 시리아와 이집트를 비롯한 동로마 제국의 많은 지역에서 성자가 두 가지 본성을 지닌 것이 아니라, 인성과 신성이 완전히 합일된 하나의 본성을 지니고 있다는 단성론(單性論)이 우세했다. 유스티니아누스 황제는 칼케돈 공의회의 신조를 지지했지만, 그가 사랑한 황후 테오도라는 단성론을 후원했다. 그는 '다른 믿음(heterodoxy)'을 탄압했지만, 단성론 논쟁으로 분열된 제국을 하나의 '올바른 믿음(orthodoxy)'으로 통일하는 데에는 실패했다.

542년 제국 전역에 퍼진 역병으로 (프로코피우스에 따르면) 제국민의 절반이 죽고, 558년 역병이 재차 밀려오자 사망한 이들을 매장할 사람이 부족할 정도였다고 한다. 종말론적 분위기 속에서 유스티니아누스는 종교를 통해 제국을 안정시킬 방안을 모색한다. 그는 제사 공동체로서의 국가라는 이교적 관념을 부활시켜, 구성원들의 종교적 문화의 공유를 통해 공동체의 사회적 통합을 도모했다. 그리하여 곳곳에 십자가를 비롯한 기독교 상징물이 눈에 띄게 증가했고, 성상 숭배와 성인 숭배가 확대되었으며, 성찬의 전례가 확립되고 거리 행렬 문화가 도입되었다. 특히, 황제는 성모 마리아의 도움으로 역병을 이겼다고 생각하여 마리아 숭배를 적극적으로 지원했다. 마리아의 유품으로 간주된 옷과 허리띠가 소장된 콘스탄티노플은 '성모의 도시'로 이름이 났다.

말년의 황제는 신학에 더욱 몰두하여 논고를 집필했고, 그가 믿는 학설을 칙령으로 공포하였으며, 교리 문제로 로마의 교황을 압박하기도 했다. 결국, 황제는 자신이 믿는 바를 기독교의 정설로서 확립하고자 한 것이다. 562년 하기아 소피아를 방문한 시인 파울루스 실렌티아리우스는 유스티니아누스 황제를 지상에서 멀리 떨어져 죄 많은 인간들을 아래로 굽어보는 신과 같다고 묘사한다(Ekphrasis 47). 황제는 이제 신의 모상(imago Dei), 즉 살아 있는 '성인(聖人)'이 된 것이다.

유스티니아누스는 황제의 신성화를 제도적으로 확립함으로써 비잔틴 시대를 열었다. 그는 거룩함을 찾아 국가를 버리고 사막으로 떠난 고대 후기의 수많은 수도승과는 달리, 국가를 거룩하게 하고, 국가를 다스리는 황제 자신을 거룩하게 했다. 그는 '거룩함'을 사막의 교부들과는 다르게 이해했으며, 다른 의미에서 '거룩한' 황제가 되기를 원했다. 그가 지닌 거룩한 황제의 야망은 절대 권력에 대한 추구와 불가분의 관계에 놓여 있는 것으로 보인다. 그는 정치적 권력과 종교적 권위를 아우르는 지상 최대의 권력을 지향함으로써 천상의 절대 권력자인 신을 닮고자 한 것이 아닐까?

실제로 그는 황권 강화를 위해서라면 민중 대학살도 서슴지 않았고, 충실한 부하들의 숙청도 꺼리지 않았다. 위에서 인용한 『건축물에 관하여』에서 프로코피우스는 황제가 "온 나라를 행복한 삶과 결혼시켰다"고 찬탄했지만, 유고작인 『비밀의 역사(*Historia Arcana*)』에서는 "자연이 다른 인간들로부터 악한 성격을 떼어 내어 이 사람의 영혼에 집중시킨 것처럼 보인다."(8권 28장)고 쓰면서 황제를 비난했다.

사실, 유스티니아누스는 집권 초기 양대 서커스 클럽 간의 충돌에서 시작한 '니카 폭동'을 진압하는 과정에서 3만 명이 넘는 민중의 사살을 명했으며, 그 폭동을 기회로 삼아 정적을 제거함으로써 황권을 강화했다. 하기아 소피아는 바로 '니카 폭동'의 잿더미 속에서 다시 태어났으며, 황제가 옳다고 믿었던 '거룩한 지혜'를 대변해야 했다. 하지만 기하학이 더 이상 어느 학파나 종파의 전유물이 아니듯이, '거룩한 지혜' 또한 특정 종교나 철학에 국한된 것은 아닐 것이다. 아마도 그런 까닭에 하기아 소피아 안에서는 기독교인들뿐만 아니라, 많은 '이교도들', 심지어 무신론자들까지 어떤 신성함을 느낄 수 있는 것이 아닐까?

참고문헌

Dewing, H. B. (ed.), *Procopius, Procopius*, Cambridge, MA & London: Harvard University Press, 1940.

Dominic O'Meara, "Geometry and the Divine in Proclus," L. Bergmans and T. Koester (eds.), *Mathemathics and the Divine*, Amsterdam: Elsevier Science B.V., 2004.

Friedlein, G. (ed.), *Procli Diadochi in primum Euclidis elementorum librum commentarii*, Leipzig: B. G. Teubner [Reprint Hildesheim: Olms] 1967.

Meier, Mischa, *Justinian: Herrschaft, Reich und Religion*, Muenchen: C.H. Beck Verlag, 2004.

제8장

또 다른 기독교, 경교(景敎)의 흔적을 찾아서

최진묵

서기 781년(당 건중 2년) 음력 1월 7일 일요일 아침, 중국 당나라 수도 장안성의 서북쪽 의령방(義寧坊)이라고 불리던 구역에 세워진 대진사(大秦寺)에서는 기독교의 중국유행을 기념하여 만든 기념비 제막식이 거행되고 있었다. 제막식에 앞서 이미 수염은 길렀지만 정수리부분의 머리를 깎아 마치 불교의 승려같기도 한 경교(景教)사제가 목판을 두드리며 기도회의 시작을 알렸다. 예배당을 살펴보니 동쪽을 향해 있는 예배당 한쪽 벽에는 당나라 고조부터 태종, 고종, 중종, 예종 다섯 황제들의 초상화가 안치되어 있었다. 본래 태종의 초상이 벽에 새겼었지만, 측천무후시기 등 경교가 탄압받던 시기 훼손되었다. 이 때문에 이것들은 현종황제의 명으로 새로 안치한 것이었다. 예배당의 이름도 본래 파사사(波斯寺: 페르시아절)란 호칭에서 바뀐 지 얼마 되지 않았다. 황제는 예배당의 이름을 바꾸면서 장안의 또 다른 대진사에는 친필 글씨를 하사하기도 했었다. 기도회의 시작에 앞서서 7언으로 이어져 음률을 넣은 찬송이 이어졌다. 오늘날 가톨릭 미사에서 사용하는 "대영광송"을 아주 닮은 노래였다.

> 끝없는 하늘이 깊은 경탄을 드리고,
> 대지가 거듭해서 평화를 염원하며, 인간의 본성이 믿고 의지하는 것은,
> 이 셋을 아우르시는 인자로운 아버지 알라하(여호와)이시네.

기도회에서는 먼저 손에 연꽃문양이 함께 새겨진 가로 세로의 길이가 거의 비슷한 십자가를 손에 든 신도들에게 세례를 거행하였다. 이어 흰색의 사제복에 머리에는 반구모양의 모자를 쓰고 십가가 목걸이를 걸었으며 목자의 지팡이 같은 목장(牧杖)을 든 주교가 나와

『서청미시소경(序聽迷詩所經)』을 펼치며 설교를 시작하였다. 이 경전의 이름은 "예수메시아경"으로 이해해도 될 듯한데, 아마도 경교가 중국에 들어온 후 처음으로 한자로 번역된 경전 중 하나일 것으로 추정된다. 그는 다음과 같이 읽어 내려갔다.

> 먼저 천존(天尊)을 섬기고 두 번째로 성상(聖上)을 섬기며 세 번째로 부모를 섬겨라. 이것을 행할 때 천국이 이 땅에 임한다.

도덕적 교훈을 담은 구절에 이어 예수의 생애를 요약한 듯한 내용이 이어졌다.

> 천존은 한 처녀에게 성령이 임하게 하였다. … 마리아는 임신 후 한 사내아이를 낳았다. … 메시아에게 12제자가 있었는데 그가 고난을 완수했다. … 악한 사람들이 대왕 빌라도 앞에서 메시아를 위증했다. … 빌라도는 그를 죽이지 않을 수 없었다. … 이렇게 그는 이 세상의 백성을 위해 몸을 보시하였다. … 새벽에 그를 매달았는데 저녁이 되어서 사방이 어두워지고 땅이 흔들리고 산이 무너졌으며 또한 세상의 묘지 문들이 열렸고 죽은 자들이 모두 살아났다.

현존하는 경전은 여기까지 전하고 있다. 예수의 부활이야기는 빠져 있지만 역사적 예수를 군더더기 없이 전하고 있는 것을 보면 원래의 경전에는 있었을 것으로 추정된다.

이어 제막식이 시작되었다. 기념비를 가렸던 장막을 걷어 내자 "대진경교유행중국비(大秦景教流行中國碑)"라는 글자가 보였다. 아마

그림 8.1. 1930년대 경교유지 모습. 왼쪽에 보이는 것이 대진경교유행중국비이다. 1907년 경교비가 비림박물관으로 옮겨졌다면 이 사진의 비는 모조품인 것으로 추정된다.

본명이나 세례명이 아담(Adam)이며 한자이름은 경정(景淨)이라고 불렸던 사제가 이 비문을 참석자들에게 소개했을 것이다. 경정은 이 비문을 직접 저술한 인물이다. 인간의 타락과 메시아의 탄생 및 그의 행적을 기록한 비문의 앞부분에 이어, 경교가 어떠한 과정을 거쳐 중국에 정착 유행하게 되었는지를 기록한 후반부가 소개되었다. 특별한 이 기념비 제막식을 제외한다면 경도교들은 이러한 예배나 기도회를 7일마다 한 번씩 열었다. 일상생활에서도 경교사제들은 하루에 일곱 번씩 기도하고 노비를 갖지도 않았으며 재물을 쌓지도 않았고 자비를 베풀고 이웃을 사랑하라는 계율을 지키고 있었다. 동시에 경교도들은 그들의 신앙이 국가와 백성의 안정에 기여한다는 자부심도 갖고 있었다(그림 8.1 참조).

이로부터 840여 년 후인 1625년(혹은 1623년) 이 비문이 발견되었다. 경교비의 발견은 근대 서방기독교의 전래 이전에 이미 동방기독교가 유입 유행되었다는 새로운 사실을 알려 주었고, 이후 기독교가 한반도의 신라에까지 전파되었을 가능성 때문에 우리 사회에서도 상당한 관심을 불러일으켰다. 종교야말로 문명의 교류와 충돌 융합의 모습을 가장 생생하게 전하는 주제이고, 특히 한자와 함께 고대 시리아문자가 포함되어 있는 경교비는 바벨탑 이후 인류사회의 언어가 갈라졌다는 성서적 근거 등에 영감을 얻어 시작된 보편언어나 보편문자에 대한 관심을 촉발시키는 계기가 되었다. 유럽의 초기 중국학자들이 중국어에서 보편문자의 가능성을 찾기 시작했을 때, 경교비는 그 하나의 열쇠로 인식되었던 것이다. 더구나 당시 성서학자들도 성서가 다른 언어로 번역가능한가 하는 문제의식에서 시작된 근원언어의 복원에서 이국적인 중국어에 매력을 느끼고 있는 터였다. 경교와 경교비에 대한 탐색은 핵심적인 교리어들이 어떻게 번역되어 갔고, 다른 종교적 관념들은 어떻게 혼합되었는가 하는 문제 등에서 문명교류사상 흥미로운 연구대상이었던 것이 분명하다.

또한 경교의 전파자에 대한 관심도 경교연구를 확산시켰다. 635년 중국에 처음 전해진 경교는 니케아 종교회의 이후 대두된 기독론 논쟁의 결과 에베소 공의회(431년), 칼케돈 공의회(451년)에서 이단으로 정죄된 네스토리우스파가 주축을 이루고 있다고 알려져 왔다. 당시 서로마 지역과 지리적으로 분리되어 동방교회로 불리던 지역에는 안티오키아 총대주교구와 알렉산드리아 총대주교구가 양립했고, 후에 콘스탄티노플 교회가 총대주교구로 승격되었다. 네스토리우스는 428년 로마 황제 테오도시우스(Theodosius) 2세의 청빙으로 콘스탄티노플 총주교로 부임한다. 네스토리우스에 의해 촉발된 기독론논쟁은 간단히 말하자면, 그가 마리아를 '신의 어머니(Theo-tokos)'로 부르는 것을 거부하고 '그리스도의 어머니(Christo-tokos)'로 불러야 한다는 주장을 옹호하면서 시작된 것이다. 물론 네스토리우스의 견해는 지지를 받지 못하였고 그는 주교직을 박탈당하였다. 이후 네스토리우스의 지지자들은 에데사를 거쳐 니시비스와 셀레우키아를 거치면서 동방으로 진출하였다. 오늘날 알려진 네스토리우스 교회이다. 그러나 이 명칭은 시리아어를 주언어로 쓰는 동방교회가 스스로 부르는 명칭은 아니었다. 더구나 동방교회에는 네스토리우스파 이외에도 다른 신학전통도 여전히 존재했고, 근래 경교비 이전에 중국에 기독교가 들어왔다는 주장도 있기 때문에 이런 점들을 고려한다면 중국 등지로 기독교를 전파한 전파자는 "동부 시리아 교회"로 부르는 것이 적절할 것이다.

중국의 경교유입과 쇠퇴에 관한 문헌에 보이는 대강의 기록은 다음과 같다. 635년(당 태종 정관 9년) 아라본[阿羅本, 알로펜(Alopen), 아브라함(Abraham, Yahb-Alaha), rabban(修士) 등으로 이해] 일행이 성경을 중국에 가지고 와 방현령(房玄齡) 등 중국의 고위관료의 영접을 받았다. 638년에는 정식으로 포교를 승인받고, 781년 앞서 언급한 경교비가 건립되면서 거의 전성기를 맞게 된다. 그러나 845년 7월부터 약 8개월간 진행된 폐불(廢佛)정책 이후 점차 쇠퇴하였다고 알려져 있다. 당시 동부 시리아 교회는 페르시아는 물론 이미 아랍, 인도를 비롯하여 몽골 등 중앙아시아까지 널리 확산되고 있었고, 중국에도 이런 과정에서 유입되었던 것이 분명하다. 이때 중국 경교는 전체 동부 시리아교회의 위상 속에서 그다지 큰 규모는 아니었던 것 같다. 경교비에 등장하는 대주교(大主教, Bishop)란 칭호는 대공목수(大公牧首, Patriarch) 아래 총감독(總監督, Papas)을 보좌하는 아래지위에 불과하기 때문이다. 특히 교단본부에서 중국교회에 대한 연락과 통제도 원활하지 못한 것이 분명해 보인다. 비문에 기록된 대공교수 합남영서(哈南寧恕)라는 인물은 하난 이쇼(Hanan Isho) 2세를 말하는데 그는 이미 비문이 건립되기 전인 780년(혹은 778년) 사망했고, 비문 건립 당시인 781년에는 디모데(Timothy) 1세가 동부 시리아교회를 담당하고 있었기 때문이다.

여하튼 이 비문은 본부교단의 직접적 통제를 덜 받을 수밖에 없었던 중국경교가 전교과정에서부터 이미 중국에 토착화되어 있던 불교의 선례를 모방하는 등 적극적으로 현지문화를 차용하는 정책을 채택했음을 보여 준다. 물론 이전에 전혀 존재하지 않던 새로운 이념과 교리를 적절히 설명할 방법이 마땅하지 않았을 것이므로 당시 중국에 존재하던 다른 종교의 용어나 술어를 차용하는 것은 어쩌면 당연한 일인지도 모른다. 이 비문에 불교용어들이 대량으로 등장한 것도 이 때문이다. 경교 교당은 '사(寺)'로, 경교 사제는 '승(僧)'으로 묘사하고 있으며, "공유(空有)", "법(法)", "법계(法界)", "공덕(功德)", "광자(廣慈)", "시주(施主)", "법당(法堂)", "대덕(大德)" 등 일일이 열거하기 어려울 정도이다. 이와 같은 불교용어 이외에도 도교(道教)의 기풍이 보이는 용어도 상당수 발견된다. "무위(無爲)", "원풍(元風)", "조화(造化)", "진주(眞主)", "진현(眞玄)" 등이 그러한 예이다. 물로 유교적 내용도 빠지지 않는다. 충효관념은 물론이지만, 1,780여 자의 비문글자 중 이른바 유교의 5경을 인용한 곳이 80여 곳이 넘는다. 더구나 비문상단의 도안자체가 불교와 도교의 혼합물이라는 사실은 널리 알려져 있다. 이러한 측면에서는 돈황에서 발견된 경교 한문자료도 예외는 아니다. 지금까지 알려진 자료로는 『서청미시소경』, 『일신론』, 『선원본경(宣元本經)』, 『대성통진귀법찬(大聖通眞歸法贊)』, 『지현안락경(志玄安樂經)』, 『삼위몽도찬(三威蒙度贊)』, 『존경(尊經)』 등이 있는데, 이들 자료에도 "천존(天尊)", "제불", "아라한(阿羅漢)", "중생", "사색(四色)", "정토", "무량", "해탈", "석자(釋子)", "선연(善緣)", "자은(慈恩)", "패엽(貝葉)" 등 무수한 불교용어들이 등장한다.

물론 이들 용어를 무조건 불교나 도교용어의 차용으로 보는 것은 문제가 있다. "천존"이 확실히 도교의 삼청(三淸)에 나오는 원시천존(元始天尊), 영보천존(靈寶天尊), 도덕천존(道德天尊)을 연상시키는 것은 사실이다. 그러나 "천존"이라는 글자 자체의 의미는 "하늘에 있는 가장 존귀한 자"로 이해할 수도 있기 때문에 기독교의 교리와도 상당히 부합한다. "조화(造化)"는 도교의 "무(無)"의 개념과는 무관하며 의식적이고 인간적인 작업이 아닌 세상의 어떤 질서개념으로 이해한다면 어쩌면 창조과정을 설명하는 가장 적절한 한자어일수도 있다. 따라서 경전의 번역자는 이러한 중의적 측면을 충분히 고려하여 번역했다고 보는 것이 옳을 것이다. 또한 이들 경전에는 직접 기독교 교리를 설명하는 내용도 포함되어 있기 때문에 전체적인 줄거리를 본다면 현존 성서와 흡사한 곳도 적지 않다. 예컨대 『일신론』 중의 『세존보시론(世尊布施論)』에 예수의 산상설교 일부분이 들어 있다는 사실은 유명하며, 『선원본경』에는 창세기 1장과 흡사한 구절들이 들어 있다. 『삼위몽도찬』은 찬송가의 의미를 갖는데 "삼위"는 삼위일체(三位一體)의 신을 의미한다고 볼 수 있다. 이러한 부분에서는 적어도 경교가 기독교적 본질을 상당히 유지하고 있다고 볼 여지도 충분하다. 또한 이름밖에 남아 있지 않지만 경교비의 저자 경정(景淨)이 번역했

그림 8.2. 낙양경교 경당(經幢) 정면

다고 전해지는 30부의 번역서 중에는 성경과 상응하는 것도 10여 부 있는 것으로 추정한다. 『혼원경(混元經)』은 창세기, 『모세법왕경(牟世法王經)』은 모세오경, 『다혜성왕경(多惠聖王經)』은 시편 등 구약성서를 옮긴 것이라면, 『아사구리용경(阿思瞿利容經)』은 사(思)자를 은(恩)자의 오자로 본다면 4복음서인 것 같고, 『계진경(啓眞經)』은 계시록을 번역한 것으로 볼 수 있다. 그러나 번역한 양도 많지 않고 시리아 출신 전도사였던 경정자신의 한문능력, 여러 이질적인 문화환경 속에서 전도해야 했던 동방 시리아 교회의 현실, 형이상학적 관념에 큰 관심이 없었던 중국의 문화풍토 등이 성서번역을 성서식 용어로 번역할 수 없게 했을 것이다. 따라서 이들 번역이 기독교의 교리대로 성령의 감응에 의해 번역되었다고 보기는 어려운 것 같다.

한편 2006년 5월 중국 옛 수도 낙양(洛陽)에서 경교 경전의 내용을 담은 경당(經幢), 즉 다각형으로 깍은 돌에 종교의 경전을 써 넣은 돌기둥이 발견되었다(그림 8.2 참조). 경당은 탑과 함께 불교사찰에서 자주 사용하던 건축물이다.

그림 8.3. 낙양경교의 경당 정면과 뒷면의 탁본

2006년 5월 낙양 낙용구(洛龍區)에서 출토된 이후 여러 명의 문물수집상을 거쳐 회수되었기 때문에 경당의 머리부분인 당정(幢頂)과 아랫부분인 당좌(幢座)는 현재 행방불명이다(『낙양만보(洛陽晩報)』 2009년 10월 22일 보도). 경당(經幢)의 높이는 81센티미터이고, 수평으로 잘린 외접원의 직경은 40센티미터이다. 각 면에 2-6행의 해서문자가 쓰여져 있고, 총 809자이다.

서안에서 발견한 경교비가 천여 년 동안 잊혔던 경교에 대한 관심을 불러일으켰다면, 이 낙양경교의 경당은 경교연구에 또다시 새로운 돌파구를 열어 준 것이었다. 이 경당은 814년 제작된 것으로 이 시기 경교의 유행범위가 장안을 넘어 낙양 등지에까지 크게 확대되었으며, 교리가 더욱 확연히 민간사회에 전파되었음을 알게 해 주는 실마리였다. 이 경당에는 『대진경교선원지본경』 1부와 『경당기(經幢記)』 1부가 포함되어 있었다(그림 8.3 참조).

『선원본경』은 이미 돈황에서 발견된 것이므로 그다지 새로운 내용은 아니었지만, 이 경당의 발견으로 "지(至)"자의 추가 및 몇 개 글자의 탈루 등을 보충하여 이전자료의 신뢰도를 높일 수 있었다. 그러나 이 경당 역시 불교모방의 흔적이 매우 뚜렷하여 경교비의 이미지를 바꾸지는 못했다. 경당 자체가 불교적 형식이었지만, 8면 각주 형태의 기둥이나, 십자가 옆에 비천신(飛天神), 양옆에 남성과 여성으로 된 음양 2원의 사고 등 도안 역시도 매우 불교적이었다. 그러나 적어도 몇 가지 측면에서는 경교비와 구분되는 차이도 있었다. 경당은 경교가 장안에서 낙양으로 전파되었다는 사실, 관청에 의해 만들어진 것이 아닌 민간 자체로 제작되었다는 점, 사원 내에 세워진 것이 아니라 개인묘지에 세워졌다는 점 등 지배상층과 연결된 장안경교와는 달리 민간사회에 뿌리내리는 경교의 모습을 보여 주고 있다는 점이다. 특히 재미있는 것은 외래이름이 중국식의 이름으로 바뀌고 있다는 사실이다. 장안의 초기 경교도들은 페르시아나 시리아에서 파견된 교단의 특별한 인물들이었다면 낙양의 경교도들은 소그드 상인 계통으로 이미 자신의 모국어를 사용하지 않는 한화(漢化)된 호인(胡人)이었던 것이다. 더구나 여기에서 경교는 개인적으로 신앙되기보다는 가족단위로 신앙되었던 흔적도 발견된다. 입당인(立幢人)으로 기록된 안국(安國) 안씨태부인(安氏太夫人)은 당대 최초로 확인되는 여성신도이며 안소성(安少誠) 안소련(安少連) 등 일련의 가족명은 이들이 모두 같은 신앙을 가진 기독교 가정이라는 사실을 알려 준다. 근 200년의 시차가 시리아어로 인명을 기록한 경교비와 현격한 차이를 느끼게 한다.

이미 1955년 서안에서 출토된 〈미계분묘지(米繼芬墓志)〉는 미계

그림 8.4. 미계분묘지 탁본(부분도). 높이 47㎝, 너비 45㎝의 정방형 위에 전서(篆書)로 "대당고미부군묘지명(大唐故米府君墓志銘)"이라고 쓰여 있다. 전체 20행로 각 행은 20자에서 26자로 일정하지 않다. 지석의 4면에는 12생초가 새겨져 있다.

분의 어린 아들 사원(思圓)이 경교승려였으며 그의 할아버지부터 경교 집안이었다는 사실을 암시해 준다(그림 8.4 참조). 〈미계분묘지〉는 혜초의 『왕오천축국전』에도 등장하는 서역 미국(米國)에서 이주 왔던 미계분이 805년 92세의 일기로 두 아들을 남겨 놓고 세상을 떠나면서 남긴 그의 일대기가 기록되어 있다. 그의 조부명은 이서(伊西)인데 이 이름은 성경에 나오는 에서(以西)(야곱의 형)를 의미한다. 둘째 아들이 승(僧) 사원으로 기록되어 있는 점을 감안하여 이들을 경교 신도로 추정하는 것이다.

이러한 경교 석각들은 당시 경교가 소그드 상인들 사이에서 상당 정도 신앙으로 퍼져 있었다는 사실을 알려 준다. 복건성 천주(泉州)나 강소성 양주(楊州) 등에서도 많은 석비들이 출토되었지만 이것은 대부분 해로나 운하를 통해 들어온 원대(元代)의 중국 기독교로 추정되는 에르케운(야리가온, 也里可溫)과 관련되기 때문에 이를 곧바로 당대 초기 경교와 연결지을 수 있는지도 의문이다. 그러나 서안 및 신강지역에서 발견되는 다수의 경교석각들은 경교의 유행을 추정할 수 있는 일단의 실마리를 제공하기도 한다.

지금까지 보아 온 경교는 다분히 중국적이고 중국화된 것이 분명하며 원래의 기독교적 요소를 얼마나 유지하고 있는지도 의문이다. 이 점을 살펴보기 위해 수용자 입장인 당대 중국인들이 경교에 대한 어떠한 인식을 갖고 있었는지 언급해 보자. 경교비가 발견되자 명대 천주교신자였던 이지조(李之藻), 서광계(徐光啓) 등은 자칭 경교후학(景教後學)이라며 천주교와 경교를 동일시하며 흥분하였다. 서양선교사들도 이를 구분하지 못했지만, 중국학자 홍균(洪均)은 이것이 네스토리우스교라는 사실을 곧바로 간파했다. 현재는 경교가 천주교와 계통이 다르다는 점은 상식에 속하지만, 명대에 이러한 구분이 가능했다는 것은 매우 놀라운 일이었다. 경교는 초기 전해질 당시 중국에서는 페르시아교(波斯教) 혹은 페르시아경교(波斯經教)로도 불리었다. 이것은 조로아스터교의 일종으로 보았기 때문인 것 같다. 경교라는 명칭은 745년 당 현종 때 비로소 대진경교(大秦景教)로 공식화되었던 것이다. 이것은 분명 경교가 이방의 종교로 발상지가 불교나 도교와 다르다는 인식이 전제된 것이 분명하며 고문헌에서 자주 조로아스터교인 현교(祆教)와 혼동한 것도 이 종교의 발원지에 대한 오해에서 기인한 것으로 보인다. 『당회요(唐會要)』에서도 불을 숭상하는 화교(火教)가 곧 병교(丙教)이고 병은 오행 중 화에 해당되며 후에 피휘(避諱)하여 경교라고 불렸다고 기록하고 있다.

그러나 경교가 유입되고 일정한 시점에 경과하면서 이 종교는 오히려 불교나 도교의 한 분파로 인식되는 것이 오히려 자연스러웠을 것이다. 경교 경전 자체에 수많은 불교나 도교용어가 있었음은 앞서 언급했지만, 그 자체가 별 특색이 없다는 점은 매우 치명적이었을 것이다. 특히 경교를 도교의 한 분파로 여길 수 있는 상황은 여러 군데서 발견된다. 『서청미시소경』보다 늦게 성립된 것으로 추정되는 『지현안락경』은 이름 자체에서 도교적 색채가 강하게 느껴지지만, 경교비에서조차 당 왕조의 시조로 인식되던 노자(老子)를 끌어들여 그가 서역으로 간 것이 결국 경교가 동방으로 오게 되는 것으로 귀결되었다는 주장을 펼친다. 더구나 도교의 한 분파였던 여동빈(呂洞賓)이 저술한 『구겁증도경주(救劫證道經)』는 경교의 찬미시를 채용하고 있기 때문에 회창법란 이후 경교가 민간사회의 도교와 결합하여 생존했을 가능성을 추측하게 한다.

경교가 불교의 분파로 인식된다고 할 때 특히 주목되는 것은 경교비를 제작하고 경교경전을 번역했다고 하는 경정이 반야(般若)와 함께 대표적 불경의 하나인 『육바라밀경(六波羅密經)』을 번역했다는 기록이다. 당시 중앙아시아와 중국 장안 등지에 호본(胡本) 『대승이취육바라밀경(大乘理趣六波羅密經)』이 유행했으므로 이 기록을 신뢰할 수 있다면 경정이 번역한 경교경전의 원본도 혹시 기독교의 원본이 아닌 호본(胡本)이었을 가능성을 제기할 수 있다. 당시 호본 종교경전들은 불경에 기독교적 요소를 가미하고, 기독교 역시 불교적 요소를 첨가하는 등 혼합종교적 성격이 컸을 것이다. 낙양출토 경당의 『선원지본경』은 불경과 마니경전(摩尼經典)의 영향을 많이 받은 경정 자신이 직접 창작한 경교경전으로 추정하기도 한다. 그렇다면 경교비와 경교문헌에 왜 그렇게 불교 및 도교적 요소가 많은지 어느 정도 이해가 가능할 수도 있다. 그러나 이 점은 경정이 번역한 원전에 대한 관심과 함께 아직 좀 더 고려할 것들이 많이 있고 앞으로 문명교류사에서 진지하게 검토할 문제로 남겨 둘 필요가 있다. 여하튼 경전의 어휘 내용 등에서 불교와 매우 유사한 경교가 불교의 분파로 인식되어도 별 큰 지장은 없었을 것이다.

당대 황제의 편액을 받거나 황제의 초상화를 대진사에 걸었던 경교는 기독교로서의 이미지는 크게 잃어버렸음이 확실하다. 경교를 또 다른 기독교라고 부른 것은 바로 이 때문이다. 이러한 요인이 초기 경교가 표면적으로 쇠퇴하게 된 중요한 요인인지도 모른다. 주지하듯이 초대 기독교는 탄압과 박해 속에서 더욱 굳건히 성장해 왔다. 중국 경교가 황제권력과 결탁하여 명맥을 유지했다면 이것은 본질적으로 기독교적 속성과는 다소 거리가 있는 것이 분명하다. 회창폐불이 겨우 8개월에 불과했지만, 권력과 대립적 관계를 경험하지 못했던 경교가 쇠퇴하는 것은 지극히 당연했을 것이다. 물론 동부 시리아 본부교단의 쇠퇴와 몰락도 영향을 주었을 것이다. 더구나 중국에 전도된 지 150여 년이 지났지만 번역된 경전은 고작 30여 부에 불과하였고, 그나마 기존종교와 별로 구별되지 않는 내용을 담고 있었다면 이 종교의 생명력은 매우 미약했을 것이 틀림없다. 물론 한문경전으로 번역된 것 자체가 한족 중국인들의 수요를 감당하기 위한 것이라고 보아도 좋고, 소그드 계통의 호인들이 계속 유입되었던 상황에서 그들이 가진 기독교적 신앙은 여러 묘지명에서 보듯이 여전하였으며 장안을 넘어 낙양과 북경에까지 확산되었다는 사실도 충분히 인정된다. 그럼에도 민간사회에까지 확산되지 못한 초기 경교는 다른 종교의 외피를 입고 역사의 뒷면에 서 있었다. 중앙아시아와 몽골 등에서 여전히 활발하게 존재 유지되었거나 혹은 중국 내지에서 꿈틀거리던 경교는 원대의 종교관용정책을 등에 업고 다시 비약할 수 있었다. 그러나 에르케운이라고 불리는 원대 기독교도 또 다른 기독교였다.

불교는 중국에 들어와 중국을 불교화시키지 못했고, 오히려 중국은 불교를 중국화시켰다. 거대한 용광로처럼 다양한 이질적인 요소를 흡수하고 새로운 모습을 만들어 냈던 중국적 특징은 중국에 유입된 초기 기독교 경교에서도 마찬가지로 나타났던 것이다. 경교의 중국화는 현대 중국에서의 기독교문화를 이해하는 데에도 많은 시사점을 줄 것이다. 문화는 서로 영향을 주고받으며 끊임없이 변용되었고 그 원형은 거대한 역사의 흐름 속에 파묻혀져 오늘도 어떤 역사가의 손길을 기다리고 있을 것이다.

참고문헌

구범회, 『예수, 당태종을 사로잡다』, 나눔사, 2012.
김호동, 『동방기독교와 동서문명』, 까치, 2002.
바우어, 크리스토프, 『실크로드 기독교』, 안경덕 옮김, 일조각, 2016.

葛承雍, 『景教遺珍 : 洛陽新出唐代景教經幢研究』, 北京: 文物出版社, 2009.
林悟殊, 『唐代京教再研究』, 北京: 中國社會科學出版社, 2003.

제9장

이마고 데이(Imago Dei)

비잔틴 미술과 성상파괴운동

박배형

> 너희는 위로 하늘에 있는 것이나, 아래로 땅 위에 있는 것이나, 땅 아래 물 속에 있는 어떤 것이든지 그 모양을 본떠 새긴 우상을 섬기지 못한다. 그 앞에 절하며 섬기지 못한다. … 너희는 신상들을 만들어 내 곁에 두지 못한다. 은으로든 금으로든 신상들은 만들지도 못한다(출애굽기 20:4-5, 23).

> 그러므로 너희는 깊이 명심하여라. 야훼께서 호렙의 불길 속에서 너희에게 말씀하시던 날 너희는 아무 모습도 보지 못하지 않았느냐? 그러니 너희는 남자의 모습이든 여자의 모습이든 일체 어떤 모습을 본떠 새긴 우상을 모시어 죄를 짓는 일이 없도록 하여라. 땅 위에 있는 어떤 짐승의 모습이나 공중에서 날개 치는 어떤 새의 모습이나, 땅 위를 기어 다니는 어떤 동물의 모습이나 땅 아래 물속에 있는 어떤 물고기의 모습도 안 된다(신명기 4:15-18).

들어가며

비잔틴 미술은 일반적으로 1,100여 년 동안 지속된 비잔틴 제국(AD 330-1453)을 중심으로 꽃핀 예술을 일컫는다. 예술사적으로 보아 비잔틴 미술이 갖는 특별한 성격은 그것이 일종의 대표적인 기독교 미술이란 점에 있다. 이것은 곧 이 미술의 내용과 표현이 기독교 정신을 바탕으로 하고 있을 뿐 아니라 바로 이 기독교라는 종교와 교회라는 문화적 틀 내에서 산출된 것임을 의미한다.

이 글에서 우리는 비잔틴 미술이라는 역사적으로 독특한 예술적 현상이 갖는 성격과 의미를 그것의 다층적인 문화적 그리고 역사적인 측면에서 고찰하게 될 것이며 비잔틴 미술 중에서도 특히 성상(聖像, 또는 성상화/ icon)[1]을 중심으로 논하게 될 것이다. 비잔틴 제국의 문화는 전반적으로 물론 기독교적이지만 지리적, 역사적 특성상 그리스, 로마적 전통과 유대적 전통 모두를 혼합한 것이다. 이러한 성격은 다른 문화적 부문뿐만 아니라 미술 속에서도 여실히 드러나고 있다. 또한 이 미술이 비잔틴 제국의 종교미술이라는 것, 또 이 미술의 후원과 진흥이 황실과 교회를 통해 이루어졌다는 사실은 비잔틴 미술이 실제로 정치와 권력이라는 요소와 결합되어 있을 수밖에 없음을 지시한다. 그리고 이러한 요소들은 바로 비잔틴 제국에서 8-9세기에 걸쳐 미술과 관련하여 일어났던 성상파괴운동이라는 사건이 왜 종교적, 신학적이며 예술적 사건인 동시에 정치적인 사건이었는지를 이해하는 실마리가 된다.

우리는 이 글에서 우선 비잔틴 미술이 당대에 가졌던 성격과 의미를 비잔틴 제국이라는 배경 속에서 고찰할 것이다. 그리고 성상파괴운동이라는 역사적 사건이 어떤 복합적인 요인들을 통해서 발생하고 전개되었는지 그리고 그것이 갖는 문화적 함의는 어떤 것인지를 다루게 될 것이다.

---

1 예술사의 맥락에서 대체로 "성상(성상화)"으로 번역되는 "icon"은 본래 그리스어 "eikon"에서 온 것으로 이미지, 도상, 형상 등의 의미를 지니고 있다. 이 용어는 본래 온갖 종류의 이미지나 형상에 쓰이는 말이었다. 그러나 약 4세기경부터 icon은 주로 그리스도와 성모 또 기독교의 여러 성인과 순교자들의 이미지로 만들어진 회화작품을 뜻하는 것이 되었다. 그러나 표현의 재료가 다양했기에 회화보다는 차라리 조각의 범주에 들어가는 icon도 존재한다.

비잔틴 미술과 비잔틴 제국

오늘날 예술이라는 문화적 현상에 대해 사람들은 그것이 — 아름다움을 표현하는 것이든 아니면 어떤 아이디어를 특정한 방식으로 드러내는 것이든 간에 — 기본적으로 예술가의 자유로운 창조적 능력에 의거하며 또 그래야 한다고 생각한다. 그러나 이러한 예술관은 서양의 예술사에서 보면 근대 이후부터나 자리 잡히게 되는 것이고 우리가 주제로 삼는 비잔틴 미술의 시기에 일반적인 예술관은 오늘날의 그것과는 사뭇 다른 것이었다. 그런 까닭에 종교적 내용을 제시하는 것을 사명으로 삼는 종교예술로서의 비잔틴 미술에서 중요한 것은 예술가의 창조적 발상이나 자유로운 감정표현이 전혀 아니었다. 비잔틴 미술이 지녔던 가장 커다란 관심사는 기독교라는 종교의 사상과 교리를 얼마나 효과적으로 또 가장 적절한 방식으로 표현하느냐에 있었다. 그것은 달리 말하자면 비잔틴 미술은 기독교의 진리를 전달하기 위한 일종의 수단과 같은 역할을 했다고 볼 수 있다.

그런데 비잔틴 제국에서 비잔틴 미술이 이렇듯 일종의 수단으로서의 역할을 했다는 사실은 이 미술이 갖는 예술로서의 지위를 격하시키는 것과는 아무런 상관이 없다. 오히려 비잔틴 미술의 종교적 성격은 이 미술의 지위를 사실상 높여 놓았다고 보는 것이 옳을 것이다. 왜냐하면 비잔틴 미술, 특히 우리가 흔히 아이콘(Icon)이라고 부르기도 하는 성상(또는 성상화)은 단순히 종교적인 성격을 지니는 이미지에 불과했던 것이 아니라 일종의 숭배의 대상이기도 했기 때문이다. 어떤 미술이 감상의 대상을 넘어서서 숭배의 대상에까지 이르렀다는 사실을 놓고 보면, 역사상 그 이상 가는 지위에 도달한 미술

그림 9.1. '축복하는 예수 그리스도', 6세기, 나무판에 납화, 성 카타리나 수도원, 시나이 산(왼쪽)/ '성 테오도루스와 성 게오르기우스를 옆에 두고 옥좌에 앉은 성모', 6세기, 나무판에 납화, 성 카타리나 수도원, 시나이 산(오른쪽)

적 이미지는 존재하지 않았다고 말할 수도 있을 것이다. 즉 비잔틴 제국의 사람들은 성상을 인간과 신을 연결시켜 주는 매개물로 생각했으며 신비한 힘을 지니고 있다고 믿었다. 이러한 종교적 이유로 비잔틴 제국에서는 4세기 이후 많은 성상들이 제작되었고, 이것들은 교회와 가정에서 흔히 볼 수 있는 종교적 형상물이자 예술품으로 자리 잡았다.

이 4세기는 기독교의 역사에서 특별한 의미를 지니는 시기이다. 왜냐하면 기독교가 공인되던 해가 313년이었기 때문이다. 이미 기독교는 여러 사도들과 교부들 및 신자들의 노력을 통해 그 기반을 다져가고 있었으며 로마 제국의 곳곳으로 퍼져 나가고 있었던 반면, 이렇듯 합법적인 종교로 인정되기까지 공식적으로는 금지되어 온갖 박해와 시련을 견뎌야만 했다. 기독교를 공인하는 칙령을 발표한 황제는 콘스탄티누스 대제(재위 306-337)였는데 그는 오늘날 이스탄불로 불리는 그리스의 오래된 도시 비잔티온(비잔티움)을 로마 제국의 새로운 수도로 선포하고, 이 도시를 새로운 로마로 건설한 장본인이자 이후 천 년이 넘게 지속된 비잔틴 제국(동로마 제국)의 기틀을 마련한 장본인이기도 했다. 말하자면 그의 기독교 공인과 비잔티움으로의 천도는 이후 비잔틴 제국의 미술이 비잔티움을 중심으로 펼쳐질 수 있게 한 기본적 조건을 마련하였다.

성상(icon)들은 물론 종교적 목적으로 제작되었는데, 신적인 형상 앞에 향을 사르고 불을 밝히며 소원을 빌거나 신비적인 체험을 기대하는 것은 이미 고대에서부터 존재하는 관습이었다. 말하자면 신적 형상을 신성한 것으로 취급하여 그 앞에서 기도하며 신적인 위력을 소망하는 것은 희랍이나 로마, 또는 메소포타미아 지역의 다신교 전통에서부터 이미 성행했던 일이었다. 또한 일반 가정에서도 수호신을 모시는 전통이 존재했으며, 그렇기에 반드시 기독교와 연관됨이 없더라도 가정에서 일종의 성상을 모시고 경배하는 것은 뿌리 깊은 전통이라고 볼 수 있다. 기독교의 전파와 더불어 그리고 기독교의 공인 및 국교화와 더불어 일반가정에서는 이교도의 신적 형상들 대신에 그리스도, 성모, 또는 성인의 상들이 가정을 지켜 주는 수호신의 역할을 하게 되었다. 그러니까 기독교적 성상을 제작하고 이를 경배하는 것은 이미 존재했던 전통과 기독교적 요소가 결합한 현상이라고 볼 수 있다.

위에서 말한 전통은 성상이 일종의 신비한 힘을 지니고 있다는

그림 9.2. '만물의 지배자 예수 그리스도', 12세기경, 모자이크, 팜마 카리스토스 수도원, 이스탄불(위)/ '성모', 9세기, 모자이크, 하기아 소피아 박물관, 이스탄불(아래)

믿음을 전제로 한다. 말하자면 당시의 사람들은 성상이 단순히 피상적인 이미지에 불과한 것이 아니라 신적인 존재의 본질적인 측면을 표현하고 있다고 보았으며, 성상을 통해 바로 이러한 신적 존재와 의사소통을 한다는 믿음을 지니고 있었다. 즉 성상이란 사람들과 그것이 표현하는 대상 사이에 위치한 일종의 매개자였다. 그렇기에 비잔틴 제국에서 제작된 성상들 속에는 이러한 본질적 모습을 포착하려는 노력이 투영되어 있고 우리가 신적인 존재에게 기대하는 것, 즉 권능, 빛, 위엄, 고귀함 등등의 성질들이 구현되어 있다. 이러한 사실은 왜 이 성상들에 빛을 상기시키는 금박이 많이 사용되었고 또 다양한 종류의 귀금속이 동원되었는지를 설명해 준다. 말하자면 예컨대 예수 그리스도의 성상이라면 그것은 전지전능하며 만물의 지배자인 신에게 귀속될 수 있는 성질들이 잘 드러나도록 표현되었던 것이다.

이러한 성질들의 구현과 관련하여 비잔틴 미술의 성상들은 비잔틴 제국의 서쪽 유럽지역에 해당하는 서방의 종교미술과 적지 않은 차이를 보여 준다. 다시 예수 그리스도의 상을 예로 들면 서방의 종교미술에서는 십자가에 못 박히고 고통을 당하는 인간적인 모습을 지닌, 살과 피를 지닌 예수의 모습이 많이 등장하는 데 반하여 비잔틴 제국의 성상에서는 보다 신적인, 즉 죽음을 극복한 승리자 예수의 모습이 강조될 뿐 아니라, 육체성이 적나라하게 드러나거나 인간적인 감정에 휩싸인 모습보다는 평온하고 위엄 있는 형태로 그려진다. 그것은 서방 교회와 비잔틴 제국을 중심으로 하는 동방 교회의 성격 차이와 관계가 있다.[2] 신약에 "카이사르의 것은 카이사르에게 돌리고 하느님의 것은 하느님께 돌려라"(마태오 22: 15-22)라는 말씀이 있듯이 지상의 것과 하늘의 것, 국가와 교회, 왕권과 교권은 구분될 수 있는 것이었지만 현실적으로 정치권력과 교회권력이 명백히 분리될 수

2 395년 테오도시우스 1세(재위 379-395)의 사망 이후 로마 제국은 동·서로 완전히 분리되었는데, 기독교가 로마를 중심으로 하는 가톨릭교회와 동방 (정)교회로 완전히 분열되는 것은 훨씬 나중의 일이지만 동, 서로마의 분리는 교회의 분열과 밀접한 관계가 있다. 주지하다시피 서로마 제국은 게르만족에 의해 476년 종말을 고하게 되었으며, 동로마 제국은 그 후로도 대략 천 년 동안 지속되었다. 서로마 제국의 멸망으로 일단 제국과 교회의 중심은 콘스탄티노플로 옮겨지게 되었으며, 한편으로 비잔틴 제국의 교회와 다른 한편으로 게르만이 점령하게 된 구 서로마 지역의 교회는 종교적, 정치적 마찰과 갈등을 빚게 되었다. 800년에 로마 교황 레오 3세는 프랑크 왕국의 왕 샤를마뉴에게 '서로마 황제'의 관을 씌워 줌으로써 '서로마 제국'의 황제로 인정해 주었고 이를 통해 사실상 동로마 제국 및 동방 교회와의 분열을 결정적으로 가속화시켰다.

는 없었고, 이것은 로마를 중심으로 하는 서방의 가톨릭교회와 동방 교회 모두에 다 해당된다. 그러나 동방 교회에서 현실정치와 종교, 교권과 왕권은 더욱 밀접한 관계를 가진다. 모든 권력은 신으로부터 오는 것이지만 비잔틴 제국에서 황제는 신의 대리인으로서 지상의 권력을 행사하고 또 교회를 수호하는 역할을 했다. 또는 심지어 비잔틴 제국에서 황제의 권위는 세속권력과 교회권력 모두를 대표한다고 할 정도로 강력했다고 보아도 좋을 것이다. 이러한 사실을 뒷받침하는 하나의 예로서 교회의 역사상 매우 중요할 뿐만 아니라 종교적 방향을 결정짓는 역할을 했던 두 차례의 니케아 공의회는 모두 교회 지도자가 아니라 황제 내지는 황후에 의해 소집되었다.[3] 즉 비잔틴 제국의 종교적 관념에 따르면 예수 그리스도는 천상의 나라와 지상의 제국을 모두 다스리는 권능을 지닌 존재이며, 지상의 지배는 황제의 지배를 통해 가시화되는 것이었다. 그렇기 때문에 예수 그리스도의 성상은 그러한 권능에 걸맞은 모습으로 묘사되는 것이다. 그렇기에 우

3 니케아 공의회는 수차례에 걸쳐 소집된 공의회들 중 대표적 공의회라고 할 수 있으며 비잔틴 제국에 속한 도시인 니케아(Nicaea, 현재 터키의 이즈니크)에서 모두 두 차례에 걸쳐 개최되었다. 제1차 니케아 공의회(Concilium Nicaenum Primum)는 325년 로마 제국 황제 콘스탄티누스 1세가 소집하였으며, 그 결과로서 니케아 신조를 공포하고, 삼위일체 교리를 정통 교리로 채택하였다. 또 예수 그리스도의 신성(神性)을 부정한 아리우스를 이단으로 규정하여 교회에서 추방하였다. 제2차 니케아 공의회는 787년 소아시아의 도시인 니케아에서 다시 열린 통산 일곱 번째 공의회를 말한다. 이 공의회는 콘스탄티누스 5세의 아들 레오 4세의 황후이자 비잔티움의 여제 이레네의 주도로 소집되었으며, 비잔틴 황제 레오 3세와 그의 아들 콘스탄티누스 5세에 의해 이루어진 성상에 대한 박해를 중지하고 성상 공경의 전통을 회복할 것을 결의하였다. 이 결의와 함께 공의회는 성상 또는 성상화에 대한 공경은 거기에 그려진 그리스도와 성모 그리고 성인들에 대한 것이지 성상 자체에 대한 숭배가 아니므로 결코 우상숭배가 될 수 없다는 결론을 도출하였다.

리는 심지어 비잔틴 미술에서 예수는 황제와도 같이, 성모 마리아는 여제와도 같이 묘사되어 있다고 말해도 지나치지 않을 것이다.

우리가 주제로 삼고 있는, 대표적인 기독교 미술인 비잔틴 미술에서 성상을 통해 드러나는 신성한 이미지의 구현은 단순히 예술적인 의미에 국한되지 않는 신학적이고 철학적인 문제와 결합되어 있다. 그뿐 아니라 신성한 이미지의 예술적 표현은 현실 정치적인 특수한 문제와 결부되어 있다. 이렇듯 다양한 요소들이 결합되어 발생한 사건이 바로 성상파괴운동이며 이 역사적 사건에 대해 고찰하기 전에 우리는 우선 성상이 갖는 복합적인 의미부터 살펴볼 것이다.

사실상 신적 이미지의 구현으로서의 성상이란 기독교적 전통의 측면에서 볼 때 본질적으로 양립되기 곤란한 측면을 포함하고 있다. 그리고 바로 여기에 이미 성상파괴운동의 씨앗이 숨겨져 있다고 할 수 있다. 첫째로, 우리는 신의 이미지와 신적 형상의 사용 금지를 명시한, 구약성서의 언급들을 알고 있다. 이를 엄밀히 따르자면 신의 형상을 표현한 모든 것은 신의 계율을 어긴 것이자 신을 모독한 행위가 된다. 신은 보이지 않는 존재이며 특히 구약에서 기독교의 신 야훼는 말씀을 통해 스스로를 드러내지 어떤 이미지로 자신을 내보이는 법이 없다. 무한하고 영원하며 무소부재(無所不在)한 신은[4] 어떤 시간과 공간에 제약되거나 고정되지 않는다. 따라서 엄격히 말하자면 그러한 신을 적절히 표현할 수 있는, 신의 이미지로서의 형상은 가능할 수 없는 것이다. 그러나 둘째로, 신적 형상은 사실상 초기 기독교에서

4 "하늘과 땅 어디를 가나 내가 없는 곳은 없다" 예레미야서 23: 24.

부터 종교적 목적으로 사용되었으며, 앞에서 언급했던 바와 같이 기독교의 전파 이전 다신교 신앙에서도 수호신을 모시는 전통이 존재했고 이것은 기독교적 성상을 숭배하는 것으로 이행되었다. 게다가 교회 쪽에서도 교리의 중요 내용을 전달하고 또한 신자들의 신앙심을 고취하기 위해 예수 그리스도의 모습을 새긴 성상뿐 아니라 각종 성상의 사용은 거의 필수적이었다고 말할 수 있다. 비잔틴 사람들은 실제로 성상에 기적을 낳는 일종의 마술적 힘이 있다고 믿었다. 이러한 믿음은 성상이 전쟁과 군사적 목적으로도 쓰일 수 있는 이유가 되었는데, 예를 들어 626년 제국의 수도 콘스탄티노플(비잔티움)이 아바르족, 슬라브족, 페르시아 연합군들에 의해 포위되었을 때, 성모의 성상이 수도의 성벽 문 위에 세워졌고 비잔틴 사람들은 성상의 힘으로 도시가 지켜질 것이라고 굳게 믿었으며 실제로 도시는 지켜졌다.

이렇듯 성상은 한편으로는 실제로 사람들의 일상생활 및 교회와 정치의 공적 영역 모두에 깊이 침투되어 있었지만, 다른 한편 성상에 대한 믿음은 우상숭배의 혐의를 받을 여지를 늘 지니고 있었고, 앞에서 언급한 대로 구약성경은 온갖 종류의 신적 형상을 금지하고 있었기에 성상의 숭배는 이렇듯 모순적 성격을 지니는 현상이었다. 그렇기에 성상의 제작 및 이의 숭배를 둘러싼 갈등의 소지는 이미 기독교의 초기 때부터 존재했다고 보아야 하며 이러한 갈등이 커다란 사건으로 비화된 것이 바로 성상파괴운동이다.

성상파괴운동의 배경과 전개양상

그림 9.3. '클루도프 시편'의 성상파괴운동을 묘사한 삽화(850–875년경). 십자가에 매달린 예수에게 쓸개즙을 적신 스펀지를 들이대는 것에 빗대 예수의 성상에 회반죽을 칠하는 모습을 묘사하고 있다.

성상파괴운동은 예술과 종교 그리고 정치적 문제가 한곳에서 만났던 특별한 사건이면서 동시에 그리스, 로마의 문화적 전통과 유대교, 기독교 전통이 만났던 문명사적 대사건이기도 했다. 미술의 역할, 보다 구체적으로 말하자면 종교미술의 역할에 대해 이토록 격렬하고도 심각하게 그리고 오랜 기간에 걸쳐 논쟁을 벌인 적은 없었으며 그것이 가져온 파장의 면에서도 이 사건은 전무후무한 것이었다. 730년에서 787년, 815년에서 843년까지 2차에 걸쳐 100여 년 간 진행된 성상파괴운동은 많은 예술작품의 파괴와 변형 내지는 소실을 가져왔을 뿐 아니라 적지 않은 사람의 죽음과 순교를 동반하기까지 했다.

성상파괴운동의 원인에 대해 이해하자면 우선 기독교 자체가 성상에 대해 양립하기 힘든 요소를 결합하고 있다는 앞서의 언급을 상기할 필요가 있다. 즉 성상을 모시는 것은 본래는 이교도의 풍습이며 구약에는 성상의 제작과 숭배에 대한 금지 조항이 존재한다. 또한 이러한 숭배가 자칫 잘못하면 우상숭배와 미신의 길로 빠질 수 있다는 것은 이미 초기 교회 때부터 지적되어 온 것이었다. 따라서 언제라도 조건만 갖추어지면 이러한 문제에 숨겨진 불씨는 심각한 사건으로 비화될 수 있었다. 그런데 이러한 역사적 대사건의 도화선이 된 것은 교회 내부에서라기보다는 외부의 정치적 압박이었다. 성상파괴운동을 촉발시킨 당사자는 비잔틴 제국의 황제 레오 3세(재위 717-741)였다. 그가 즉위했을 당시 제국의 내정은 몹시 어지러웠으며 밖으로는 이슬람의 압박을 받고 있었다. 632년 마호메트가 죽고 나서 이슬람교도 아랍인들은 신속하게 주변국들에 대한 침공을 개시하여 638년에는 예루살렘이 아랍인들의 수중으로 넘어가고, 지중해 연안의 많은 섬들도 역시 이들에 의해 정복되었다. 그 여세를 몰아 이슬람교도들은 674년부터 678년, 그리고 717년부터 718년까지 비잔틴 제국 수도인 콘스탄티노플(비잔티움)을 포위한 채 공격하였다.

레오 3세는 황제위에 오르기 이전부터 잇따른 전투들을 치르면서 이슬람교도들이 전투에서 얻는 발군의 성과가 그들이 모스크에 성상을 그리거나 성상을 오용하지 않는다는 사실과 직접적인 관계가 있다고 여겼다. 그리고 상대적으로 제국이 전투에서 실패를 거듭하는 이유는 성상에 대한 지나치거나 잘못된 숭배에 있다고 믿게 되었다. 당시에 많은 사람들은 이슬람교도가 기독교의 이단으로서 같은 신을 다른 방식으로 경배한다고 여겼다. 레오 3세는 비잔틴 제국의 영광을 유지하고 전투에서 승리하기 위해서는 성상을 없애고 또 제국 내에서 종교미술 일체를 금지해야 한다고 생각했다. 그리고 그것의 효과는 정치적, 군사적 성공을 통해 현실화될 것으로 믿었다. 게다가 몇몇 주교들도 이미 구약 성경을 근거로 삼아 우상숭배 문제를 제기한 바 있었다. 레오 3세는 몇 년 동안의 준비기간을 거쳐 성상파괴의 정당성을 설파하는 신학적 주장들과 함께 730년 칙령을 선포하였다. 이 칙령과 더불어 그는 모든 성당의 종교미술을 제거하라고 명령하였으며 그의 칙령에 반대하는 성상옹호파 게르마누스 총대주교를 파면시키고 성상파괴파의 아나스타시우스를 총대주교로 임명하였다. 그러자 로마 교황 그레고리우스 2세(재위 715-731)와 그의 계승자 그레고리우스 3세(재위 731-741)는 비잔티움의 이러한 조치에 반발하였다. 그러나 레오 3세는 자신의 뜻을 굽히지 않았고 많은 성상은 파괴되거나 백색 도료로 칠해졌으며 성상옹호자는 박해의 대상이 되었다. 731년에 교황 그레고리우스 3세가 지방 공의회를 개최하여 성상파괴운동을 단죄함으로써, 비잔틴 제국과 교황청과의 관계는 더욱 악화되었으며, 이것은 비잔틴 교회와 로마 교회가 분리되는 단초가 되었다. 그러나 이러한 우여곡절 속에서도 제국 황제 레오 3세의 치세 중에 제국은 안정을 되찾고 이슬람의 확산은 저지되었다.

레오 3세의 아들인 콘스탄티누스 5세(재위 741-775)는 아버지의 뜻을 이어받아 성상파괴운동을 지속시켰으며 심지어 성상파괴에 대한 그 나름의 이론까지 정립하였다. 그는 성체야말로 그리스도의 진정한 형상이고 십자가는 그리스도의 강력한 상징이므로 기독교 신앙에 성상은 필요치 않다고 주장하였다.[5] 성상파괴와 관련하여 여러 신학자들과 주교들은 나름의 이론과 주장을 내세웠는데 745년 히에레이아 지방 공의회에서 채택된 한 조항을 예로 들어 성상파괴파의 입장에 대해 알아보고자 한다.

---

5 J. Herrin, *Byzantium: The surprising Life of a Medieval Empire*, Pinceton & Oxford: Princeton University Press, 2007, 109쪽.

> 우리 기독교인들의 보편적 교회는 유대교와 이교의 중간에서 경신과 숭배의 새로운 길을 가고자 한다. … 우리는 유대교의 … 피 흘리는 제물도 인정하지 않거니와, 우상의 제작과 숭배에 관한 일체의 행위 또한 혐오한다. 가증스러운 미술을 주도하고 창안한 것은 다름 아닌 이교도들이다.[6]

이러한 주장을 앞세워 지속되던 성상파괴운동은 콘스탄티누스 6세의 어머니로서 섭정을 했던 황후 이레네와 성상옹호파의 노력을 통해 제2차 니케아 공의회를 끝으로 마무리되었다. 787년의 이 공의회에서 성상파괴는 기독교의 전통에 위배되는 잘못된 혁신으로 단죄되었으며 성상숭배는 부활하고, 성물과 성인들의 성상이 없는 교회는 세울 수 없도록 규정한 교회법 21개조가 공표되었다. 니케아 공의회의 한 결의 사항에 담긴 성상옹호파의 주장을 예로 들어 보면 다음과 같다.

> 성상 제작은 화가의 창안이 아니라 교회의 제도와 전통이다. … 교부들은 성스러운 교회에서 성상을 보았을 때 기쁨에 겨웠고, 그들 자신이 성스런 교회들을 세웠을 때 그 안에 이미지들 또한 만들어 놓았던 것이다. … 그러므로 이미지의 거룩한 사용에 대한 생각과 전통은 교부들로부터 유래한 것이지 화가들의 것이 아니다. 화가의 영역은 기예에 한정되고, 그림을 배치하는 일도 분명히 교회를 지은

6 Ibid., 110쪽.

성스런 교부들의 과업에 속하는 것이다."[7]

니케아 공의회와 더불어 제1차 성상파괴운동은 종식되었다. 그러나 이것이 진정한 끝은 아니었다. 약 30년이 지난 후 815년 황제 레오 5세는 역시 정치적, 군사적 목적으로 또다시 성상파괴를 지시하였는데 이것이 제2차 성상파괴운동의 시작이었다. 여기에도 물론 이를 정당화하는 이론들이 제시되었으며 테오필루스 황제(재위 829-842) 때는 1차 때보다 더욱 극심한 박해가 가해졌다. 그러나 테오필루스가 죽자 황후인 테오도라는 어린 아들 미카엘 3세의 섭정으로 나라를 다스리면서 성상파괴운동을 종식시킬 것을 도모한 결과 마침내 843년 3월에 성상숭배의 부활을 알릴 수 있었다. 이로써 100여 년 가량 지속되었던 성상파괴운동은 막을 내리고 기나긴 싸움은 성상옹호파의 승리로 끝났다.

성상파괴운동의 의의와 종교 미술의 역할

비잔틴 제국 내에서 벌어진 성상파괴운동은 이슬람의 압박, 제국 영토의 상실, 종말론적인 분위기로 인해 제국이 극도로 어지러운 가운데 일어났다. 성상파괴운동을 둘러싸고 성상옹호파와 성상파괴파 간에 벌어진 논쟁은 제국을 휩쓴 거대한 종교적 논쟁이었으며 동시에

7 J. Lowden, *Early Christian & Byzantine Art*, London: Phaidon Press, 1998, 152쪽.

예술을 대상으로 한 것이지만 다분히 정치적인 성격을 지닌 것이었다. 그리하여 교회 내에서 성상옹호파의 승리는 기본적으로 성상옹호를 지지한 정치세력의 승리이기도 했다. 이러한 승리 이후로 비잔틴 제국 내에서는 더 이상의 성상파괴운동은 발생하지 않았다. 그러나 이러한 결과적 승리는 단순히 성상옹호파가 정치적 투쟁에서 승리했다는 사실만을 의미하는 것은 아니다. 구약성서의 언급이나 우상숭배의 위험을 근거로 제시하는 성상파괴파의 주장도 결코 설득력이 떨어지는 것은 아니었지만, 기본적으로 성상옹호파는 승리를 거둘 수밖에 없는 이론적이고도 현실적인 우세함을 지니고 있었다. 이론적 우세함을 뒷받침한 것에 대해 말하자면 다음과 같다. 이미 325년의 제1차 니케아 공의회와 451년에 열린 칼케돈 공의회에서 삼위일체론과 예수 그리스도의 양성론이 정통으로 인정된 바 있었다. 즉 이에 따르면 신은 성부, 성자, 성령의 세 위격을 지니며 이것의 통일이고, 따라서 사람의 모습으로 오신 예수 그리스도는 인성과 신성을 동시에 지닌 존재인 것이다. 이것을 말해 주는 성경의 구절로 우리는 "말씀이 사람이 되시어 우리와 함께 계셨"다는 요한복음을 인용할 수 있을 것이다.[8] 이것은 다시 예수 그리스도라는 역사적 존재를 통해 보이지 않는 존재가 자신을 내보인 것을 의미한다. 따라서 신은 단지 말씀으로만 존재할 뿐 아니라 시 · 공간에도 구체적인 형상으로 존재하는 것이다. 바로 이러한 이론적 관점 속에 성상을 정당화하는 근거가 내재되어 있다. 즉 초월적인 존재로서의 신이 이미 스스로를

8 "말씀이 사람이 되시어 우리와 함께 계셨는데 우리는 그분의 영광을 보았다." 요한복음 1:14.

보이는 존재로 드러낸 한도에서, 신의 모습은 형상화될 수 있는 것이며 성상은 신 또는 신성의 표현이 될 수 있는 것이다. 성상파괴파 주장의 핵심적 내용 중 하나는 눈에 보이지 않는 존재인 신은 형상화될 수 없다는 데 있었다. 그러나 그리스도가 자신의 모습을 통해 신의 모습을 보여 주신 것이고, 이와 함께 보이는 것을 통해 보이지 않는 존재에로 나아가는 길을 인간에게 열어 주었다고 할 수 있다. 그리하여 성상은 신성의 기록이자 인간에게 신성을 일깨우는 신적 형상으로서, 이것의 제작과 사용은 교회의 귀중한 전통에 속한다고 주장될 수 있었던 것이다.[9]

성상옹호파의 현실적 우세와 관련해서는 두 가지를 말할 수 있다. 그 하나는 성상을 통해 드러난 신의 모습과 성서의 이야기들은 교회의 입장에서 보면 신앙 교육이라는 점에서 사실상 매우 중요한 역할을 했다는 것이다. 그리하여 레오 3세가 성상파괴령을 발했을 때 로마 교황은 다른 이론적 입장에 서 있기도 했지만 이와 같은 현실적 필요 때문에 그러한 칙령에 즉각 반발했던 것이다. 두 번째로 말할 수 있는 것은 성상을 만들어 이를 경배하고 신성한 것으로 모시는 관습이란 뿌리 깊고 매우 강력해서 이를 완전히 제거한다는 것은 결국 성공하기 어렵다는 것이다. 우리가 이러한 관습적 사실을 가지고 인간의 본성적 측면을 말한다면 지나친 것일 수 있겠지만, 인간은 시·공간에 존재하는 대상은 말할 것도 없고 아무리 추상적이고 감각적

---

9 "하느님의 성스런 교회는, 그리스도가 하나의 위격에 두 개의 본성을 지녔음을 마땅히 공표하고, 그리스도의 성상을 만들어 그분이 행한 구속의 뜻을 기억하라는 하느님의 명을 따르고자 한다(787년 제2차 니케아 공의회 여섯 번째 회의에서 결정된 사항)." J. Herrin, op. cit., 111쪽.

으로 파악되기 곤란한 것도 감성적 방식으로 표현하려는 경향을 지니고 있다는 것이다. 그리하여 역사를 돌아보면 인간은 예컨대 심오한 종교적 내용과 가치를 지니는 것에 대해 단지 그 자체로 이해하고 내면화하는 것으로 그치지 않고 이를 감성적 방식으로 구체화시켜 왔다. 신 또는 신적인 것을 이미지로 형상화하고 이를 숭배하기까지 하는 것이 가시적이고 물질적인 것 속에서 신앙과 신앙의 대상을 재확인할 수밖에 없는 인간의 유약함의 반영인지, 아니면 본래 신적인 것을 가시화시키는 지극히 인간적인 경향의 표현인지는 답하기 곤란한 문제일 것이다. 그렇지만 이렇듯 신성을 가시화하는 인간의 활동 속에 종교 예술의 본령이 존재하는 것이고, 이러한 활동의 산물로 인해 오늘날의 우리는 비잔틴 제국의 종교 문화와 비잔틴 사람들의 종교 생활을 지배한 정신세계를 엿볼 수 있다. 그렇지 않다면 우리는 이들의 종교적 삶과 관련하여 오로지 문자를 통해서만 접근할 수 있었을 것이고, 그런 한에서 우리는 비잔틴 문화에 대한 훨씬 제한된 이해에 머물 수밖에 없었을 것이다.

참고문헌

라이스, 데이빗 T., 『비잔틴 세계의 미술』, 김지의 · 김화자 옮김, 서울: 미진사, 1994.
매튜스, 토머스 F., 『비잔틴 미술』, 김이순 옮김, 서울: 예경, 2006

Barber, Ch., *Figure and Likeness: On the Limits of Representation in Byzantine Iconoclasm*, Princeton, NJ: Princeton University Press, 2002.

Beckwith, J., *Early Christian and Byzantine Art*, New Haven & London: Yale University Press, 1993.

Brubaker, L. and J. Haldon, *Byzantium in the Iconoclast Era (c. 680-850): A History*, Cambridge & New York: Cambridge University Press, 2011.

Cormack, R., *Byzantine Art*, Oxford & New York: Oxford University Press, 2000.

Lowden, J., *Early Christian & Byzantine Art*, London: Phaidon Press, 1998.

Herrin, J., *Byzantium: The Surprising Life of a Medieval Empire*, Pinceton & Oxford, Princeton University Press, 2007.

Rodley, L., *Byzantine Art and Architecture: An Introduction*, Cambridge & New York: Cambridge University Press, 1994.

제10장

종교적 분열과 관용이 공존하는 도시 이스탄불

기독교 세계의 분열과 십자군

박용진

그림 10.1. 교황 바오로 6세와 콘스탄티노플 총대주교의 만남, 1963

여기 있는 이 사진은 역사적으로 매우 중요한 장면을 담고 있다(그림 10.1). 1963년 로마가톨릭교회를 대표하는 교황 바오로 6세가 동방정교회를 대표하는 콘스탄티노플 총대주교(總大主敎, patriarch)를 만나는 장면이다. 이 두 세력이 만난 것은 거의 900년 만의 일이다. 왜 같은 기독교도이면서 서로 갈라져서 만나지 않게 된 것일까?

900년 전으로 거슬러 올라가 보자. 1054년 교황 사절단은 동-서로마 교회, 즉 로마가톨릭교회와 동방정교회의 통합을 위해 콘스탄티노플을 방문했다. 그러나 양쪽 교회 모두 양보하지 않았고, 결국 교황 사절 훔베르트는 콘스탄티노플 총대주교 체룰라리우스에게 파문 선고를 내렸다. 그러자 콘스탄티노플 총대주교 역시 파문으로 맞섰다. 그리하여 로마가톨릭교회와 동방정교회는 공식적으로 갈라서게 된 것이었다.

동서 유럽 교회의 분리

물론 1054년에 갈라선 것 역시 그 이전부터 갈등이 있었기 때문에 빚어진 결과였다. 갈등의 핵심은 로마 교황이 콘스탄티노플 총대주교에 대해 우위권을 주장한 데에 있었다. 기독교는 313년 밀라노 칙령으로 로마 제국에서 하나의 종교로 인정받게 되었다. 그 이후 기독교는 로마의 행정조직과 똑같은 교회조직을 갖게 되었는데, 그 구조는 신도 위에 사제가 있고 사제들 위에는 주교가 있으며, 그 위로 대주교와 총대주교가 있는 구조였다. 기독교는 이러한 조직을 바탕으로 4세기와 5세기에 걸쳐 로마 제국 내에서 그 세력을 확대해 나갔다. 그리하여 4세기경에는 총대주교가 로마, 예루살렘, 알렉산드리아, 안티오키아, 그리고 콘스탄티노플 등 5개 도시에 있었다. 그런데 5세기 중엽 로마 총대주교(교황) 레오 1세는 로마 교황이 가장 우월한 지위를 가지고 있다고 주장했다. 예수가 베드로를 전체 교회의 우두머리로 지명했으며 로마 교황은 바로 그 베드로의 후계자이기 때문에 가장 우월하다고 주장한 것이다. 그러한 근거로서 마태오 복음서 16장 18-19절에 "잘 들어라. 너는 베드로이다. 내가 이 반석 위에 내 교회를 세울 터인즉 죽음의 힘도 감히 그것을 누르지 못할 것이다. 또 나는 너에게 하늘나라의 열쇠를 주겠다…."(공동번역성서 마태오 복음서)고 되어 있는 구절을 내세웠다. 인용된 구절에서 '반석'은 라틴어로 'petro(돌 또는 반석)'라고 되어 있는데, 이 단어를 고유명사로 간주하면, 'Petro'가 되어 베드로(Petrus)를 의미한다는 것이다. 한마디로 예수는 중의법을 구사하여 베드로가 교회의 책임자임을 암시했다는 것이다. 이 베드로가 로마 주교였으므로 로마 교황들은 베드로의 계승자로서 그 권능을 이어 받은 것으로 간주되었다. 이러한 이유 이외에도 로마에서 가장 많은 사람들이 순교했으며, 로마가 제국의 수도라는 점도 로마 교황의 우위권을 주장하는 데에 근거로 이용되었다. 그리하여 로마 교황은 우위권을 차지했다.

사실 모든 총대주교가 자신의 관할 구역이 있었으므로, 그들 사이에서의 우위권은 큰 의미가 없어 보였다. 그런데 서로마 제국이 멸망하면서 사정은 달라졌다. 5명의 총대주교구 중에서 로마 교황만이 서로마에 있었고, 나머지 4명의 총대주교는 동로마에 있었으므로, 로마 교황만이 게르만족의 위협에 시달리게 되었다. 서로마 멸망 직후부터 약 7세기까지는 동로마 제국의 황제가 로마 교황을 보호해 주었으나, 726년 성상파괴령을 계기로 로마 교황과 동로마 황제는 서로 갈라서게 되었다. 이렇게 되자 로마 교황은 새로운 보호자를 물색해야 했는데, 그 사람이 바로 프랑크 왕국의 실권자였던 샤를 마르텔과 그 후계자들이었다. 교황은 800년 크리스마스에 프랑크 왕국의 왕궁이 있던 아헨(Aachen)을 친히 방문하여 샤를 마르텔의 손자인 카롤루스에게 '서로마 황제' 대관식을 해 주었으니, 그가 바로 카롤루스 대제, 즉 샤를마뉴였다. 이로써 교황과 프랑크족의 결합은 절정에 달했다. 프랑크족은 게르만족의 한 분파였으므로 카롤루스 대제가 서로마 황제의 자리에 오른다는 것은 곧 야만족이 로마의 황제가 됨을 의미했다. 따라서 카롤루스의 대관식은 게르만족이 로마를 대신하여 서유럽의 지배세력이 되었음을 교황이 인정한 사건이었다. 이로써 과거 로마 제국은 적어도 정치와 종교에 있어서 뚜렷하게 다른 성격을 지닌 두 제국으로 나누어지게 되었다. 제국의 서부, 즉 서로마 제국에는 게르만족이 침입하여 그 세계의 주인이 되었고, 이들은 로마

가톨릭과 결합하여 새로운 세계를 탄생시켰다. 이 세계에서는 교황이 황제 대관식을 해 주었으므로, 교황권이 황제권보다 위에 있다고 할 수 있을 것이다. 그러나 제국의 동부, 즉 동로마 제국에는 게르만이 침입했으나 곧바로 격퇴를 당했고, 그리하여 이곳에는 과거 로마의 명맥이 이어졌다. 이 제국은 그리스 문명의 성격을 많이 받아들여서 비잔틴 제국이라고 불리기는 했지만, 로마 제국을 계승하고 있었던 것이다. 즉 이 세계에서는 313년 밀라노 칙령으로 기독교가 공인된 이래 총대주교가 황제 아래 있었고, 이 점에서 서유럽과는 반대였던 것이다. 결국 과거 로마 제국은 9세기 초에 이르러 교회와 세속권력의 관계가 정반대로 나타나는 두 세계로 분열되었던 것이다.

그럼에도 불구하고 서로마 제국의 로마가톨릭교회와 비잔틴 제국의 동방정교회는 통합의 노력을 지속적으로 기울였다. 사실 비잔틴 제국 내에서도 성상파괴 운동이 성상파괴와 성상유지를 반복하다가 결국 성상유지가 우세해졌으므로, 맨 처음 동-서 로마 교회의 분리를 가져왔던 요인이 사라졌다고 할 수 있었다. 그 이후 지속적인 노력의 결과 11세기 중반에 이르러서는 교황 사절단이 콘스탄티노플을 방문할 정도가 되었다. 그러나 로마 교황의 우위권에 대한 의견차 때문에 결국 상호파문을 주고받음으로써 결정적으로 분리되었던 것이다.

십자군의 탄생과 초기 십자군

비록 공식적으로 결별하기는 했지만, 서유럽인에게 비잔틴 제국의 주민들은 같은 기독교인이었다. 특히 비잔틴 제국이 이슬람 세력에 맞서 싸우는 한, 그들을 도와주어야 했다. 1070년대 비잔틴 제국의 황제 미카엘 7세는 만치케르트 전투에서 패배한 이후에 교황 그레고리우스 7세에게 도움을 요청했다. 그러나 그레고리우스는 서유럽 내부에서 벌어진 세속권력과의 갈등에 정신이 없었으므로, 도움을 줄 형편이 못 되었다. 당시 그레고리우스 7세는 신성로마 제국 황제인 하인리히 4세와 성직자 임명권을 놓고 대결을 벌이고 있었고, 그 상황은 '카놋사의 굴욕'이라는 사건으로 우리에게 잘 알려져 있다. 그리하여 그레고리우스 7세 교황은 동로마 황제에게 자신의 능력을 보여 줌으로써 로마가톨릭교회의 위신을 드러내 보일 생각이 없지 않았겠으나, 사정이 여의치 못해서 십자군을 제창하지 못했던 것이다.

1094년 비잔틴 제국 황제 알렉시오스 콤네누스가 다시 교황 우르바누스 2세에게 군사적 도움을 요청했다. 소아시아 반도의 절반 이상을 잃어버린 알렉시오스 황제는 틀림없이 영토의 회복을 도와줄 기사군대를 원했을 것이므로, 많은 숫자의 기사를 원하지는 않았을 것이다. 그런데 오로지 비잔틴 제국의 영토 회복을 위해 서유럽의 기사들을 보낸다는 것이 교황 우르바누스 2세로서는 썩 내키지 않았던 모양이다. 그리하여 교황은 애초 비잔틴 황제의 생각과는 다르게, 기독교의 성지 회복이라는 명분을 내세웠다. 이에 따라 소아시아 지역의 영토 회복은 부차적인 문제가 되었다. 한마디로 교황과 비잔틴 황제 사이에 주안점이 서로 달랐던 것이다.

제1차 십자군은 서유럽을 출발하여 동유럽의 헝가리와 불가리아를 거쳐 콘스탄티노플로 갔다. 알렉시오스 황제는 자신의 지휘 아래

보수를 받고 싸워 줄 하급 기사들을 원했는데, 십자군에는 꽤 높은 신분의 기사들도 포함되어 있었으므로 황제로서는 당황할 수밖에 없었다. 이러한 상황에서 황제는 자신이 원하던 방향으로 일을 진행시키기 위해, 이 기사들로부터 충성의 맹세를 받으려고 했다. 이것을 구실로 십자군들은 콘스탄티노플 주변 농촌을 약탈했다. 사실 그러한 구실이 없었다고 하더라도, 당시의 군대는 식량과 같이 필요한 물품을 현지에서 조달했으므로, 약탈은 피할 수 없는 것이었다. 황제는 요령 있게 십자군 지도자들과 협상을 벌여 그들에게 어느 정도 편의를 제공하는 대신 충성의 맹세를 받아내고 재빨리 소아시아 반도로 내보냈다.

놀랍게도 십자군은 1097년 6월 당시 투르크의 수도였던 니케아를 점령했다. 그러자 황제는 재빨리 군대를 이끌고 가서 니케아를 접수했고, 십자군은 다시 원정을 떠났다. 그 이후 십자군은 팔레스타인을 향해 떠났고, 알렉시오스 황제는 스미르나, 에페소스, 사르데스 등 소아시아 반도 일부를 투르크인들의 수중으로부터 탈환했다.

그 이후 십자군은 1099년 마침내 예루살렘을 탈환했고, 그 주변 지역까지 점령하여 예루살렘 왕국을 세우고 에데사 백작령, 트리폴리 백작령, 그리고 안티오키아 공작령 등 봉건 국가를 세웠다. 비잔틴 황제 알렉시오스로서는 십자군의 이러한 행위가 자신에게 바친 충성의 맹세에 반하는 것이라고 생각했으나, 어쩔 수 없었다. 그나마 십자군의 왕국들이 콘스탄티노플로부터 멀리 떨어져 있는 것이 다행이었으며, 십자군 덕택에 소아시아 반도의 상당부분을 회복할 수 있었다는 데에 만족해야 했다.

예루살렘을 정복했다는 면에서 보면, 제1차 십자군은 성공했다고 볼 수 있다. 그러나 이슬람 세력이 다시 힘을 합쳐 기독교도들이 세운 국가를 공격했고, 몇몇 지역은 이슬람 세력 수중에 들어갔다. 이렇게 되자 제2차 십자군이 결성되었으나 실패했다. 사태는 이슬람 세력에게 유리하게 전개되었다. 이슬람측에서는 살라딘이라는 걸출한 지도자가 등장하여 분열되어 있던 이슬람 세력을 통합하고 기독교 세력을 몰아내기 시작했다. 결국 예루살렘이 살라딘의 공격으로 이슬람 수중에 들어가게 되었고, 이에 따라 제3차 십자군이 결성되었다. 그러나 이 십자군 역시 예루살렘을 탈환하지는 못했다.

제4차 십자군과 라틴 제국

이렇듯 비록 십자군이 소기의 성과를 거두지는 못했지만, 적어도 과거의 동로마 지역과 서로마 지역 사이의 관계증진에는 기여했다. 십자군은 생소한 지역에서 비잔틴 제국으로부터 필요한 물건을 보급받을 수 있었고, 비잔틴 제국으로서는 십자군 덕택에 소아시아 반도를 회복할 수 있었다. 그러나 관계가 개선되기만 한 것은 아니었다. 앞서 말했듯이 십자군의 보급은 현재 조달에 의해 이루어졌으므로, 빈번하게 약탈이 자행되었고, 이는 비잔틴 제국의 주민들의 반감을 불러일으켰다. 비잔틴인들은 이러한 반감뿐만 아니라, 서유럽인들이란 변덕이 죽 끓듯 하고 배신을 밥 먹듯이 하는 사람들이라는 편견도 가지고 있었다. 거꾸로 비잔틴 제국은 소아시아에서 빼앗긴 영토를 서유럽 방면에서 보충하려는 시도를 하기도 했는데, 이것은 서유럽 영주들에게는 위협으로 간주되었다. 그리하여 독일 황제 프리드리히 바르바로사는 콘스탄티노플 정복을 중요한 목표로 삼기도 했다.

무엇보다 첨예하게 대립한 문제들 중 하나는 지중해 상업의 상권을 둘러싼 갈등이었다. 1세기가량 서유럽인들이 팔레스타인에 거주했으므로 이 지역과 서유럽 사이에 지중해를 통한 교역이 활성화되었다. 이러한 지중해 무역을 주도했던 것은 베네치아였다.

베네치아는 일찍이 비잔틴 제국 내에서의 상업에서 상당한 특권을 가지고 있었고, 해상무역에서도 특권을 가지고 있었다. 특히 아드리아 해를 통과해야 지중해로 진출할 수 있었던 베네치아로서는 비잔틴 해군의 보호 아닌 보호에 의존해야 했다. 또한 비잔틴 제국 내의 항구를 사용하거나, 비잔틴 제국 내에서의 상업에 대해 독점권을 부여받았다. 물론 여기에는 많은 대가를 지불해야 했다.

이미 11세기 말 알렉시오스 황제는 비잔틴 제국 내에서의 상업상의 특권을 베네치아에 한정하지 않고 피사에게도 부여했고, 그의 아들 요안네스 황제 역시 제노아에게도 특권을 부여했다. 이러한 조치는 두말할 나위 없이 베네치아에 대한 경쟁자를 만들려는 것이었다. 게다가 1171년과 1182년에는 베네치아의 독점에 불만을 품은 비잔틴 주민들의 폭동이 일어난 적도 있었다. 그렇기 때문에 베네치아는 비잔틴 제국 내에서의 독점적인 지위에 대해 안심할 수 없었다. 유일한 해결책은 비잔틴 제국을 제거하는 것으로 보였고, 그 기회는 십자군 원정에 참여하여 원정의 목표를 콘스탄티노플 정복으로 바꾸는 것이었다.

이리하여 가장 추악한 십자군인 제4차 십자군이 결성되었고, 그 결과 로마가톨릭교회와 동방정교회 사이의 반감은 돌이킬 수 없는 것이 되었다. 십자군 자체는 교황 이노켄티우스 3세에 의해 제창되었다. 예루살렘을 비롯한 주요한 도시를 빼앗긴 서유럽은 이집트를 먼저 공략하여 팔레스타인으로 진출하는 교두보를 만들 작정이었다. 이집트로 가기 위해서는 배를 이용하여야 했으므로 베네치아에 모여들었다. 그러나 십자군은 항해 비용을 조달할 수 없었다. 바로 이때 베네치아의 도제(doge: 총독)는 항해비용 부족분을 무력원조로 대신하라고 제안했다. 즉 베네치아를 도와 헝가리의 자라(Zara)라는 도시를 정복하자는 것이었다. 오늘날에는 크로아티아의 영토인 자라는 아드리아 해에 면해 있는 항구도시로서, 베네치아가 지중해로 나가는 전진기지 역할을 할 수 있는 도시였다. 한마디로 자라는 베네치아 상업의 요충지였던 것이다. 1202년 11월 자라 시민들이 성벽에 십자가를 걸어 놓았음에도 불구하고 십자군은 자라를 공격했다. 그러나 베네치아로서는 자라가 목표가 아니었다. 나아가 십자군은 베네치아 도제의 꾐에 빠져 콘스탄티노플을 공격하기에 이르렀다. 도제는 십자군에게 금전적 보상을 약속했던 것이다. 게다가 비잔틴 제국 내부의 사정도 십자군의 콘스탄티노플 공격에 한몫했다. 1196년 황제에 즉위한 알렉시오스 3세는 동생 이사키오스로부터 제위를 빼앗고 그를 장님으로 만들었다. 이사키오스와 그의 아들 알렉시오스(후일 알렉시오스 4세)는 신성로마 제국의 슈바벤 공작의 지원을 받아 복위를 계획하고 있었다. 마침내 1203년 6월 십자군은 콘스탄티노플 항구로 들이닥쳤다.

황제 알렉시오스 3세는 도망갔고 알렉시오스 4세가 즉위했다. 그러나 이때 문제가 발생했다. 알렉시오스 3세가 도망가면서 왕실의 귀금속을 가지고 달아남으로써, 새로운 황제는 십자군에게 비용을 지불할 수 없었기 때문이었다. 금전적 보상을 받지 못하게 된 십자군은

1204년 기독교 세계 최대의 도시인 콘스탄티노플을 공격했고 같은 기독교인에 대해 약탈과 파괴를 자행했다.

이러한 콘스탄티노플 공격이 베네치아의 사주에 의해서만 이루어진 것은 아니었다. 콘스탄티노플이라는 거대 도시가 가지고 있는 화려함이나 발전된 모습 역시 십자군으로 하여금 약탈에 나서도록 했을 것이다. 당시 콘스탄티노플의 인구는 약 40-50만 명가량 되었던 것으로 추정되며, 일부 학자들은 과장을 섞어 100만 명이라고 주장하기도 한다. 13세기 초 서유럽에서 가장 큰 도시는 파리로서 그 인구가 대략 10만 명 남짓이었을 것으로 추정되는데, 이에 비하면 콘스탄티노플은 엄청난 규모였다고 할 수 있다. 인구가 많다는 것은 단지 도시 규모가 크다는 것만을 의미하지 않는다. 이처럼 많은 사람들을 먹여 살릴 수 있는 경제력이 뒷받침되어야 하기 때문이다. 무엇보다 콘스탄티노플은 화려함으로 명성이 높았다. 도시를 둘러싸고 있는 성벽은 마르마라 해안에 8킬로미터, 골든 혼 지역에 7킬로미터, 그리고 육지에 6.5킬로미터가 있었고, 이 높이는 12-15미터에 달했다. 그렇게 높은 성벽임에도 불구하고 그 도시에 도착한 여행자들은 성벽을 작다고 느끼는데, 그 이유는 성벽 뒤로 궁전, 히포드롬, 하기아 소피아 성당의 둥근 지붕 등 거대한 공공건축물들이 자리를 잡고 있기 때문이었다. 게다가 그 건물들은 화려한 모자이크로 장식되어 있었으니, 서유럽에서 온 기사들은 눈이 휘둥그레질 수밖에 없었을 것이다. 이들의 놀라운 심정을 제4차 십자군에 참가했던 로베르 드 클라리(Robert de Clari)라는 연대기 작가의 글을 통해서 짐작할 수 있다.

나는 전 세계에서 가장 부유한 도시 40군데를 꼽아도, 우리가 콘스탄티노플에서 발견한 만큼의 부가 존재할 것이라고 생각하지 않는다. 그리스인들은 전 세계 부의 3분의 2가 콘스탄티노플에 있고 나머지 3분의 1이 세계에 흩어져 있다고 말했다. … 어느 궁전에는 방이 줄줄이 500개나 있고, 이 방들은 모두 황금 모자이크로 장식되어 있었다. 그리고 이 궁전에는 크고 작은 성당이 무려 30개나 있었다. 얼마나 부유하고 고급스러운지, 경첩이나 빗장조차도 평범하게 쇠로 된 것은 하나도 없고 모조리 은으로 만들어져 있었다. … 특히 하기아 소피아 성당의 부유함에 놀랐다. … 도시의 다른 곳에는 황금의 문이라고 불리는 성문이 있었다. … 이 성문은 평소에는 열리지 않다가 황제가 전투에서 승리하여 돌아올 때에만 열린다. … 황제는 황금으로 된 마차를 타고 귀환한다….

따라서 서유럽인들은 콘스탄티노플을 보았을 때 경이로움과 동시에 약탈하려는 욕망을 느꼈을 것이다.

라틴 제국

1204년 제4차 십자군의 콘스탄티노플 공격으로 비잔틴 제국은 분해되었다. 1204년 5월 16일 베네치아의 도제 단돌로의 지지를 받은 플랑드르 백작 보두앵이 하기아 소피아 성당에서 황제의 관을 썼다. 비잔틴인들이 서유럽인들을 '라틴'인들이라고 불렀는데, 여기서 유래하여 라틴 제국이 탄생한 것이었다.

비잔틴 제국은 4등분되어 4분의 1은 보두앵에게 귀속되었으나 실제 그가 직접 통치권을 행사할 수 있는 지역은 제한되어 있었다. 4분의 2는 베네치아인들에게 귀속되었고, 나머지 4분의 1은 황제의 봉토로서 기사들에게 나누어졌다. 결국 베네치아인들이 가장 많은 이익을 얻었다. 즉 아드리아 해안의 여러 도시들, 그리스의 에우보이아 지역, 크레타 섬 등 수많은 유용한 항구도시와 해안지역을 얻었다. 한편 비잔틴 제국의 제후들 역시 각자 독립적인 나라를 세웠다.

라틴 제국은 서유럽의 봉건적 방식에 따라 구성되었으므로, 중앙의 권력이 허약할 수밖에 없었다. 수많은 크고 작은 영토로 쪼개져 버렸고 이들 사이의 관계는 매우 느슨했다. 게다가 서유럽인들은 오만하기까지 하여, 비잔틴 제국 내의 지방 귀족들을 무시하고 이들의 복속을 받아들이지 않았다. 생산력이 높은 지역인 소아시아의 중요성을 깨닫지 못한 채, 제국의 유럽 지역, 즉 테살로니카, 그리스, 마케도니아 등의 지역에만 관심을 가졌다. 비잔틴 제국을 복구하려는 세력은 이러한 상황을 이용했다. 이들은 니케아를 수도로 삼고, 이미 1204년 말부터 소아시아를 중심으로 영토를 회복해 나갔던 것이다. 그리하여 1261년 미카일 8세가 콘스탄티노플로 입성함으로써 십자군이 세운 라틴 제국은 종말을 고했다.

라틴 제국과 십자군에 의한 약탈과 착취로 인하여 동방정교회와 로마가톨릭교회 사이의 단절은 돌이킬 수 없는 것이 되었다. 서유럽인들에게 동방정교회는 로마가톨릭교회를 인정하지 않는 기독교 분파주의자들로 비쳤을 것이다. 반면 비잔틴 주민들에게 십자군은 같은 기독교인들을 공격하는 가짜 기독교인이었을 것이다. 따라서 그 이후 700년 이상 서로 마주 앉지 않았다는 것은 어찌 보면 당연한 일이라고 할 수 있다.

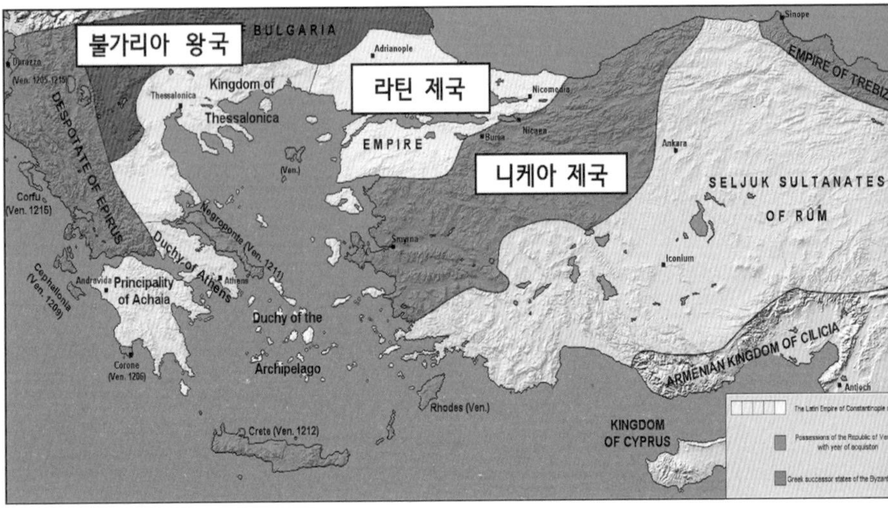

그림 10.2. 분해된 비잔틴 제국

20세기의 화해의 장 이스탄불

제2차 세계대전 이후 로마가톨릭교회, 특히 교황은 그 역할을 신앙이라는 초월적 영역에 머무르지 않고 '지상의 평화'를 위해 적극 활동하기 시작했다. 특히 기독교 통합운동이 두 교회를 비롯한 여러 종교의 만남을 주선했다. 그리하여 화해의 장이 열리기 시작했다. 1965년 12월 7일 교황 바오로 6세와 콘스탄티노플 총대주교 아테나고라스(Athenagoras) 1세는 9세기 동안의 분열을 종식시키기 위해 공동선언을 했다.

1054년 훔베르트 추기경이 이끄는 교황특사들이 미카엘 체룰라리우스 총대주교와 다른 두 명에게 파문을 선고하고, 이어서 이 교황

특사들 역시 콘스탄티노플 총대주교로부터 같은 파문을 받았던 뼈아픈 사건의 기억은 형제관계의 발전을 가로막는 걸림돌이 되고 있다. … 교황 바오로 6세와 총대주교 아테나고라스 1세는 공동의 합의로 다음을 선언한다. 첫째, 상처를 입히는 말과 근거 없는 비난, 그리고 비난받을 행동으로 이 시대의 슬픈 사건들을 일으키고 그 흔적을 남겨 놓았던 점을 유감스럽게 생각한다. 둘째, 오늘날까지도 가까워지는 데 장애가 되는 파문선고를 유감으로 생각한다. 셋째, 끝으로 분열 이전의 불쾌했던 일들, 상호 몰이해와 불신 등 여러 가지 요인들 때문에 교회공동체에 사실상 분열을 가져온 사건들을 개탄한다.

로마가톨릭교회와 동방정교회는 앞으로 서로 존중하며 협력할 것인가? 그에 대한 대답은 쉽지 않다. 그러나 콘스탄티노플 총대주교와 로마 교황의 만남은 그 가능성을 높여 준 사건임에 틀림없다.

여기서 콘스탄티노플 총대주교에 대해 눈길을 돌려보면 중요한 시사점을 얻을 수 있다. 고대부터 중세에 이르는 동안 콘스탄티노플은 동로마 제국과 비잔틴 제국의 수도였으므로, 이 도시와 총대주교가 누렸을 중요성을 짐작할 수 있다. 그런데 콘스탄티노플은 1453년 오스만튀르크에게 점령당한 이래 이슬람의 지배 아래 있었었고, 오늘날에도 이슬람 국가인 터키에 속해 있다. 다만 도시의 이름이 콘스탄티노플에서 이스탄불로 바뀌었을 뿐이다. 동방정교회의 우두머리인 콘스탄티노플 총대주교가 이슬람 국가에 자리 잡고 있는 것은 놀라운 일이다.

이렇게 된 데에는 오스만튀르크가 보여 주었던 관용적 태도가 중요한 작용을 했다. 오스만튀르크는 콘스탄티노플을 점령한 이후, 동방정교회의 포교를 허용하지는 않았으나 기존의 교회조직을 없애지는 않았다. 또한 하기아 소피아 성당과 같은 동방정교회의 성당을 이슬람의 예배당인 모스크로 바꿔서 사용했다. 그렇다고 해서 오스만튀르크가 관용적 태도만을 지니고 있었던 것은 아니었다. 동방정교회의 성당을 모스크로 바꾸면서 기독교의 문화유산을 상당부분 파괴하기도 했다. 그리하여 오늘날 소피아 성당의 건물은 그대로 남아 있으나 내부의 벽면 모자이크는 상당부분 훼손되어 있음을 볼 수 있다. 오늘날에도 이스탄불에는 콘스탄티노플 총대주교가 자리 잡고 있으며 동방정교회 신도들도 여전히 살고 있다. 물론 터키 정부의 이주정책에 의해 그 수효는 극히 줄어들어서 없는 것이나 다름없기는 하다. 그렇지만 여전히 살아남아서 동방정교회의 지도자로서 역할을 하고 있다는 것은 얼마나 놀라운 일인가? 결국 콘스탄티노플 총대주교는 같은 기독교에 속하는 로마 교황과는 갈등의 관계를 맺은 반면, 이교도인 이슬람으로부터는 관용과 협력의 관계를 맺었다고 할 수 있다. 전자의 갈등의 관계는 십자군에 의한 정복으로 귀결된 반면, 후자의 관용의 관계는 지속적 생명력을 가져다준 셈이었다.

지금까지 살펴본 바와 같이 오늘날의 이스탄불에는 동방정교회와 로마가톨릭교회, 그리고 이슬람 등 여러 종교세력의 갈등과 협력, 그리고 파괴와 보존의 역사가 켜켜이 쌓여 있다고 할 수 있다. 그중에서도 십자군의 역사는 두 종교세력의 갈등과 불관용이 결국 정복과 파괴로 귀결된다는 것을 보여 주고 있다.

사진 한 장으로 시작했으니, 다른 사진 한 장으로 마무리하자. 위 사진은 1986년 10월 27일 이탈리아 아시시(Assisi)에서 열렸던 "세

그림 10.3. 세계 평화를 위한 기도의 날, 1986, 아시시

계 평화를 위한 기도의 날"에 모인 전 세계의 종교지도자들을 담고 있다. 이들을 초청한 교황 요한바오로 2세는 행사를 마치며 행한 연설에서 "각자 자신들의 방식으로 기도를 올리며 침묵 속에 있었음에도 불구하고, 모든 사람들이 같이 평화와 조화 속에서 걸어가고 있음을 느꼈으며 인류가 공통의 기원과 목적을 가지고 있음을 알게 되었다"고 말했다.

참고문헌

시오노 나나미, 『십자군 이야기 3』, 송태욱 옮김, 문학동네, 2012.
타트, 조르주, 『십자군 전쟁: 성전탈환의 시나리오』, 안정미 옮김, 시공사, 1998.

Munro, Dana C., "The Fourth Crusade," *The Original Sources of European History*, vol. 3:1, Philadelphia: University of Pennsylvania, [n.d.] 189?, 1-18.

제3부

오스만 제국과 이슬람 문명

제11장

이스탄불에 보존된 무함마드의 외투

반(反)이슬람 세력을 끌어안은 그의 지혜를 엿보다

김능우

톱카프 궁의 이슬람 성물

터키 이스탄불의 톱카프 궁 안의 제3정원에 있는 사실(私室) 전각에는 이슬람 성물(聖物)이 보관되어 있다. 그것은 주로 이슬람교 예언자 무함마드와 관련된 성물들로, 터키를 찾는 무슬림(이슬람 신자)들은 이곳에 들러 자신들의 종교를 세상에 공표한 예언자이며 알라(Allah. 하나님)의 사도인 무함마드의 흔적을 보며 그에 대한 경의를 표하고 자신들의 신앙을 다지는 기회로 삼는다. 그런데 궁금증이 생긴다. 무함마드는 지금의 사우디아라비아에 있는 두 도시, 메카와 메디나에서 활동했고 역시 그 지역에서 생을 마감했는데 그와 관련된 성물이 어떻게 이 먼 이스탄불로 옮겨져 이곳 궁에 남아 있게 되었을까?

이를 이해하기 위해 이슬람 역사에서 명멸한 주요 국가들의 궤적을 살펴볼 필요가 있다. 무함마드(632년 사망) 사후 아랍 무슬림들은 다마스쿠스를 수도로 하는 우마이야 제국(661-750)을 세웠고, 이후 바그다드를 수도로 하는 압바스 제국(750-1258)을 세워 아라비아 반도를 중심으로 동서로 펼쳐진 방대한 지역을 통치했다. 이 두 제국은 무함마드를 수장으로 하는 이슬람 공동체를 기반으로 세워진 국가로, '무함마드의 계승자'라는 의미의 '칼리프(khalifah)'를 최고 통치자로 두고 그 이슬람 정통성을 유지했다. 그러나 1258년 압바스 제국이 몽골의 침공을 받아

그림 11.1. 톱카프 궁의 사실(私室) 전각 안에 있는, 무함마드의 외투가 든 황금 궤

역사에서 사라짐으로써 이슬람 국가의 존립이 위태롭던 시기를 지나면서 이번에는 투르크족이 아랍인들을 대신해 이슬람을 지켜 냈다. 투르크족은 이슬람을 근간으로 하는 셀주크 조(1077-1307), 오스만 제국(13세기-1924)을 세웠다. 특히 이스탄불을 수도로 하는 오스만 제국은 15세기부터 20세기 초까지 장장 500여 년의 기간 동안 동유럽과 서아시아 등지의 광대한 영토를 지배하며 아랍인들이 세운 칼리프 국가 체제의 명맥을 유지했다.

이러한 이슬람 역사의 진행 과정에서 우리는 이슬람의 상징물로서 중요한 성물이 이곳 이스탄불에 도달하게 된 배경과 이유를 짐작해 볼 수 있다. 즉 오스만 제국은 중세와 근대에 걸친 오랜 기간 동안 강력한 이슬람 국가로 군림하면서 종교적 정통성을 확보하는 차원에서 이슬람 초기의 중요 유물을 보관하였던 것이다. 16세기부터 19세기에 이르는 기간 동안 오스만 제국의 술탄(최고 통치자)들은 이슬람 제국의 위용을 과시하기 위한 전리품으로 여러 피정복지로부터 중요 보물들을 가져왔을 것이며, 또한 그들은 자신들이 이슬람 수호의 중책을 맡았음을 자임하면서 이슬람 성물들을 찾아내 보존함으로써 자신들의 위상을 한층 강화하려 했을 것이다.

그렇다면 사실(私室) 전각에 보관된 이슬람 성물에는 어떤 것이 있을까? 여러 방에 분류되어 전시되어 있는 성물들 중에는 무함마드의 발자국, 메카의 이슬람 신전인 카으바의 열쇠, 그 신전 내에 있는 흑석(黑石)의 덮개, 무함마드 교우들의 칼이 있고, 별도로 알현실에는 무함마드의 체취를 느낄 수 있는 것으로 그의 치아와 턱수염 일부, 그의 인장과 친필 서한, 그가 사용하던 칼과 활이 전시되어 있다. 또한 '성(聖)스런 외투의 방'으로 불리는 방에는 무함마드의 외투와 그의 깃발이 담겨 있는 황금 궤가 전시되어 있다. 필자는 무함마드의 외투라는 말에 관심이 커졌다. 외투를 가리키는 아랍어는 '부르다(burdah)'인데 7세기 초에 지어진 유명한 「알부르다(al-Burdah, 외투)」라는 제목의 고전 아랍시가 뇌리에 떠올랐기 때문이다. 필자가 알고 있는 바로, 이 시는 예언자 무함마드를 찬양하는 시인데 혹시 이 시와 현재 톱카프 궁에 전시된 외투와 어떤 관련이 있는지 궁금했다.

이 점과 관련해 자료를 찾아 조사한 결과 이스탄불의 외투에는 7세기 초 이슬람 출현 당시, 시대의 변화에 따른 문명사적 의미가 담겨 있음을 발견했다. 미리 요약해 말하자면, 이 외투는 무함마드가 이슬람 초기 시절 카읍 이븐 주하이르(Ka'b ibn Zuhayr, 662년 사망)라는 이름의 아랍 시인에게 하사한 것이었다. 그렇다면 당시에 무슨 일이 있었기에 무함마드는 자신의 외투를 그 시인에게 주었던 것일까? 그 정도로 카읍 이븐 주하이르가 예언자의 마음에 들었던 것일까?

무함마드, "나는 시인이 아니라, 알라의 사도다"

하지만 실상을 알고 보면 카읍 이븐 주하이르는 원래 이슬람을 거부하고 무함마드를 비난했던, 그래서 무함마드의 명에 의해 죽임을 당할 처지까지 내몰렸던 반(反)이슬람적 성향의 시인이었다. 그런 카읍에게 예언자가 외투를 주었음은 의아하게 여겨지기까지 한다. 이 글에서 필자는 현재 이스탄불에 보관되어 있는 이 외투와 관련된, 예언자와 카읍 간에 있었던 일화의 시대적 배경을 추적하면서 그 사건의 문명사적 의미를 짚어 보고자 한다. 이 점에 관해 논하기 위한 출발점

그림 11.2. 무함마드를 살해하기 위한 방안을 궁리하는 꾸라이쉬 부족 지도자들

으로 먼저 이슬람이 출현한 당시인 7세기 초의 메카로 돌아가 보자.

무함마드는 나이 40세인 610년, 그의 고향 메카의 히라 산에 있는 동굴에서 명상을 하던 중 알라의 첫 계시를 받았고, 이후 632년 사망할 때까지 — 향후 이슬람 경전 코란으로 집성될 — 계시를 받으면서 그것을 주변 사람들에게 알려 갔다. 이슬람이 처음 메카 사람들에게 전해졌을 무렵 사람들은 무역에 종사하던 무함마드라는 자가 절대 유일신 알라에 대한 신앙과, 죄악에서 벗어난 올바른 삶을 강조하는 아리송한 내용의 구절을 말하고 다닌다는 소식을 들었다. 그에 대해 일부 사람들은 당시, 초자연적인 인식 능력을 타고났거나 악마의 힘을 빌려 마력을 과시하거나 부족의 신탁자로서의 임무를 수행했던 특출한 시인들의 부류에 속하는 사람이겠거니 여기기도 했다.

당시 메카에서 가장 유력한 꾸라이쉬 부족은 정치적, 경제적으로 기득권을 누리고 있다가 무함마드가 주창한 이슬람의 등장으로 자신들의 영향력이 약해질 것을 우려해 무함마드와 이슬람 신도들을 탄압했고 이로 인해 그는 생명의 위협을 느끼게 되었다. 그가 622년 부득이하게 메카를 떠나 메디나로의 이주를 결심하여 단행하게 된 것도 이러한 배경에서였다. 또한 그러한 정치적 압력 외에도 당시 아랍 부족 사회에서 지적, 영적 능력자로서 높은 위상을 차지하는 시인들이, 촌철살인의 비수를 품은 언사를 동원해 이슬람을 공격할 경우 무함마드의 이슬람 포교는 수포로 돌아갈 것이 뻔했다. 실제로, 이슬람을 부정하고 반박하던 사람들의 대열에 당시 사회 지식층을 형성했던 시인들이 가담하고 있었다. 더구나 사람들은 무함마드를 알라의 사도로 인정하기는커녕 특이한 문체를 구사하는 시인으로 간주하기까지 했다. 이러한 위기 상황에서 무함마드는 정치적 압력에 대해서는 일단 신도들을 메카에서 벗어나 다른 곳으로 피신시키는 방안을 떠올리기도 했다. 그는 실제로 614-615년경 홍해를 건너 아비시니아(지금의 에티오피아) 지역으로 신도들을 이주시켰다. 또한 622년에는 그 자신이 신도들과 함께 메디나로 이주하여 그곳에 정착해 이슬람 공동체의 기반을 세움으로써 메카의 꾸라이쉬 부족을 상대로 물리적인 대응책을 마련해 갔다. 한편, 무함마드의 또 다른 고민은 시(詩) 또는 시인에 관련된 문제였다. 그 자신이 시인으로 격하된다면 알라의 계시는 무용지물이 되고 말 것이다. 또한 이슬람에 반대하는 시인들이 그와 이슬람을 공격한다면, 그 심리적 파급효과는 불 보듯 커질 것이며, 많은 사람들이 이슬람에 대해 부정적인 생각을 가질 것이다. 이처럼 반(反)이슬람 시인들의 존재는 무함마드의 종교 전파에서 커다란 장애물로 나타났다. 즉 이슬람 전파의 열쇠는 바로 시와 시인들에 어떻게 대처하느냐에 있었다.

그렇다면 무함마드가 그런 위기의식을 느낀 순간 어떠한 태도를 취했는지 짐작이 가고도 남는다. 그는 예언자로서의 자신의 위상을 지키려 했고, 또한 자신을 비난하는 시인들을 폄하하고 나아가 시를 배척함으로써 사람들로 하여금 시인과 시에 대해 부정적 인식을 갖게 하는 전략을 택했다. 그러한 그의 대응책은 코란의 일부 구절과 하디스(Ḥadīth, 예언자 무함마드의 언행록)에 수록된 그의 언사에 나타나 있다. 코란에서의 예로는 다음 구절을 들 수 있다. "실로 이것은 훌륭한 예언자의 말씀으로, 한 시인의 말이 아니라 너희 중에 믿는 자가 소수라, 또한 이것은 점쟁이의 말도 아니거늘 너희 중에 숙고하는 자 소수로다."(코란, 69장 40-43절) 이 구절에서 무함마드는 자신이 시인이 아님을 극구 강조하고 있다. 이슬람 이전 시대에 시인은 일종의 예언 능력, 신통력을 구비한 점쟁이의 역할도 하고 있었다. 당시 일부 사람들이 무함마드를 예언자 행세를 하는 일개 시인이나 점쟁이로 치부하려던 것에 대해 무함마드 자신은 강하게 반박하고 있는 것이다. 즉 자신은 개인적인 영감으로 말하는 시인이 아니라 알라로부터 받은 계시를 전하는 사명을 띤 사도임을 암시하고 있다. 이 구절은 예언자로서의 자신의 숭고한 지위와 시인의 위치를 비교하는 것은 어불성설이라는 그의 입장을 뚜렷이 제시한 것으로 보인다.

또 다른 코란 구절은 다음과 같다. "시인들이란, 사악에 길 잃고 헤매는 자들이며 그들(사탄)의 뒤를 따르는 이들이다. 그대는 그들(시인들)이 골짜기마다 헤매고 있는 꼴을 목도하지 않았던가."(코란, 26장 224-225절) 이 구절은 시인에 대한 무함마드의 분노가 매우 강하게 드러난 부분으로, 여기에서 시인들은 사악한 자들, 사탄 추종자들로 간주될 만큼 신앙과 동떨어진 자들로 묘사되고 있다. 곧 시인은 이슬람을 믿지 않는 불신자(不信者)와 거의 동일시되고 있음을 알 수 있다. 이와 유사한 맥락에서 하디스에 나온 "너희 중 한 사람의 배가 고름으로 가득 찬 것이 시로 찬 것보다 낫다."[1]라는 구절에서도 보듯이 무함마드는 시를 극도로 격하시키고 있다.

이슬람 포교에 시를 활용하다

그렇다면 무함마드는 시인들을 모두 불신자로 여겼고, 시 자체를 그가 건설하려는 새로운 이슬람 공동체에 해롭고 불필요한 것으로 보아 경시했을까? 만일 무함마드가 그렇게 단정했다면 그는 지속적으로 시인들을 배척하고 시를 말살하려 했을 것이다. 그러나 그렇게 생각할 수 없는 분명한 근거들이 있다. 일부 자료들은 무함마드가 자신을 축출하고 이슬람 전파를 방해하는 불신자 시인들과, 알라와 사도에게 해를 입히는 일부 시들에 대해서만 공격하였음을 보여 준다. 다시 말해 적어도 시가 이슬람에 반(反)하지 않는 경우나, 또는 이슬람을 수용하고 지지하는 시인들의 경우에는 그 존재를 인정하였다.

예언자 무함마드는 낭송되는 시를 듣기를 즐겼고, 여느 사람처럼 뛰어난 시행과 탁월한 시인에 깊은 관심을 보였다. 또한 "수사학적 비유에는 마술적인 것이 있고, 시에는 명민함과 지혜가 있다."[2]라는 예언자의 말은 그 자신이 시의 예술적, 지적 가치와 중요성을 인식하였음을 보여 준다. 그는 시야말로 아랍인의 긍지가 담긴 사회문화적

1 Shawqī Ḍayf, *al-ʿAṣr al-Islāmī*, 6th edition, Dār al-Maʿārif, Cairo, Egypt, 44쪽.

2 Rabīʿah Abī Fāḍil, *Ḥassān ibn Thābit al-Anṣārī: Shāʿir al-Islām*, Dār al-ʿilm lil-Malāyīn, Beirut, Lebanon, 1993, 20쪽.

자산이자, 시인이 속한 부족의 위상을 높여 주고 상대편을 격하시킬 수 있는 무기임을 분명히 인지하고 있었다. 그래서 예언자는 이슬람 대의(大義)에 합치되는 시에 대해서는 옹호하고, 그런 부류의 시를 자신의 목적에 활용하기까지 했다.

이에 이슬람의 정신과 교리를 시를 통해 사람들에게 알림으로써 이슬람 전파의 전위대에 서는 무슬림 시인들이 나타났다. 그들 중, 특히 핫산 이븐 사비트(Ḥassān ibn Thābit al-Anṣārī)와 카읍 이븐 말리크(Ka'b ibn Mālik), 압둘라 이븐 라와하('Abdullah ibn Rawāḥah) 세 시인은 메디나 출신으로 예언자 곁에서, 메카 시인들과 불신자 적들의 주장을 시로 반박함으로써 이슬람 옹호와 전파에 중요한 역할을 수행하였다. 예언자는 이러한 무슬림 시인들로 하여금 꾸라이쉬 부족과 이슬람 전파를 가로막는 다신론자들과 대적할 때 시를 공격 무기로 사용하도록 권장했다. 이런 취지에서 그는 "시(詩)의 화살을 적들에게 쏘는 것이 칼로써 그들을 치는 것보다 강력하다."[3]라고 말했다. 이는 곧 반(反)이슬람 운동을 이끄는 지식인들로서의 시인들에 맞서, 대등한 수준의 이슬람 옹호 시인들을 대변인으로 내세워 응수하는, 무함마드의 고도의 성공적인 정치적, 종교적, 문화적 전략이었다. 이처럼 예언자는 이슬람 등장 초기, 메카에서 꾸라이쉬 부족의 거센 반발에 밀려 수세를 취하고 있을 무렵 자신을 시인으로 매도해 공격하는 시인들에게 큰 반감을 지녔으나, 622년 메디나로 이주한 이후 이슬람 공동체의 기틀이 잡혀 가면서 시의 효용성을 알고 이를 이슬람 포교

---

3 Shawqī Ḍayf, op. cit.

그림 11.3. 바드르 전투에 나서는 무함마드(베일로 얼굴이 가려진 자)와 이슬람 군대

에 활용하려 했다.

한편, 당시 시인들은 이슬람의 영향력이 점차 강화되는 시기로 접어들면서 선택의 기로에 놓였다. 일찍이 이슬람을 택한 시인들은 이슬람을 알리고 그 교리를 전달하는 내용의 시를 통해, 새 시대에 적응하는 자신과 교도들의 정체성을 드러냈다. 반면 이슬람을 택하는 데 망설였던 자들이나 새로운 종교에 대해 거부감을 지닌 자들도 있었다.

먼저, 이슬람에 개종하여 적극적으로 활동한 대표적 시인인 핫산 이븐 사비트를 예로 들어 보자. 그는 예언자가 메디나로 이주할 당시 이슬람 신자가 되었다. 예언자는 핫산으로 하여금 불신자 적에 대응하는 시를 짓도록 권하였고, 이에 응하여 핫산은 꾸라이쉬 부족 시인들이 예언자를 비난하는 시를 쓸 때 그들에 맞서 통렬한 풍자시를 지었다. 핫산의 풍자시를 들은 예언자는 "그의 시는 화살에 맞는 것보다 고통스럽다."[4]라고 평했으며, 하디스에는 "핫산에게 꾸라이쉬 부족을 비난하라고 명했더니 그동안의 분노가 치유되었다."[5]라는 기록이 있을 정도로 그의 뛰어난 시작(詩作) 역량은 예언자와 이슬람 수호를 위해 빛을 발했다. 다음은 핫산이 지은 시의 예이다. 바드르 전투(624년)에서 메카의 꾸라이쉬 부족 군대를 상대로 목숨을 걸고 용감히 싸운 예언자와 교우들을 드높이는 한편, 패배한 적을 한껏 조롱한다.

> 흰 갑옷을 걸친 무리의 선두에 강인하고 결단력을 지닌 겁 없는 남자가 나섰으니
> 그는 곧 알라의 사도. 알라께서는 만물 중에서 신앙과 관대함을 지닌 그분을 택하셨도다.
> 너희(꾸라이쉬 부족)는 자신들의 소중한 것을 지킨다고 우겼고, 바드르 우물에 우리가 못 온다고 애써 말했지만
> 우리는 너희 말을 귀담아듣지 않고 우물에 당도하여 물을 넉넉히 마셨지.
> 우리는 알라께서 내려 주신 튼튼하고 끊어지지 않는 밧줄을 꽉 붙든

---

4 Abū al-Faraj al-Aṣfahānī, *Kitāb al-Aghānī*, vol. 4, Dār Iḥyā' al-Turāth al-'Arabī, Beirut, Lebanon, 1994, 143쪽.

5 Ibid.

다.

우리에겐 무한한 승리를 향해 죽을 때까지 따를 사도가 계시고 우리에겐 진리가 있다.[6]

이처럼 처음부터 이슬람 옹호에 적극적이었던 시인들과는 대조적으로 처음에는 이슬람에 부정적인 태도를 취했다가 이슬람을 믿게 된 시인들도 있다. 이 시인들의 경우, 시대의 변화에 따른 그들 내면의 심리적인 갈등을 읽을 수 있어 무척 흥미롭다. 이븐 알지바으라(Ibn al-Ziba'rā) 같은 경우는 예언자를 공격했던 메카의 꾸라이쉬 부족의 시인들 중 한 사람으로, 메카가 이슬람 진영에 의해 정복된 후에야 비로소 이슬람 신자가 된 자였다. 그는 이전에 자신이 시로 이슬람을 비난했던 것에 대해 속죄하는 뜻에서 다음과 같은 시를 지었다.

통치자(알라)의 사도시여! 지난날 제가 무뢰배였을 때 찢어 놓은 것을 이렇게 말로나마 수선합니다.
그때 저는 망상의 악습 속에 사탄과 함께 지냈습니다. 그렇게 지내는 자들은 파멸로 이를 것입니다.
제 살과 뼈가 당신의 말씀을 믿게 되었습니다. 당신의 경고로 이제 내 영혼은 구원받았습니다.[7]

---

6 *Dīwān Ḥassān ibn Thābit al-Anṣārī*, Dār Ṣādir, Beirut, Lebanon, 48쪽.

7 Muḥammad ibn Salām al-Jumaḥī, *Ṭabaqāt Fuḥūl al-Shu'arā'*, Maṭba'ah al-Madanī, Cairo, Egypt, 1974, 242쪽.

예언자로부터 외투를 하사받은 카읍 이븐 주하이르

이슬람 이전의 다신교 시대에서 유일신교 이슬람 시대로 전환되는 시기에 살았던 시인들 중에 시대 변화의 특성을 시인 자신의 일화를 통해 가장 뚜렷하게 보여 준 자는 카읍 이븐 주하이르였다. 그의 부친 주하이르 이븐 아비 술마(Zuhayr ibn Abi Sulmā)는 이슬람 이전 시대에 손꼽히는 저명한 시인이었다. 카읍은 동생 부자이르(Bujayr)와 함께 부친에게서 시를 배웠다. 그런데 이슬람 시대를 맞아 둘 중 부자이르가 먼저 이슬람 신자가 되었다. 한때 카읍은 그러한 동생을 비난하면서 예언자에게 누를 끼치는 다음의 시를 짓기도 했다.

> 부자이르에게 내 말을 전해 주오. 내가 한 말에 그대는 할 말이 있는가.
>
> 너는 알마으문(예언자 무함마드)과 함께 술을 마셨다. 알마으문은 한 모금 두 모금 술을 마셨지.
>
> 너는 바른 길로의 인연(因緣)을 저버렸고 그를 따랐다. 그는 몹쓸 너를 어디로 인도했는가.
>
> 너의 부모도, 형제도 알지 못하는 종교로 인도했는가.[8]

이 시를 전해 들은 예언자는 분노하여 무슬림들에게 누구라도 카읍을 보게 되면 죽이라는 지시를 내렸다. 그리고 부자이르는 다음의

---

8 *Dīwān Ka'b ibn Zuhayr*, Dār al-Kitāb al-'Arabī, 1994, 25쪽.

그림 11.4. 오늘날 이슬람의 중심지인 메카의 카으바 신전. 이슬람 이전 시대에 이 신전에는 360개의 우상이 안치되어 있었다고 한다.

시로 카읍에 응수했다.

> 누가 카읍에게 알려 주겠는가.
>
> 당신이 거짓이라고 비난한 것에 대해 할 말이 있는가.
>
> 그것은 '알웃자' 여신(女神)도 '알라트' 여신도 아닌 '알라(하나님)'에게 인도하는 확고한 길. 당신이 구원을 받으려 무슬림이 되면 당신은 구원 받을 것.
>
> 마음이 정결한 무슬림 외에 구원 받지 못하고 불의 심판에서 벗어날 길 없는 그날에.[9]

9 Ibid., 26쪽.

부자이르는 형인 카읍에게, 예언자가 자신에 해를 가한 다신교도 시인들 가운데 이슬람을 택한 자를 제외하고 모두 죽이려 한다는 내용과 더불어, 카읍으로 하여금 회개하고 서둘러 예언자를 찾아갈 것을 당부하는 내용의 편지를 썼다. 이에 잔뜩 겁을 먹은 카읍은 마침내 메디나로 예언자를 찾아가 용서를 구하고 이슬람을 받아들였다. 메디나 원주민들 중에는 카읍이 이전에 예언자를 해하려 했던 점을 들어 언짢은 표정으로 카읍을 모질게 대하고 심지어 그를 죽이자고 주장하는 자들이 있던 반면, 메카에서 이주해 온 사람들은 이슬람 신자가 되기로 한 카읍의 안전을 보장해 달라고 예언자에게 청했다. 예언자는 애처로운 모습의 카읍에게 손을 내밀었고 그의 목숨을 보장해 주었다.

이때 카읍은 예언자를 칭송하는 불후의 명시 「수아드는 멀어졌네(Bānat Su'ād)」를 지었다. 이 시는 옛 여자 애인을 회상하는 도입부와 낙타 여행에 대해 말하는 아랍 전통시의 방식을 따라, 애인 수아드와 이별하는 남성 화자의 아픈 마음을 토로하는 도입부로 시작하며 이후 낙타 여행과 본주제인 예언자 무함마드에 대한 찬양으로 옮겨 간다. 57행에 달하는 시 전문을 소개하는 대신, 이 시에서 예언자 찬양과 무슬림들에 대한 칭송 부분만을 우리말로 옮겨 소개하고자 한다.

다음에서 카읍은 예언자에게 자신의 불경죄에 대해 진심으로 용서를 구하는 한편, 알라의 진리를 전하는 사도로서 무함마드의 위상을 강조하고, 불신자들을 엄벌하려는 의지를 지닌 예언자의 위엄과 강인함을 사자와 인도산 칼에 비유해 드러낸다.

알라의 사도께서 나를 위협하신다는 소식을 들었네. 사도님, 부디 용서해 주시길 앙망하나이다.

고정하소서. 당신에게 설교와 가르침의 말씀이 담긴 코란의 지식을 주신 알라께서 당신을 인도해 주시길 기원하나이다.

저에 대해 중상모략하는 이들의 말로 저를 책하지 마소서. 저에 관해 이런저런 말이 많지만 저는 아무 죄를 저지르지 않았습니다.

내가 서 있는 이곳에 만일 덩치 큰 코끼리가 서서 내가 듣고 보는 것을 보고 듣는다 하더라도

두려움으로 내내 벌벌 떨고 있을 게야. 알라의 허락하심으로 사도님의 은총을 받을 때까지는

그러다 나는 내 오른손을 그 분의 손에 놓고 빼지 않았지. 복수심을 지닌 그 분의 말씀은 곧 세상의 법.

내게 사도님은 무서운 분. 앞서 나는 사도께서 나를 찾으시고 나에 관해 묻고 계신다는 말을 들었지.

사도님은 앗사르 지역 우거진 숲에 사는 맹수 사자보다 무서운 분

진정, 사도께서는 알라의 칼들 중에서도 칼집에서 뽑힌, 진리로 이끄는 인도 산(産) 칼이라네.[10]

이어 카읍은 자신을 구명(救命)하는 데 도움을 준 메카 출신 이주민들에게 감사의 표시로, 622년 예언자를 따라 메디나로 이주하기로 한 그들의 결단력과, 이슬람 수호를 위해 목숨을 아끼지 않고 전투에 임하는 용기를 칭찬한다.

---

10 Ibid., 37-40쪽.

꾸라이쉬 부족 청년들이 무슬림이 되었을 무렵, 그들 중 한 명이 "메디나로 가자"고 말했지.

그들은 메디나로 이주했지만, 전투에서 심약한 자나 무기를 들려고 하지 않는 자는 가지 않았지.

긍지가 대단한 영웅들. 전쟁에서 그들이 입은 것은 다윗이 입던 직조(織造)된 갑옷.

고리들을 단단히 엮어 만든 흰색 갑옷은 억센 까프아 나무 같구나.

그들은 창으로 적을 찌를 때 기뻐하지 않으며, 적에게 당할 때 괴로워하지 않지.

그들은 칼을 맞아도 가슴팍에 맞으며, 죽음 맞기를 더디 하지 않는다네.[11]

이 시를 들은 예언자는 크게 감탄하여 자신의 외투(아랍어로 '부르다'burdah)를 카읍에게 하사했다. 이로써 원래 제목이 「수아드는 멀어졌네」인 이 시는 「알부르다(al-Burdah)」, 즉 「외투」라는 제목으로도 알려지게 되었다. 바로 그 전설적인 외투가 오늘날 이스탄불의 톱카프 궁전에 보관된 외투라고 무슬림들은 믿고 있다. 예언자는 이슬람과 자신을 모독한 죄로 죽음에 처하려던 카읍에게 자신의 외투를 주었다. 무슬림들에게 가장 이상적인 인간상으로 간주되는 위대한 인물인 예언자로부터 그런 귀한 선물을 받은 사람은 아마도 카읍이 유일할 것이다.

---

11 Ibid., 41-43쪽.

예언자의 외투, 이슬람의 관용과 통합의 상징

그렇다면 예언자는 자신을 찾아와 회개하고 용서를 구하며 바로 그 자리에서 칭송시를 읊은 카읍에게 왜 외투를 주었던 것일까? 필자는 이 점에 관해 두 가지로 보고자 한다. 첫째는, 이슬람에 반대하다가 마침내 목숨을 부지하려 이슬람을 택한 카읍을 포용하는 제스처를 보임으로써 그때까지도 망설이며 이슬람을 택하지 않고 저항하는 시인들을 회유하려 했을 수 있다. 즉 회개하는 자에 대해서는 관대한 처사를 내려 목숨을 살려 줄 것이지만, 여전히 이슬람을 비난하는 시인들에 대해서는 죽음을 각오하라는 일종의 경고였던 셈이다. 둘째는, 칭송시를 통해 카읍이 이슬람에 대한 믿음을 보이고 예언자에 대한 충성의 맹세를 한 것으로 확신한 예언자가 이제 카읍을 자신의 가신(家臣)으로 인정하고 그를 보호해 주겠다는 약속으로 외투를 주었을 수 있다. 이슬람 이전 시대에는 통치자가 충성스런 가신에게 자신의 옷을 하사하는 관습이 있었으며, 그 옷은 통치자의 영혼이 깃든 것으로 간주되어 양자 간 결속력을 강화시키는 효과가 있었다.

예언자의 진의가 무엇이었든 간에 그의 외투는 이슬람 공동체의 일원이 된 자에 대한 관용과 보호라는 의미를 띠고 있음은 분명하다. 죽음 일보 직전에서 회생한 카읍의 경우에서 보듯 외투는 구원과 생명의 상징이기도 하다. 이슬람 이전 시대의 우상숭배가 죽음이고 암흑이었다면 이슬람은 생명이고 빛이라는 종교적 함의를 외투에 투사시킨 것으로 볼 수 있는 것이다. 이처럼 예언자의 손길이 닿아 있는 이슬람의 보물인 외투는 이슬람 제국의 최고 통치자가 소중히 간직함으로써 신도들의 충성과 결속을 강화하기 위한 상징물로서의 가치를 지니기도 했다. 그래서 이슬람 역사에서 그 종교적 정통성을 확보하기 위해 우마이야 제국, 압바스 제국의 통치자들도 그랬거니와, 투르크족이 세운 오스만 제국의 술탄들은 수도인 이스탄불에 이 예언자의 외투를 보존하고자 심혈을 기울였다.

이스탄불에 보존된 예언자의 외투와 관련된 이러한 일화는 앞선 다신교 시대의 종말과 더불어 7세기 초 이후 현재까지 지속되는 장장 1,400여 년 간 이슬람이 지배하는 새 시대의 도래를 알리는 역사적, 문화사적 전환이라는 미묘한 의미를 지닌다. 외투 한 벌이지만, 낡은 한 시대와 단절하고 새로운 문명 시대를 열겠다는 무함마드의 강한 의지가 그 안에 서려 있음은 오로지 필자만의 생각일까.

참고문헌

김능우, 「자힐리야 시 서두의 의의(意義)에 관한 고찰」, 『아랍어와 아랍문학』 제1집, 한국아랍어아랍문학회, 1997.

_____, 「'이슬람 정복 전쟁시(詩)'의 특성 연구: 초기 이슬람 시대(622-661년)를 중심으로」, 『한국중동학회논총』 제8호, 한국중동학회, 1997.

김용선(역주), 『성(聖) 꾸란: 이슬람 경전(經典)』, 서울: 박영사, 1983.

Abū al-Faraj al-Aṣfahānī, *Kitāb al-Aghānī*, vol. 4, Dār Iḥyā' al-Turāth al-'Arabī, Beirut, Lebanon, 1994.

Dīwān Ḥassān ibn Thābit al-Anṣārī, Dār Ṣādir, Beirut, Lebanon.

Dīwān Ka'b ibn Zuhayr, Dār al-Kitāb al-'Arabī, 1994.

Hannā al-Fākhūrī, *al-Jāmi' fī Ta'rīkh al-Adab al-'Arabī: al-Adab al-Qadīm*, Dār al-Jīl, Beirut, Lebanon, 1986.

Muḥammad ibn Salām al-Jumaḥī, *Ṭabaqāt Fuḥūl al-Shu'arā'*, Maṭba'ah al-Madanī, Cairo, Egypt, 1974.

Rabīʻah Abī Fāḍil, *Ḥassān ibn Thābit al-Anṣārī: Shāʻir al-Islām*, Dār al-ʻilm lil-Malāyīn, Beirut, Lebanon, 1993.
Shawqī Ḍayf, *al-ʻAṣr al-Islāmī*, 6th edition, Dār al-Maʻārif, Cairo, Egypt.
Sells, Michael A., "Bānat Suʻād: Translation and Introduction," *Journal of Arabic Literature*, vol. 21, part 2, September, 1990.

제12장

위대한 의사, 갈레노스

고대 그리스에서 조선까지, 의학문명의 키워드

김성수

서양 고대 의학은 히포크라테스에서 시작되었다고 한다. 그러나 히포크라테스를 널리 알리고, 여러 분파로 나뉘어 있던 서양 의학계를 통일해 1,300년 이상 이어 가게 함으로써 후대에 큰 영향을 끼친 이는 갈레노스(Galenos, 130-199)였다. 그는 철학에도 해박하여 수백 권의 책을 남길 정도로 고대의 대표적인 교양인이었다. 무엇보다 갈레노스가 초석을 놓은 의학 체계는 베살리우스의 해부학과 하비의 혈액순환설 등으로 반박되기 전까지, 인체에 대한 서양의 이해를 대변했다.[1]

갈레노스는 130년 소아시아 반도 북서부에 있는 페르가몬(Pergamon)에서 태어났다. 지금은 베르가마(Bergama)로 불리는 이 도시는, 당시 도시들이 대부분 해안에 위치하였던 것과는 다르게 해안에서 20여 킬로미터 들어간 내륙에 있었다. 그와 같은 지리적 이점 덕분에 상업과 함께 농업이 발달하여, 에우메네스 1세(재위 기원전 263-기원전 214) 때 독립하였고 에우메네스 2세(재위 기원전 197-기원전 159) 시대 그리스 문화의 중심지 중 하나로 번영하였다. 학문이 크게 번성했으며, 최전성기에는 에게해에서부터 카파도키아 지역까지 지배했다. 그러나 기원전 130년경부터 쇠퇴해 결국에 로마 제국의 지배를 받게 되었다.

페르가몬을 유명하게 만든 두 가지가 있었는데, 갈레노스의 등장과 관련이 깊다. 하나는 페르가몬 도서관으로, 고대에 가장 유명하였던 이집트의 알렉산드리아 도서관과 견줄 정도였다고 한다. 장서가 20여 만 권이었다니 놀라운 규모였다. 그리하여 경쟁을 꺼린 알렉산드리아가 종이의 재료인 파피루스 수출을 금지하기도 했다고 한다.

---

1 이러한 이유로 히포크라테스를 의학계의 '플라톤', 갈레노스를 '아리스토텔레스'에 비유하기도 한다. 강신익 외, 『의학 오디세이』, 역사비평사, 2007, 33-34쪽.

그림 12.1. 페르가몬의 아스클레피온

갈레노스가 태어났을 때 이 도서관은 이미 사라지고 없었지만, 도서관으로 상징되던 그리스 문화 전통의 명맥은 유지되고 있었다.[2]

다른 하나는 '의술의 신' 아스클레피오스를 기리는 신전 아스클레피온이었다. 기원전 4세기 무렵 세워진 이 신전은 페르가몬의 발전에 따라 명성을 더해 가다가 갈레노스가 청소년일 때 루피누스에 의해 새로 단장되었다. 페르가몬의 대지주이며 뛰어난 건축가인 니콘(Nicon)의 아들로 태어난 갈레노스가 의학을 공부하게 된 계기는 바로 아스클레피오스에 있었다.[3]

---

2 셔윈 눌랜드, 『닥터스-의학의 일대기』, 안혜원 옮김, 살림, 2009, 74쪽.

3 갈레노스의 생애에 대해서는 다음을 참조할 것. Susan P. Mattern, *Galen and Rhetoric of Healing*, The Johns Hopkins University Press, 2008, 2-6쪽. 아울러 그의 생애와 사상 전반에 대해서는 다음의 저술이 도움된다. R. J. Hankinson (ed.), *The Cambridge Companion to Galen*, Cambridge University Press, 2008; Christopher Gill,

아버지의 교육열 덕분에 철학을 비롯해 문학과 기하, 산수 등 여러 학문을 공부한 갈레노스가 진로를 고민하고 있을 때, 니콘의 꿈에 아스클레피오스가 나타나 '아들에게 의학을 가르치라'는 계시를 준 것이다. 이제 아스클레피오스로부터 이어지는 그리스 의학의 흐름 속에 탄생한 갈레노스 의학과 그 전파에서 드러나는 문명사적 의의를 살펴보도록 하자.

의술의 신 아스클레피오스에서 히포크라테스로

갈레노스를 의학으로 이끈 아스클레피오스는 페르가몬은 물론 소아시아 전역과 인연이 깊었다. 게다가 갈레노스가 그토록 칭송하였던 히포크라테스가 아스클레피오스의 18세 혹은 19세 직계후손이었다. 사실 여부를 떠나서, 이러한 관계는 서양 고대 의학의 성립과 발전 계통을 이해하는 데 중요한 단서가 된다.

신화에 따르면 아스클레피오스는 '치료의 신' 아폴론의 아들이라고 전해진다. 사랑했던 테살리아의 코로니스가 이스퀴스라는 남성을 사랑해 떠나자 분노한 아폴론은 누나인 아르테미스에게 복수를 요청했다. 아르테미스에 의해 죽음을 맞게 된 코로니스는 아폴론의 아이를 가졌다고 밝혔고, 아폴론은 죽어 가는 그녀에게서 아이를 꺼냈는데 그가 바로 아스클레피오스였다. 이후 아폴론은 이 아이를 켄타우로스인 케

Tim Whitmarsh, and John Wikins (eds.), *Galen and The World of Knowledge*, Cambridge University Press, 2009.

이론에게 데려가 의술을 가르쳐 줄 것을 부탁했고, 마침내 아스클레피오스는 훌륭한 의사가 됐다. 그러나 그가 사람을 죽지 않게 할 뿐만 아니라 심지어 죽은 사람도 살려 내자 제우스의 노여움을 사 죽고 만다.

그런데 호메로스는 『일리아스』에서 아스클레피오스와 그의 두 아들은 실존인물이며, 모두 훌륭한 의사였다고 밝혀 놓았다. 아스클레피오스의 뛰어난 의술이 신화의 모습으로 재탄생한 것은 아닐까? 한편 호메로스는 아스클레피오스의 아들인 포달레이리오스와 마카온이 트로이 전쟁에 참가해 마카온은 사망하고 포달레이리오스는 고향 그리스로 돌아가지 않고 이오니아 연안에 정착했다고 전한다. 그리고 포달레이리오스의 자손들이 크니도스 반도와 코스 섬, 로도스 섬에 살았는데, 그 후손에게서 700여 년 후 히포크라테스가 태어났다.[4]

이 이야기는 그리스 의학이 소아시아 반도에 자리 잡는 과정을 보여 준다. 그리고 아스클레피오스의 자손으로서 히포크라테스의 등장은 신앙과 계시에 의존하는 종교적 치료에서 합리적인 의학적 치료로 옮겨 감을 의미하였다.[5] 기원전 460년경 그리스의 지배를 받고 있던 코스 섬의 명문 의사 가문에서 태어난 히포크라테스는 여느 귀족 아이들처럼 일반교양과 의학, 수사학 등을 공부했다. 고향에서 진료와 의학교육을 하던 그는 부모가 죽은 후 선조들의 고향인 그리스 북부 내륙의 테살리아로 옮겨 가 이곳저곳에서 환자를 보다가 라리사 지방에서 생을 마쳤다.[6]

---

4 반덕진, 『히포크라테스선서』, 사이언스북스, 2006, 71-85쪽.

5 데이비드 린드버그, 『서양과학의 기원들』, 이종흡 옮김, 나남, 2009, 198-201쪽.

6 히포크라테스의 생애와 사상 등 전반에 대해서는 자크 주아나의 저술(『히포크라테스』, 서홍관 옮김, 아침이슬, 2004)을 참조할 것.

그는 종교적 치료를 부정하고 자연철학에 근거한 합리적인 의학을 주창했다. '히포크라테스 전서' 중 하나인 『신에 기인하는 질병에 관하여』에서 그는 주술사나 신앙으로 치료하는 요법사 등을 강하게 비판한다. 간질과 유사한 증세를 보이는 사람을 치료하지 못하는 요법사들이 자신의 부족함은 숨기려고 '신에 기인하는' 용어를 이용해서 경건함으로 속인다고 지적했다. 이는 질병의 원인을 신에게서 찾는 종교적 질병관에 대한 부정이었다.

그는 질병의 원인이면서 치료의 근거가 되고, 신을 대체하는 그 대상을 자연에서 찾았다. 건강은 자연과 같이 보편적이며 균형 있게 움직이는 상태라고 이해하면서, 인체는 혈액, 점액, 황담액, 흑담액의 4개 체액으로 이뤄져 있다고 보았다. 이 '4체액설'은 만물이 공기, 물, 불, 흙의 4원소로 이뤄졌다는 그리스의 철학적 전통을 따른 것이다.

히포크라테스는 이 체액들 사이의 불균형을 질병 원인으로 보았기 때문에 치료는 체액의 불균형을 해소하는 데 초점을 맞췄다. 그는 의사가 환자에게 어떤 체액이 문제가 있는지 정확하게 판단해야 하는 일이 가장 우선이라고 여겼다. 그래서 히포크라테스는 진찰 과정과 진단, 예후에 대한 내용을 충실히 다뤘다.[7] 이를 위해서 환자의 얼굴과 눈, 호흡, 대변, 소변, 가래 등을 면밀히 검사하게 했다. 진단이 끝나면 치료법을 제시했는데, 음식 조절과 운동이 가장 기본적인 요법이었다. 한편 체액의 균형을 회복하기 위한 치료법으로 체액을 뽑는 사혈(瀉血)과 대소변으로 빼내는 설사와 이뇨, 그리고 구토 등을

7 앤드류 그레고리, 『왜 하필이면 그리스에서 과학이 탄생했을까』, 김상락 옮김, 몸과마음, 2003, 149-150쪽.

이용하라고 했다.[8]

'계승자' 갈레노스의 탄생

코스 섬의 히포크라테스가 자연철학을 근거로 해서 제시한 의학 이론은 그리스 전역으로 퍼져 나갔다. 이 때문에 그가 타계한 후에도 소아시아 반도의 연해(沿海)는 그리스 의학의 중심이 되었다. 한편 히포크라테스와는 달리 해부학을 중시하는 다른 학파도 존재하였다. 헤로필로스(기원전 335-기원전 280)와 에라시스트라토스(기원전 310-기원전 250?)가 대표적 인물이었다.

이스탄불 맞은편인 보스포루스 해협 동부 해안의 해상도시인 칼케돈 출신인 헤로필로스는 알렉산드리아에서 활약했다. 그는 해부학적 관찰에 근거해 뇌가 '인간의 지성이 위치하는 곳'이라고 주장했다. 그리고 동맥과 혈관을 뚜렷이 구분한 최초의 인물이기도 했다. 에라시스트라토스는 아나톨리아 남서해안 카리아 반도에 있는 크니도스 출신이었다. 그는 대뇌와 소뇌가 다르고 인간 뇌의 표면 주름이 동물 뇌의 표면 주름보다 복잡하므로 주름은 지능과 관계가 있다고 생각했다. 동맥과 정맥의 근원은 심장이라고 했으며, 혈관에 있는 반월판과 이첨판을 발견할 정도로 그는 해부학에 정통했다.[9]

이들의 의학 체계는 히포크라테스와는 크게 달랐다. 히포크라테

---

8 데이비드 린드버그, 『서양과학의 기원들』, 201-203쪽.

9 앤드류 그레고리, 『왜 하필이면 그리스에서 과학이 탄생했을까』, 155-157쪽.

스는 자연철학 기반 위에서 인체를 이해했으나 두 사람은 해부에 중점을 뒀다. 특히 에라시스트라토스가 태어난 크니도스는 히포크라테스의 고향 코스 섬과 좁은 만을 사이에 두고 접해 있다. 그런데도 크니도스학파는 히포크라테스와 달리 환자보다는 질병에 초점을 맞췄다. 해부학과 장기의 기능에 대한 지식을 축적하기 위해서였다.

130년, 코스와 크니도스에서 떨어진 페르가몬에서 갈레노스가 태어났다. 그는 히포크라테스 이후의 학파 간 학설 논쟁을 논리적 사고와 정확한 관찰을 통해 하나로 묶어 냈다. 또한 체액론과 프네우마에 근거한 생기론(生氣論)을 결합해 고대 의학을 완성시킴으로써 의학사에서 가장 위대한 인물 중 한 사람이 되었다.

그는 자신이 태어난 페르가몬에서 기본 교양을 닦고 난 이후 의학을 본격적으로 공부하면서 스미르나(지금의 터키 이즈미르)를 거쳐 당시 학문의 본거지였던 알렉산드리아로 옮겨 가 5년 정도 수학했다. 알렉산드리아에는 헤로필로스와 에라시스타라트스가 쌓아 올린 해부학적 전통과 학문적 업적이 남아 있었고, 이것이 갈레노스의 의학적 성취에 훌륭한 밑거름이 되었다.

이러한 공부를 통해 갈레노스는 정확한 관찰인 해부의 중요성을 통감했다. 그는 『신체기관의 사용에 관하여』란 저서에서 이전 학자들의 학설을 그대로 따르기보다는 자기 눈으로 직접 보는 것이 중요하다고 여러 차례 강조했다. 동시에 그는 히포크라테스 의학 이론의 전문가이기도 해서, 히포크라테스의 체액론을 바탕으로 인체론과 병인론을 견지했다. 이를 생기론의 관점인 프네우마와 결합해 육체와 생명을 이해하려고 했다.

알렉산드리아에서 공부를 마친 그는 고향인 페르가몬으로 돌아가 의사로 활동했다. 특히 3년간 검투사 주치의를 맡았는데 이것이 소중한 경험이 되었다. 거친 싸움으로 늘 부상에 노출되어 있는 검투사들을 통해 다양한 임상경험을 축적한 것이다. 페르가몬의 정정(政情)이 불안해지자 그는 제국의 중심인 로마에 입성해 성공가도를 달렸다. 그로 인하여 시기를 받아 로마를 떠나기도 했지만, 곧 마르쿠스 아우렐리우스 황제의 초청으로 황실 의사가 되어 자신의 진가를 후대에 전할 기회를 얻게 되었다.

갈레노스의 위대함

갈레노스는 의학 연구에서 누구에게도 뒤지지 않는 정력가였다.[10] 19세기 초반 독일 의사 카를 퀸이 정리한 갈레노스 전집에는 122편의 저술이 실려 있다.[11] 이 저술을 모두 갈레노스 저작으로 단정하기 어렵다 하더라도 상당한 분량이 아닐 수 없다. 게다가 그의 의학 이론은 16-17세기에 이를 때까지도 비판을 받은 적이 거의 없었다. 그와 같이 권위를 인정받았던 이유는 그 내용의 탁월함 때문이었다. 기본적으로 히포크라테스의 체액병리설과 알렉산드리아의 해부학 전통을

---

10 갈레노스의 학문적 열정은 로마 중심가에 있었던 갈레노스의 개인 도서관에서도 살펴볼 수 있는데, 아쉽게도 192년 대화재로 소실되었다. 이에 대해서는 Vivian Nutton, "Galen's Library," *Galen and The World of Knowledge*, Cambridge University Press, 2009, 19-34쪽을 참조할 것.

11 카를 퀸이 정리한 갈레노스 저술 목록은 Susan P. Mattern, *The Prince of Medicine*, Oxford University Press, xi-xviii 등의 저술에서 확인할 수 있다.

절충하였던 그의 학문은 당시 제기되었던 많은 의학적 문제를 효과적으로 풀어 낼 수 있었다.[12]

그림 12.2. 갈레노스의 초상

갈레노스의 위대함은 근대 해부학을 개척했다는 베살리우스의 해부학 서적인 『인체의 구조에 관하여』의 출판과 근대 생리학의 문을 연 하비의 혈액순환설과 비교할 때 잘 드러난다. 베살리우스와 하비가 주목받게 된 것도 결국엔 갈레노스를 유명하게 만든 해부학과 혈액 생리학의 전통을 무려 1,300년이 지난 후에야 극복했기 때문이었다.[13] 갈레노스의 의학이론이 갖는 장점은 무엇보다 정밀한 관찰과 이론화를 통해 빼어난 설명을 제시했다는 점이었다.

해부와 관찰을 중시한 갈레노스는 인체 기관에 대한 정밀한 기록을 남겼기에 해부가 금기시된 고대와 중세에는 가장 신뢰할 만한 해부 지식으로 이해되었다. 생리학에서도 그는 동맥에 혈액이 있다는 사실을 증명함으로써 독보적인 영역을 개척했다. 그의 선배 학자들은 동맥이 '프네우마'라고 하는 생기(生氣)가 통과하는 관이며, 동맥에서 피가 나오는 것은 혈액이 흐르는 정맥과 연결된 부분이 있기 때문이라고 생각했다. 그런데 그는 살아 있는 동물의 동맥을 묶는 실험

12 여인석, 「갈레노스의 질병개념」, 『의사학』 12-1, 2003, 60-64쪽.

13 앤드류 그레고리, 『과학혁명과 바로크 문화』, 박은주 옮김, 몸과마음, 2001, 27-28쪽.

을 통해 동맥 안에 혈액이 존재함을 증명해 냈다. 그리고 환부를 꿰맬 때 쓰는 봉합사(縫合絲)로 주요 동맥을 묶고 맥을 관찰해 동맥의 맥박이 심장에서 전해진다는 결론을 얻었다. 철저히 계획된 실험으로 자신의 논리를 입증한 것이다.[14] 하비가 혈액순환에 대한 자신의 주장을 증명하기 위해서 한 결찰실험과 크게 다르지 않았다는 점에서 그의 생리 실험이 얼마나 시대를 앞선 것인지 알 수 있다.

그 밖에도 흉부의 근육과 횡격막이 흉강을 확장시켜서 허파로 공기가 들어간다는 사실을 밝혀냈으며, 봉합사를 이용해 소변이 방광이 아닌 신장에서 만들어짐을 증명해 냈다. 신경에 대한 실험과 관찰도 주목할 만하다. 그는 목에서부터 횡격막으로 이어지는 신경을 잘라 횡격막 신경이 호흡에서 수행하는 역할을 규명했다. 그리고 척수를 차례로 제거하면서 어느 척수가 어느 근육에 영향을 미쳐 마비를 가져오는지를 파악해 척수신경과 근육의 연관성을 밝히려는 등 다양한 실험을 진행하였다.[15]

뛰어난 관찰력과 체계적인 실험에도 불구하고 갈레노스 역시 한계에 부딪혔다. 직접 본 것은 소리 높여 외쳤지만, 그가 주장한 인체의 구조와 기능에 대한 지식이 모두 해부를 통해 얻은 것은 아니었기 때문이다. 인체 해부가 어려운 여건 속에서, 그 대안으로 동물을 해부한 뒤 통찰력을 바탕으로 적절한 해석을 내놓았지만, 두 가지 문제가 발생했다. 첫째, 동물과 인체의 차이점이 있었기 때문에, 통찰력만

14 이러한 이유로, 재컬린 더핀은 갈레노스를 "'안락의자의 생리학자'가 아니었다."고 말한다(재컬린 더핀, 『의학의 역사』, 신좌섭 옮김, 사이언스북스, 2006, 71쪽).

15 이상 갈레노스의 실험에 대해서는 셔윈 눌랜드, 『닥터스-의학의 일대기』, 89-95쪽을 참조할 것.

으로 그 한계를 극복하기 힘들었다. 둘째, 통찰력의 근원인 그의 사고 역시 그도 깨닫지 못하는 사이에 그의 가치관을 투영했다.[16] 베살리우스의 해부로 인해 비판받은 갈레노스 해부학 지식의 결함은 바로 이 때문에 일어났다. 또한 하비가 수학적 추정으로 혈액순환에 대한 판단의 객관성을 확보하려 했던 것과는 대조적이었다.

그럼에도 갈레노스는 고대 그리스인들이 남긴 의학적 성취를 하나로 융합하는 데 성공했다. 나아가 그리스 전통을 잇는 의학이 로마 제국의 중심에 서게 함으로써 서양 고대 의학을 확립하는 데 크게 기여했다. 하지만 4세기 이후 쇠퇴한 로마와 그 뒤를 이은 동로마 제국에서는 갈레노스가 이룩한 의학적 전통이 학술적으로 진전되지 못했다. 그의 연구 성과는 이슬람 제국의 탄생과 함께 아랍어로 번역되어 이슬람 의학의 발전을 견인했다. 이로써 그리스 의학은 문명사 전개의 중요한 키워드 역할을 계속 수행하였다.

이슬람에서 부활한 갈레노스

갈레노스는 페르가몬이라는 변방에서 로마 제국의 중심으로 옮겨 가 활동함으로써 소아시아 해안가에서 지속되었던 그리스 의학을 제국에 퍼트렸다. 5세기경부터는 시리아와 터키의 국경에 해당하는 소아시아 동남부 지역에서 서양 고전에 대한 연구가 진행되면서 갈레노

16 셔윈 눌랜드, 『닥터스-의학의 일대기』, 85-87쪽.

스가 정리한 그리스 의학이 동쪽의 이슬람 세계에 알려지게 되었다. 중심지는 350년 오늘날의 대학과 유사한 학교가 설립된 니시비스(터키 누사이빈)였다가, 페르시아 침공 후에는 아랍어의 방언인 시리아어를 사용하는 동방기독교의 중심지 에데사(터키 우르파)로 옮겨 갔다. 그곳의 학자들은 그리스 서적들을 시리아어로 번역했고, 9세기 이후 100여 년 간에 걸쳐서는 이를 아랍어로 중역(重譯)해, 갈레노스 의학을 이슬람으로 전파시켰다.[17]

6세기 말 메카에서 태어난 무함마드가 계시를 받고 코란을 저술해 설파함으로써 형성된 이슬람 제국은 아라비아 반도를 석권하며 세력을 넓혀 나갔다. 영토의 확장과 동시에 종교의 전파를 꾀한 이슬람은 제국으로 탈바꿈하는 과정에서 국가 체제 정비라는 새로운 요청에 직면했다. 유목을 기반으로 하는 전사 귀족이 지배하는 체제에서 중앙으로 권력을 집중시켜 효율적으로 지배하는 집권국가를 만들려면 다양한 지적 경험이 필요했다. 그리하여 주목한 것이 그리스 학문이었다.[18]

그리스 학문을 수용하려면 무엇보다 번역이 필요했다. 8세기 중반부터 시작된 그리스어나 시리아어로 된 그리스 저술의 아랍어 번역은 9세기 초반 알 마문(813-833)의 시대에 이르러 본격화했다. 그의 치세 때 후나인 이븐 이샤크를 중심으로 바그다드에 '지혜의 집'

17 데이비드 린드버그, 『서양과학의 기원들』, 280-282쪽.

18 그리스 문명이 이슬람 문명 형성에 미친 영향 전반에 대해서는 디미트리 구타스, 『그리스 사상과 아랍문명』, 정영목 옮김, 글항아리, 2013을 참조할 것. 특히 의학에 관해서는 187-198쪽을 참조할 것.

이 만들어졌고, 그곳에서 그리스의 여러 저술을 번역했다.[19] 의학이 핵심 사업의 하나가 된 이유는 의학이 지닌 실용성 때문이었던 듯하다. 후나인은 갈레노스의 저술 100여 편 이상과 히포크라테스의 저술 15편을 번역했다.

번역을 거치면서 갈레노스의 의학은 아랍 의학의 중심에 놓이게 되었다. 아랍 의학에서도 갈레노스의 해부학적 견해와 체액론에 근거한 생리학적 의학 이론이 전성기를 누렸다. 그러나 이슬람은 갈레노스 이론을 추종하지만은 않았다. 세계 최초로 천연두와 홍역을 임상적, 과학적으로 구별한 의사 알 라지(865-925)는 저서인 『갈레노스에 관한 의구심들』에서 "갈레노스는 대가이며 존경할 만한 사람이지만, 그의 오류는 지적되어야 하며 그것이 갈레노스가 내게 맡긴 사명"이라고 했다. 그는 체액으로 설명되지 않는 신체의 다른 조절 기능을 구체화하려고 했고, 체액과 관련된 4가지 원소 이외에 다른 특성을 갖는 여러 물질을 제시했다.[20]

이러한 비판과 임상 경험의 확대를 거치면서 갈레노스를 잇는 위대한 의사 이븐 시나(980-1037)가 등장했다. 이븐 시나의 대표 저술인 『의학정전』은 중세 유럽에서도 번역 출판되어 의과대학의 주 텍스트로 쓰였다. 그는 "지식이란 원인과 결과 사이의 관계를 분명히 하는 것"이라며, 의학 역시 증상들을 연구해 건강과 질병 사이의 관계를 명확히 하는 것이라고 단언했다. 그는 이러한 견해에 따라 결핵

---

19 조너선 라이언스, 『지혜의 집-이슬람은 어떻게 유럽 문명을 바꾸었는가』, 김한영 옮김, 책과함께, 2013, 121-122쪽.

20 마이클 모건, 『잃어버린 역사, 이슬람』, 김소희 옮김, 성균관대학교 출판부, 2009, 266-267쪽.

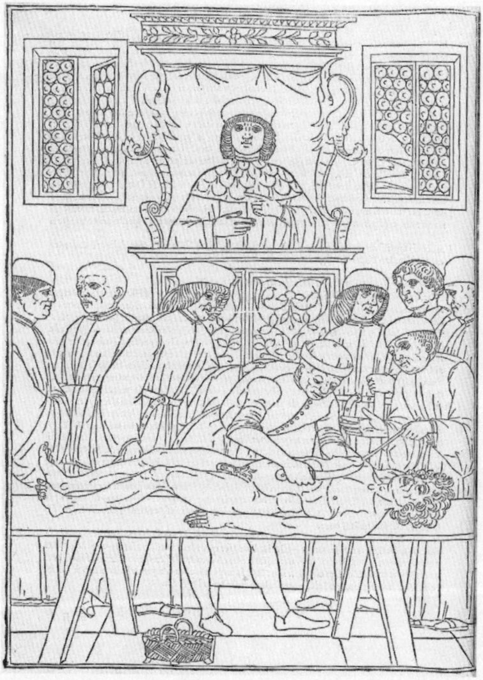

그림 12.3. 중세유럽 의과대학의 해부학수업. 가운데 상단에 있는 교수가 갈레노스의 책을 놓고서 강의를 진행한다.

이 전염병이며 전염의 매체는 흙이라고 주장했다. 유럽에서 400여 년간 결핵이 전염병임을 부인한 것을 감안한다면 결핵이 흙을 통해 전염된다고 한 그의 판단은 큰 흠이라고 보기 어렵다.

갈레노스의 이론을 토대로 연구한 이븐 시나는 여러 가지 의미 있는 결과를 내놓았다. 이슬람 의학의 커다란 성과로 불리는 광학분야에서는 눈으로 관찰하기 어려운 시신경이 교차하는 지점을 묘사했다. 그리고 3개의 판막이 심장 수축 후 피가 심장으로 역류하지 못하게 막는다는 대동맥의 작동 원리를 제시했다. 또한 신경이 근육 수축을 비롯한 모든 신체 기능의 중요 통로임을 확인하고 통증이 신경을 통해 전달된다는 결론을 내리기도 했다.[21]

갈레노스의 체액 이론을 수용했다는 점에서는 한계가 있지만, 이븐 시나는 나름의 과학적 방법론을 제시하고 해부학적 의학적 원리를 추구했다는 점에서 갈레노스의 의학을 더욱 풍부하게 만들었다. 그리고 무엇보다 그의 저술이 12세기 라틴어로 번역되어 유럽으로 수입되면서 유럽 주요 의과대학에서 교재로 이용되었다. 중세 유럽에서 희미한 기억으로 남아 있던 갈레노스의 위대함이 이븐 시나를 통해 재발견될 기회가 마련된 것이다.

조선에 전해진 갈레노스

갈레노스 의학은 이슬람을 거쳐 다시 유럽에 소개되어, 16-17세기까지 명성을 이어 나갔다. 뿐만 아니라 예수회 선교사들을 통해 멀리 중국에까지 전해졌고, 18세기에는 조선의 실학자들에게도 영향을 미쳤다. 이런 점에서 갈레노스는 유럽과 아랍을 넘어 '세계의 의사'가 된 최초의 인물이라 말할 수 있지 않을까?

16세기 후반 예수회 선교사 마테오리치가 중국에서 『기하원본』, 『천주실의』 등을 저술해 서양 문물을 본격적으로 전한 이래 많은 선교사가 경쟁적으로 서양 지식을 전파했다. 의학 분야에서는 베살리우스의 해부학을 소개한 테렌츠의 『태서인신설개(泰西人身說概)』와 롱고바르디의 『인신도설(人身圖說)』, 갈레노스의 생리학을 소개한 아담

21 마이클 모건, 『잃어버린 역사, 이슬람』, 274-275쪽.

샬의 『주제군징(主制群徵)』이 대표적이다. 특히 『주제군징』은 인체 생리작용의 중심으로 혈액, 열, 감각과 운동기능을 들었고, 이를 주관하는 기관으로 간, 심장, 뇌를 제시했다.[22]

『주제군징』은 조선에도 전해져 '실학자'로 명명된 비판적 지식인들에게 수용되었다. 이익(李瀷)은 『성호사설유선(星湖僿說類選)』의 「서국의(西國醫)」에서 "서양 의학이 중국 의학에 비해 매우 자세하니 무시할 수 없다"며 『주제군징』의 내용을 정리하고 자신의 견해를 덧붙였다. 다만 뇌가 인체의 중추가 된다는 점은 인정하지 않고, 성리학적 입장에서 뇌는 단지 감각의 중심일 뿐이며 심장이 인식의 토대가 된다고 구분했다.

『주제군징』에서 제시된 갈레노스의 의학 이론은 인성(人性)의 근거를 심(心)에서 찾았던 성리학적 견해를 부정하는 것이었기 때문에 조선 후기 주류 사상계에 영향을 미치기 어려웠다. 서학(西學)을 이단으로 규정하고 비난하던 당시의 정치 상황에서 이익의 저술을 정리한 제자 안정복은 「서국의」를 『성호사설』에 넣을 수 없었다. 그럼에도 성리학과 다르게 갈레노스의 의학이 담고 있었던 인체와 자연에 대한 이해는 실학자들에게는 주목의 대상이었고, 이는 정약용(丁若鏞)에 이르러 분명하게 드러났다.[23]

철학과 국가운영 등에 관해 많은 저술을 한 정약용은 의학에 관한 저술로 『마과회통(痲科會通)』, 『촌병혹치(村病或治)』, 『아언각비(雅言

22 여인석 외, 『한국의학사』, 의료정책연구소, 2012, 172쪽.

23 김성수, 「朝鮮後期 西洋醫學의 受容과 人體觀의 變化」, 『民族文化』 31, 2008, 342-346쪽.

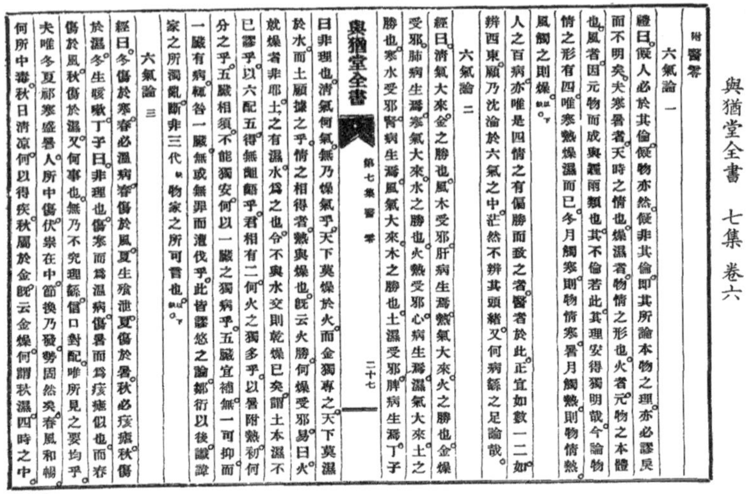
與猶堂全書 七集 卷六

附 醫零

六氣論 一

禮曰 偃人必於其倫 偃物亦然 偃非其倫 即其所論本物之理 亦必謬戾
而不明矣 夫寒暑者 天時之情也 燥濕者 物情之形也 火者 元物之本體
也 風者 因元物而成 與霧雨類也 其不倫若此 其理安得獨明哉 今論物
情之形 有四 唯寒熱燥濕而已 冬月觸寒 則物情寒 暑月觸熱 則物情熱
風觸之則燥 (缺以下)
人之百病 亦唯是四情之有偏勝而致之者 醫者於此 正宜如數一二 如
辨西東 顧乃沈淪於六氣之中 茫然不辨其頭緖 又何病𧫒之足論哉

六氣論 二

經曰 淸氣大來 金之勝也 風木受邪 肝病生焉 熱氣大來 火之勝也 金燥
受邪 肺病生焉 寒氣大來 水之勝也 火熱受邪 心病生焉 濕氣大來 土之
勝也 寒水受邪 腎病生焉 風氣大來 木之勝也 土濕受邪 脾病生焉 丁子

與猶堂全書 第七集 醫零 二十七

曰 非理也 淸氣何氣 無乃燥氣乎 天下莫燥於火 而金獨專之 天下莫濕
於水 而土顧據之乎 情之相得者 熱與燥也 既云火勝 何燥受邪 易曰 火
就燥 者非邪 土之有濕 水爲之也 令不與水交 則乾燥已矣 謂土本濕 不
已謬乎 以六配五 得無齟齬乎 君相有二 何火之獨多乎 以暑附熱 初何
分之乎 五臟相須 不能獨安 何以一臟之獨病乎 五臟宜補 無一可抑 而
一臟有病 輒咎一臟 無或無罪而遭伐乎 此皆謬悠之論 鄒衍以後 讖諱
家之所濁亂 斷非三代(缺)物家之所可言也 (缺以下)

六氣論 三

經曰 冬傷於寒 春必溫病 春傷於風 夏生飧泄 夏傷於暑 秋必痎瘧 秋傷
於濕 冬生咳嗽 丁子曰 非理也 傷寒而爲溫病 傷暑而爲痎瘧 似也 而春
傷於風 秋傷於濕 又何事也 無乃不究理𧫒 信口對配 唯所見之要均乎
夫唯冬夏 祁寒盛暑 人所中傷 伏祟在中 節換乃發 勢固然矣 春風和暢
何所中毒 秋日淸凉 何以得疾 秋屬於金 既云金燥 何謂秋濕 四時之中

그림 12.4. 『여유당전서』에 실린 『의령』의 「육기론」. 인체 구성으로써 4원소설을 지지했다.

覺非)』, 『의령(醫零)』 등을 남겼다. 그는 서양의 의술에 대해 간략하게 설명한 「약로기(藥露記)」에서 서양 의사는 내과와 외과로 구분되며, 약종상과 약제사가 있다고 했다. 그리고 서양의 초목과 금석 약재, 병의 진단법과 치료법 등도 언급했다. 그러나 서양 의학과 관련해 가장 주목할 것은 『의령』이었는데, 정약용은 「육기론(六氣論)」, 「뇌론(腦論)」, 「근시론(近視論)」 등에서 전통의학의 인체 이해와 자연관을 철저하게 부정하면서, 서양의학 이론을 적극 소개했다. 이 가운데 "삭제할 것"으로 되어 있는 「뇌론」은 아마도 이익이 언급한 『주제군징』의 내용이었던 듯하다.

무엇보다 정약용에게 큰 영향을 끼친 것은 4체액설이었다. 이는 전통의학에서 질병의 원인으로 제시한 풍(風), 한(寒), 서(暑), 습(濕), 조(燥), 화(火) 6가지를 비판한 「육기론」에서 여실히 드러난다. 그는 육기가 동등한 범주의 것이 아니라는 한계를 지녔다고 비판하면서, 기본적인 요소는 한(寒), 열(熱), 조(燥), 습(濕)이라고 주장했다. 따라서 그의 의학론은 몸 안의 4개의 체액과 그것의 속성인 한 · 열 · 조 · 습의 부조화로 질병이 생긴다고 정리될 수 있다.[24]

4체액설에 근거한 서양의학 — 즉 갈레노스의 이론 — 일부가 『주제군징』이나 『천주실의』 등을 통해 이미 이익 등이 소개한 바가 있었지만, 정약용은 단순히 소개하는 정도가 아니라 자기 사상의 기초로 삼아 전통의학을 비판하는 데 활용한 것이다. 더 나아가 치료에 있어서도 4원소 혹은 4체액에 입각할 것을 강조했다. 그는 중풍으로 인한 구안와사(口眼喎斜)를 전통적인 치료 원칙인 습열(濕熱) 제거가 아니라 그와 반대되는 방법으로 치료해야 한다고 과감하게 주장했다. 하지만 정약용은 본격적인 의사가 아니었기 때문에 더 이상의 연구를 진행하지는 않았다. 게다가 당시 의학계는 서양의 문물이 차단된 상태에서 서양의학의 존재에 대해서는 무지할 수밖에 없었다는 점에서 더 이상의 진전을 기대하기는 어려웠다.[25]

열은 높은 곳에서 낮은 곳으로 흐른다는 열역학법칙과 마찬가지로 문명도 높은 데서 낮은 데로 움직이는 것 같다. 열은 평균에 도달하면 더 이상 움직이지 않지만, 문명은 새로운 창조력을 얻기에 동력을 잃지 않는다는 점이 다르지 않을까? 그렇지만 새로운 문명을 이해하고 받아들이려는 노력이 주어지지 않는다면 이는 불가능한 일이다. 갈레노스 의학이 형성되고 전파되는 과정은 바로 그와 같은 문명 교류의 양상을 잘 보여 주고 있다.

---

24 신동원, 「儒醫의 길: 정약용의 의학과 의술」, 『다산학』 10, 2007, 195-198쪽.

25 김성수, 「朝鮮後期 西洋醫學의 受容과 人體觀의 變化」, 349-350쪽.

참고문헌

강신익 · 신동원 · 여인석 · 황상익, 『의학 오디세이: 인간의 몸, 과학을 만나다』, 역사비평사, 2007.

김성수, 「朝鮮後期 西洋醫學의 受容과 人體觀의 變化」, 『民族文化』 31, 2008.

구타스, 디미트리, 『그리스 사상과 아랍문명』, 정영목 옮김, 글항아리, 2013.

그레고리, 앤드류, 『과학혁명과 바로크 문화』, 박은주 옮김, 몸과마음, 2001.

_____, 『왜 하필이면 그리스에서 과학이 탄생했을까』, 김상락 옮김, 몸과마음, 2003.

눌랜드, 셔윈, 『닥터스-의학의 일대기』, 안혜원 옮김, 살림, 2009.

더핀, 재컬린, 『의학의 역사』, 신좌섭 옮김, 사이언스북스, 2006.

라이언스, 조너선, 『지혜의 집-이슬람은 어떻게 유럽 문명을 바꾸었는가』, 김한영 옮김, 책과함께, 2013.

린드버그, 데이비드, 『서양과학의 기원들』, 이종흡 옮김, 나남, 2009.

모건, 마이클, 『잃어버린 역사, 이슬람』, 김소희 옮김, 성균관대학교 출판부, 2009.

반덕진, 『히포크라테스선서』, 사이언스북스, 2006.

신동원, 「儒醫의 길: 정약용의 의학과 의술」, 『다산학』 10, 2007.

여인석, 「갈레노스의 질병개념」, 『의사학』 12-1, 2003.

여인석 외, 『한국의학사』, 의료정책연구소, 2012.

주아나, 자크, 『히포크라테스』, 서홍관 옮김, 아침이슬, 2004.

Hankinson, R. J. (ed.), *The Cambridge Companion to Galen*, Cambridge: Cambridge University Press, 2008.

Gill, Christopher, Tim Whitmarsh, and John Wikins (eds.), *Galen and The World of Knowledge*, Cambridge: Cambridge University Press, 2009.

Mattern, Susan P., *Galen and Rhetoric of Healing*, Baltimore: The Johns Hopkins University Press, 2008.

______, *The Prince of Medicine: Galen in the Roman Empire*, Oxford & New York: Oxford University Press, 2013.

Nutton, Vivian, "Galen's Library," *Galen and The World of Knowledge*, Cambridge & New York: Cambridge University Press, 2009.

제13장

고대를 뛰어넘는 불멸의 유산을 쌓다

오스만 제국의 건축가 미마르 시난

서정일

마르마라 해와 보스포루스 해협이 만나는 곳, 조용히 출렁이는 물결 위로 이스탄불 반도가 떠 있다. 그리고 거기 두두룩하게 솟은 언덕 위에는 톱카프 궁전, 하기아 소피아, 블루 모스크가 나란히 앉아 있다. 바다와 땅, 하늘과 더불어 긴 세월 동안 다듬어진 편안한 풍경이자, 고유한 문명의 존재를 증언하는 이국적 경관이다.

갈라타 지역으로 올라가면 골든 혼 너머로 이스탄불 반도의 풍경을 더 가까이 볼 수 있다. 이스탄불 반도의 일곱 언덕 가운데 세 번째 언덕이 눈앞에 등장한다. 크고 작은 둥근 지붕을 이고 있는 그 언덕의 건물들은 마치 바다에서 물방울들이 솟아오르는 것 같은 느낌을 준다. 나지막한 건물들을 아래로 거느리면서 하나의 집합적인 경치를 이룬다.

곳곳의 돔과 첨탑들이 이루는 이 도시의 실루엣은 부드러우면서도 강렬하다. 인류 역사상 가장 유명한 실루엣 가운데 하나였을 것이다. 이것을 만든 주역은 바로 이스탄불과 아나톨리아 반도를 무대로 한 마지막 세계 제국인 오스만튀르크였다. 지금의 경관은 제국시대의 것으로부터 그다지 바뀌지 않았다.

이 말이 실감이 나지 않는다면, 16세기 유럽 화가 멜키오르 로리크가 그린 이스탄불과 비교해 보라(그림 13.1, 13.2). 유네스코 세계문화유산에 등재되어 보존되고 있는 이스탄불 역사지구 풍경은 앞으로도 긴 시간 인류와 함께하며 불멸로 남을 것이다.

그림 13.1. 멜키오르 로리크가 그린 이스탄불 전경(1559, 1561–62). 제3언덕 위의 쉴레이마니예가 보인다.

그림 13.2. 골든 혼에서 바라본 쉴레이마니예

오스만 제국의 상징

이스탄불에서 비잔틴 제국을 대표하는 기념비적 건축물이 하기아 소피아(532-537년)라면(이에 대해서는 이 책, 송유레, '하기아 소피아와 거룩함의 기하학'을 참고할 것), 이 도시에서 오스만 제국의 참모습을 대변하는 건축물은 무엇일까? 갈라타에서 바라다보이는 세 번째 언덕에서 웅장하고도 단정한 외관으로 서 있는 모스크, '쉴레이마니예'에 오스만 제국의 건축적 성과가 집약되어 있다고 할 수 있다. 이 모스크의 이름은 건립자인 오스만 제국의 열 번째 술탄인 쉴레이만 1세(재위 1520-1566)의 이름을 땄다. 1520-1566년 오스만 제국의 전성기를 통치한 그를 서양인들은 '위대한 자(일 마니피코)'라고 불렀다. 쉴레이만 대제는 이라크와 발칸 반도에서 군사적 성공을 거둔 뒤 그의 재산을 쏟아 부어 1577년 쉴레이마니예 자미('자미'는 금요 모스크를 가리키는 터키어)를 완공했다.

주변에 여러 채의 건축물도 함께 지어졌다. 인공적으로 조성한 넓은 평지 위에 지어진 건물군(群)은 북쪽으로 골든 혼을 내려다보고 있다. 그곳은 대도시 이스탄불에서 술탄이 예배를 드리기 위해 행차하는 종교적 중심이었다. 이스탄불 주민들의 문화 중심이자 일상생활의 중심이기도 했다.

쉴레이마니예 자미는 주변에 마당과 담장을 거느리고 기품 있게 서 있다. 담장으로 둘러싸인 자미의 영역은 216×144미터 규모다. 자미 건물 안으로 들어서면 웅장하고도 조용한 빛이 가득하며, 탄성을 자아내는 큰 공간이 우리를 맞는다. 장엄한 공간의 바닥에선 무슬림들이 성지인 남동쪽 메카를 향해 엎드려 기도를 올리고 있다.

일반적으로 이슬람 신도들은 모스크 안에서 메카 쪽을 향할 때 '키블라'라는 벽과 마주한다. 그 벽 한가운데 '미흐라브'라는 벽감(壁龕, 장식을 목적으로 벽을 오목하게 판 공간)이 설치되어 있다. 키블라와 미흐라브를 두는 것은 이슬람의 오래되고 확고한 전통이다. 그런데 이 모스크의 나머지 부분은 다른 모스크에서는 볼 수 없는 독특한 디자인과 놀라운 축조 방식을 지녔다.

신의 섭리 표현한 건물

자미의 중앙에서 사방을 보면 4개의 육중한 벽기둥이 큰 정사각형 바닥의 각 모서리에서 아치를 떠받치고 있다. 아치, 펜던티브, 크고 작은 돔들의 여러 구조체가 질서정연하게 기하학적 체계를 이루며 결합해 있다. 전체적으로는 넓고 천장이 높아 탁 트인 공간을 만들어 놓았다.

자미 한가운데서 꼭대기를 올려다보면 둥근 돔이 보인다. 서양 건축 전통에서 돔은 종종 하늘을 암시하는데, 이곳의 돔도 천상을 은유한 듯하다(그림 13.3). 돔 표면에는 아름다운 패턴을 천상의 그림인 양 그려 놓아, 돔의 장려한 자태를 더해 준다.

돔의 한가운데 가장 높은 곳에는 둥근 금빛 명판에 장식적인 글자가 쓰여 있다. 당대 최고의 서예가였던 하산 첼레비가 쓴 쿠란 구절(35장 41절)이다.

> 하늘과 땅이 운행을 멈추지 않도록 하는 분이 하나님이시니 그것들이 운행을 벗어날 때 어느 누구도 그것들을 유지시킬 수 없나니 실

그림 13.3. 쉴레이마니예 자미 내부 돔

로 하나님은 관대하심과 관용으로 충만하심이라.

돔이 하늘을 은유함을 명확하게 해 주는 문장이다. 건물 전체가 신의 섭리 아래 놓여 있음을 말해 준다. 남쪽과 북쪽의 아치 아랫부분은 4개의 거대한 대리석 기둥이 받치고 있다(그림 13.4). 각 기둥은 하나의 큰 돌을 깎아 만든 것이라 그 자체의 위용도 대단하다. 쉴레이마니예를 지을 때 창립자인 술탄을 비롯해 설계자와 건설자들은 이 건축물의 상징적 의미와 예술적 가치를 뚜렷이 이해하고 있었던 것 같다.

이 건물을 지은 궁정건축가 미마르 시난(1490-1588)이 친구 무스타파 사이 첼레비에게 부탁해 남긴 생각을 읽어 보자. '건설기록

그림 13.4. 쉴레이마니예 자미의 내부

(Tezkiretü'l Bünyan)'이라는 제목의 이 글은 산문과 운문이 결합된 형식이다.

> 네 개의 대리석 기둥은 네 명의 선택된 친구들을 상징하며 그 각각은 믿음의 정원에 있는 당당한 사이프러스 나무 같다. 각각은 다른 땅에서 왔는데, 그중 하나는 이교도 시대에 한 처녀에 의해 크즈타쉬 지구에 세워진 것이다. 처녀 기둥(크즈타쉬)이라 불리는 그 기둥은 큰 돌 하나로 만든 미나레트 같고 투바나무[26] 둥지 같다.

26 천구에 있다고 하는, 뿌리가 위에 있고 가지가 아래에 있는 큰 나무를 가리킨다.

순수한 대리석 기둥들은
천국의 바퀴살이 된 것 같도다.
한 처녀가 보물을 사람들과 신령들에게 선사했고
그녀를 기억하도록 기념비를 세웠도다.
산을 깎는 자 같은 거장이 왔고
그가 그것과 더불어 이 기둥 없는 볼트의 벽기둥을 만들었도다.[27]

여기서 '네 명의 선택된 친구들'은 이슬람교 수니파에서 숭상하는 4명의 정통 칼리파, 즉 라쉬둔 칼리파를 가리킨다(그들의 터키식 이름은 에부 베키르, 외메르, 오스만, 알리다). 이 칼리파를 상징하는 4개의 기둥은 천상을 떠받치는 바퀴살이나 정원의 사이프러스 나무들로도 읽혔다. 이렇듯 종교적 상징인 동시에 오스만 제국의 위용을 나타내는 상징이기도 했다.

인용한 글에서 보듯이 이 기둥 중 하나는 이스탄불 내에서 가져왔고, 다른 하나는 톱카프 궁전의 첫째 마당에 보관되어 있던 건설자재를 가져온 것이다. 나머지 두 기둥은 이집트의 알렉산드리아와 레바논 지역의 바알베크에서 배로 실어 왔다. 뒤의 두 곳은 술탄 쉴레이만의 아버지인 술탄 셀림 1세 때 새로 확보한 오스만 제국의 영토였다. 바알베크는 로마시대 가장 큰 신전이 있던 곳이다. 비잔틴 제국의 유스티니아누스 황제는 6세기 하기아 소피아 성당을 짓기 위해

27 이 글에서 미마르 시난이 쓴 텍스트의 인용은 다음의 책에 실린 텍스트를 사용했다. Howard Crane, Esra Akın, *Sinan's Autobiographies: Five Sixteenth-Century Texts*, Brill Academic Publishers, 2006.

그 신전의 기둥 8개를 해체해서 배로 실어 오기도 했다. 그러한 고대 제국의 전통에 따라 쉴레이만도 제국 곳곳에서 대표적인 고대 유산의 기둥을 가져와 한 건물에 결합시켰다. 제국의 통합을 과시한 것이다. 기둥만이 아니다. 아치의 홍예석들은 다양한 색상의 대리석을 깎은 것인데 그것들도 제국 여러 곳에서 가져왔다.

이 건축 공간의 종교적 경건함과 제국의 힘은 규모와 재료에서만 뿜어져 나오지 않는다. 무엇보다 이 건축물의 아름다움에서 나온다. 이 건물은 보면 볼수록 고도로 세련된 비례의 감각으로 만들어져 있다. 미흐라브와 밈바르(연단), 문과 창문, 각종 장식물 등은 중요한 부분이 더 강조되어 보이도록 비례를 맞추면서도 크기와 색채에 차이가 나게 했다. 볼트(vault), 돔(dome) 같은 곡선 구조체는 입체적으로 짜 맞춰져 있어서 공간 전체의 수학적 비례관계가 한눈에 들어온다. 이 아치들은 "하늘의 아치 같고 미인의 눈썹 같아, 전문가들의 눈을 매료시켰다." 종교적 성소에 걸맞은 아름다움이 넘치는 공간이 되도록 건축가는 모든 노력을 기울였다.

비잔틴의 유산을 능가하다

흥미롭게도 이 자미 안에서는 하기아 소피아의 그림자를 찾아볼 수 있다. 이 건축물의 평면과 구조체 모양은 하기아 소피아를 많이 닮았다. 콘스탄티노플을 정복하기 전부터 오스만인들은 하기아 소피아를 침해할 수 없는 신비한 걸작으로 간주했다. 콘스탄티노플을 함락시켜 '파티흐(정복자)'로 불리게 된 술탄 메흐메트 2세는 가장 먼저 그곳을 찾아가 경의를 표하고 곧바로 미흐라브를 설치해 이슬람의 성소로 삼았다. 그 후 오스만 제국의 건축가들은 하기아 소피아를 능가하거나 모방하려는 시도를 하게 된다. 쉴레이만 대제의 궁정건축가 미마르 시난도 하기아 소피아의 양식을 따랐다. 그의 말에 따르면 쉴레이마니예는 하기아 소피아 양식을 따라 만든 건물로서는 완벽했다.

> 시대의 기술자들과 상서로운 기념비적 건물들의 감독자들이 볼 때 하기아 소피아의 양식으로 지은 이전의 건물들은 품위를 갖추지 못했지만, 이 종은 고귀한 셰흐자데 술탄 메흐메트 자미[28]와 그것을 본으로 삼아 만든 고귀한 술탄 쉴레이만 건물군을 완벽하게 했습니다. 그래서 이 높은 건축물에 다양하고 아름다운 예술작품들이 만들어졌고 그 각각은 품위를 지니고 있습니다.

여기에는 하기아 소피아를 능가하는 작품을 만들고자 하는 의지가 엿보인다. 당대의 무슬림들은 쉴레이마니예의 손을 들어 주었을 법도 하다. 그 시대의 건축가, 건설가, 그리고 술탄은 그렇게 자부했을 것이다. 쉴레이마니예의 구조와 빛 처리는 1,000년 전의 걸작인 하기아 소피아를 능가할 정도로 논리적이고 명료하며 빈틈이 없다.

쉴레이마니예의 구조적 형태들은 안팎에서 감춤 없이 드러난다. 이는 모든 것을 밝고 정확하게 드러내는 오스만 제국의 문화적 자신

---

28 쉴레이만이 일찍 죽은 자신의 아들 메흐메트 왕자를 기려 시난에게 건축을 맡겨 지은 모스크.

감으로 보인다. 내부로 들이비치는 빛은 창들의 위치를 다 드러내며 건물 안을 환하고 부드럽게 비춘다. 논리적으로 만들어졌지만 압도적인 장엄함과 종교적 경건함이 함께 깃들어 있다. 하기아 소피아가 웅장하고 신비한 어둠 속에 신플라톤주의적 상징을 담고 있다면, 쉴레이마니예에서 보이는 명증하고 논리적인 표현은 그때까지 없던 새롭고 현대적인 미학이다.

아치, 돔, 기둥, 문의 조합은 뜯어보면 볼수록 정확히 짜 맞춘 인상을 준다. 이는 하기아 소피아의 겉모습과 비교할 때 분명해진다. 하기아 소피아는 2,000여 년 가까운 세월 속에 건물이 낡아 구조가 위태로워졌다. 그래서 건물 바깥에 덕지덕지 수많은 부벽을 지어 보수한 상태다.

쉴레이만 대제의 건축가였던 시난 본인도 보수공사를 맡았다. 하지만 쉴레이마니예는 하기아 소피아의 미적, 구조적 결함을 극복한 완결성을 추구했던 것 같다. 그래서인지 쉴레이마니예는 깔끔하고 완벽한 인상으로 지금 보아도 새로 갓 지은 건물처럼 서 있다.

지도층의 기부와 명예

오스만인들은 제국의 수도 이스탄불을 건설하면서도 콘스탄티노플을 능가하려 했다. 1453년, 천 년 역사를 이어 온 비잔틴 제국의 최후 보루 콘스탄티노플을 무너뜨린 술탄 메흐메트 2세는 곧바로 이 기독교 도시를 이슬람 제국의 상징으로 개조하기 시작했다. 비잔틴 교회들이 서 있던 언덕에는 자미와 왕궁을 지었다. 콘스탄티노플에 남아 있던 물리적 기반 — 길, 성벽, 수로, 광장, 그 밖의 구조물 — 들은 선별적으로 활용했다.

메흐메트 2세의 새 수도 건설은 기독교 세계에 대한 이슬람 세계의 승리를 떨쳐 보이려는 의도가 넘쳐났다. 그에겐 그리스 문명을 존중하고 껴안을 아량이 있었다. 그의 정복지에 있는 아테네, 코린토스, 델포이의 신전들을 방문했던 메흐메트 2세는 이슬람 중심으로 제국을 경영하고 도시를 건설하려 했다. 오스만 제국이 비잔틴 문명의 유산에 대해 보인 태도는 취사선택적이었다.

다시 쉴레이마니예 자미 안으로 들어가 보자. 키블라 벽에 난 창문들을 통해 그 너머에 마당이 있는 것을 볼 수 있다. 마당 한가운데에 쉴레이만의 무덤이 있다. 그의 아내 록셀라나의 무덤도 그곳에 독립된 건물로 서 있다. 이런 배치 때문에 메카를 향해 기도하는 이들은 이 건물의 창건자에게도 동시에 경의를 표하게 된다. 이런 위계적 배치는 오스만 고전기에 확립되었다.

오스만 건축사업의 주된 재원은 술탄과 지도층의 기부로 마련되었다. 터키어로 '바크프(Vakıf)'라고 하는 이 기부는 이슬람의 오랜 전통에서 나왔다. 바크프는 종교나 자선을 목적으로 한 토지나 세수(稅收)의 원천이었다. 메드레세, 이마레트, 모스크 같은 종교재단에 소속되어 있었다. 쉴레이만뿐만 아니라 뤼스탐 파샤, 소쿨루 메흐메트 파샤 같은 그의 재상들도 종교재단을 설립하고 건축사업을 펼쳤다.

여러 백성이 사용하는 공공건축물도 바크프로 지었다. 그 후원자는 명예를 대가로를 받았다. 이는 같은 시기 유럽의 르네상스 문화와 비교해 볼 만하다. 유럽에서도 공공사업을 장려했고 후원자의 명예를 독려했다.

그림 13.5. 쉴레이마니예 자미의 앞마당. 한가운데에 샤르드반이 보인다.

수로체계와 정교하게 결합

무덤 반대편에는 자미 본체를 사이에 두고 앞마당이 있다(그림 13.5). 그래서 앞마당과 자미 본체, 묘역이 세 개의 직사각형 평면을 이루며 일렬로 이어지는 디자인을 이룬다. 지금은 앞마당을 쓰지 않는 자미가 많지만, 원래는 앞마당이 자미 본체로 들어가는 정식 입구였다.

여러 개의 기둥이 사방을 감싸고 있는 앞마당 한가운데 장식 분수인 '샤르드반'이 있다. 그것은 단순한 장식물이 아니다. 15-16세기의 물 공급체계는 대도시 이스탄불의 가장 중요한 시설이었다. 수도시설은 오스만 제국 건축가들의 중요 과업이었다. 건축가들은 도시 외곽부터 수로체계를 건설해 도시 곳곳에 상수도관을 설치했다. 로마시대의 옛 수도교도 보수해서 썼다.

대도시 이스탄불의 물 공급을 위해 총괄계획이 세워졌다. 이에 따라 취수지, 댐, 수로, 터널, 주요 배수지점(터키어로 '탁심') 등이 계획되었다. 이스탄불 외곽 벨그라드 숲의 카이타네 물 공급체계가 대표적인 예다. 쉴레이마니예는 '할칼르 수유(Halkalı Suyu)'라는 130여 킬로미터에 달하는 16개의 급수체계와 연결되어 있었다. 1554-1563년 재건된 크르크체쉬메(Kırkçeşme) 체계도 쉴레이마니예와 긴밀하게 결합되었다. 4개의 수도교가 포함됐고 수도교는 높이가 최고 35미터, 길이 700미터에 이르렀다. 이 체계로 이스탄불 내 300개가 넘는 곳의 분수에 물이 공급되었다.

오스만 제국의 주요 건축물은 대부분 수도관과 연결되어 있었다. 쉴레이마니예 자미에서도 상수도관이 앞마당의 샤르드반 지점으로 들어와 거기에 물이 저수되었다가, 바닥을 통해 자미 본체 안으로 물이 들어가 자미 중심부에서 좌우로 꺾여 외벽으로 물이 공급되도록 설계되었다. 쉴레이마니예 자미의 바깥에는 양쪽 옆벽 아랫부분에 각각 17개씩 수도가 설치되어 여러 사람이 예배를 볼 때 손발을 씻고 들어가도록 했다. 건물과 함께 통합 설치된 이 시설은 매우 독특하고 절묘한 디자인이다(그림 13.6).

높은 첨탑인 미나레트 — 이 탑에 올라 크게 소리쳐 기도자들을 불렀다 — 도 고전기 오스만 시대 첨탑보다 날렵하고 아찔한 높이로 디자인되어 자미 본체와 긴밀하게 통합되었다. 시난은 쉴레이만이 제국의 10번째 술탄임을 표현하기 위해 6개의 첨탑에 10개의 발코니를 설계했다.

쉴레이마니예 자미의 경계 벽 밖에는 여러 채의 건물이 있다. 오스만 술탄이 지은 자미들은 자미(금요 모스크)와 마스지드(소규모 이슬

그림 13.6. 쉴레이마니예의 동쪽입면

람 사원에 대한 일반적 명칭)를 기본으로 메드레세, 이마레트, 병원, 목욕탕, 대상(隊商) 숙소, 메크텝 등의 여러 건물이 종종 집합을 이뤘다. 지금은 상당수가 원래 용도가 아닌 상업용 레스토랑 등으로 개조되어 있는 것을 쉴레이마니예 영역에서도 볼 수 있다.

오늘날 '퀼리예'라고 부르는 복합적이고 통일된 이 건물군은 동쪽의 이슬람 국가에서와 달리 셀주크 제국 때부터 발전하기 시작했는데, 오스만은 그것을 체계적으로 발전시켰다.

이 중 메드레세(아랍어로는 마드라사)는 이슬람 율법을 가르치는 대학이다. 쉴레이만 대제 때부터 그 상위 졸업자들은 종교관료계(일미예)의 일원이 되었다. 메크텝은 고아들에게 코란을 가르치는 학교다. 이마레트는 가난한 사람에게 무료로 음식을 배급한 구호소로, 쉴레이만 재위기까지는 종교기관의 핵심 요소였다. 병원도 구호소와 더불어 이 건물군에 포함된 중요한 시설이었다.

자미 건물군은 사회제도의 총체

규모가 큰 요소로 '카라반사라이'라는 대상들의 숙소도 두었다. 셀주크 제국 시대와 룸 셀주크 시대에는 아나톨리아 반도 교역로에 카라반사라이가 일정한 거리마다 설치되어 있었다. 카라반사라이는 오스만 제국기에 자미 건물군에 통합되었다. 대상들은 자미 건물군의 마당에 텐트를 치고 숙박하기도 했다. 오스만 제국기에 이들 건물은 균형 잡힌 통일적 구성물을 이루면서 이렇게 교육, 구호, 교역의 장소가 종교와 통합되어 도시 곳곳에서 주요 거점 노릇을 했다.

쉴레이만 대제 때 오스만 제국은 전성기를 맞았다. 그 시기 제국 전체에 건축적 전형(典型)들이 형성되고 확립되었다. 제국이 건축물을 만들고, 건축물은 제국을 지탱했다. 14세기 후반-15세기 초반의 초기 오스만 시대 건축 유산은 셀주크의 건축 유산과 마믈루크, 티무르의 요소가 결합된 특징을 보인다. 제국의 세 수도였던 부르사, 에디르네, 이스탄불을 살펴보면 그 변화 과정을 감지할 수 있다. 오스만 제국의 첫 번째 수도 부르사의 바예지트 1세 건물군(1390-1395)과 비교해 보면 고전기의 구성이 얼마나 질서정연하고 기념비적인지 알 수 있다. 바예지트 건물군에는 자미, 무덤, 학교, 마스지드, 구호소, 욕장 등이 남아 있다. 그 밖에 왕궁, 카라반사라이, 수피 고행자 데르비쉬의 숙소인 자비예(zaviye)도 있었다. 고전기 오스만 건축과 비교하면 전체적인 건물 배치는 기하학적인 틀이 약했다.

셀주크 건축과 비교할 때 오스만 건축의 통일된 형식은 뚜렷해진다. 그 경향은 당대 서유럽 건축 경향과도 상응하는 것이라 흥미롭다. 오스만과 서유럽은 건축 문화를 교류했을 가능성이 높다. 정치인과 예술인들이 왕래했으니 소식과 책자들도 충분히 전해졌을 것이다. 15, 16세기에 이스탄불과 로마에서는 술탄과 교황들이 고대 유산을 재발견해 장대한 기념비와 도시를 새로 짓는 '르네상스'를 추진했다. 기독교 문명과 이슬람 문명은 서로 경쟁했기에 둘은 우리가 짐작하는 것보다 서로를 훨씬 더 잘 알고 있었을 것이다.

불멸을 위하여

쉴레이마니예 건물군의 북쪽 모서리에는 누구보다 공이 많았던 궁정 건축가 미마르 시난의 무덤이 있다. 무스타파 사이 첼레비가 그 묘비문을 썼다.

> 오, 그대는 이 세상 거처에 하루 이틀 머물렀소.
> 물질 세상은 사람에게 평온의 자리가 되지 못하는 법.
> 이 뛰어난 사람은 술탄 쉴레이만의 건축가였고
> 지고한 천국을 닮은 모스크를 지었소.
> 왕명을 받아 왕의 수로들을 철두철미하게 지었고
> 흐즈르(Hızır)가 되어 세상에 삶의 물길을 텄소.
> 그는 숭고한 아치들로 체크메제 다리를 지었는데
> 그 다리는 하늘의 은하수를 닮았소.

그는 사백 채 넘는 마스지드를 지었고
이 절세 거장은 팔십 군데에 금요 모스크를 지었소.
그는 백수를 넘겨 삶을 마감했으니
신이여 낙원의 정원을 그의 안식처로 마련하소서.
그가 떠난 날을 미천한 사이가 기록하나니
시난, 건축가들의 우두머리가 이제 떠났도다.
젊은이건 늙은이건 그의 영혼을 위해 파티하를 암송하시오.

-이슬람력 996년(서기 1588년)

시난은 쉴레이만 1세 때 궁정건축가가 되어 30여 년 동안 쉴레이만을 위해 일했다. 그는 1490년경 카파도키아의 카이세리 지방에서 태어났다. 그의 부모는 터키어를 하는 기독교인이었을 것으로 추정된다. 또한 그는 10대 후반에 오스만 타격대인 예니체리 부대에 들어가 여러 전투에서 군사시설을 건설하고 유지·보수하는 공병으로 활동했다. 그는 로데스, 벨그라데, 모하치, 빈, 바그다드, 코르푸, 아풀리아, 몰다비아 등 술탄 쉴레이만 대제의 여러 원정전투에 참전해 진급을 거듭했다. 그리고 1537년, 47세에 제국의 가장 높은 건축가의 지위인 궁정건축가에 오른다.

시난은 쉴레이만 시기에 이어 셀림 2세(재위 1566-1574)와 무라드 3세(재위 1574-1595) 시기까지 궁정건축가로 활동하다 죽었다. 그는 술탄과 술탄의 가족, 지배층의 의뢰를 받아 제국 전역에 수로와 다리, 마스지드, 금요 모스크 등을 지었다. 그는 이스탄불에만 200여 채의 건축물을 지었다. 오스만 제국은 쉴레이만 1세 때 페르시아 만에서 아드리아 해까지, 다뉴브 강에서 알제리까지의 광대한 영토와 다양한 민족을 지배했다. 시난의 활동무대도 그만큼 넓어졌다. 시난의 예술성과 명성은 같은 시기에 활동한 미켈란젤로나 팔라디오와도 오늘날 비교되곤 한다. 적어도 제국의 수장건축가로서 시난의 작업량이 유럽건축가들의 성과를 훨씬 뛰어넘는다는 점은 확실하다. 시난은 말년에 자신의 건축 작업에 대해 이렇게 구술했다.

> 이 노예, 카이세리의 시난도 각 건물을 지으며 온갖 고초를 겪었습니다. 그 모든 건물은 단연코 신의 도움을 입어, 오스만 왕가의 훌륭한 통치와 너그러운 후원, 우리의 성의에 의해 지어졌습니다. 건축보다 더 어려운 예술은 없습니다. 이 존경스러운 일에 종사하는 사람이라면 우선 의롭고 경건해야 합니다.
>
> 견고하지 않은 땅에 기초를 놓아서는 안 되며, 기초를 놓기 시작했으면 건물에 결함이 없도록 살펴야 하고 단단한 기반에 닿게 해야 합니다. 또한 벽기둥, 기둥, 버팀대의 많고 적음에 따라, 그 위에 돔과 반쪽 돔을 덮어야 하고 올바른 방식으로 실수 없이 아치들을 결합해야 합니다. 중요한 일에 서둘러서는 안 되며 '인내가 승리를 안겨 준다'는 말대로 참아야 합니다. 그래야만 신의 도움으로 신이 그의 건물에 불멸을 안겨 주는 것을 볼 수 있습니다.

시난은 건축의 견실함과 아름다움을 균형 있게 추구했다. 그의 작품에서 종교적 상징을 담은 뛰어나고 완벽한 아름다움을 확인할 때 종교와 사상을 떠나 즐거움을 느끼게 된다. '의롭고 경건한' 건축가 시난은 신의 도움과 인간의 노력과 인내를 통해 완벽하고 우아한 창작물이 불멸에 이르기를 소망했다. 그것은 동시대 유럽 르네상스 건축의 가치체계와도 통하는 것이었다. 전성기 오스만 시대는 제국의 문화적 힘에 개인의 뛰어난 재능과 헌신이 결합되어 인류문명사상 가장 창조적이고 일관된 문화유산을 남겼다. 시난 시대 이후 제국은 사라졌고 그의 유산은 종교와 사회의 변동으로 흔들렸다. 하지만 불멸의 유산들이 그곳에서 아직 살아 숨 쉬고 있다. 그의 소망처럼.

참고문헌

프릴리, 존, 『이스탄불』, 민승남 옮김, 민음사, 2007.

Burelli, Augusto Romano and Paola Gennaro, *Sinan's Mosque*, Tübingen: Wasmuth, 2009.

Crane, Howard and Esra Akın, *Sinan's Autobiographies: Five Sixteenth-Century Texts*, Leiden: Brill Academic Publishers, 2006.

Necipoglu, Gulru, *The Age of Sinan: Architectural Culture in the Ottoman Empire*, London: Reaktion Books, 2010.

Rogers, J. M., *Sinan: Makers of Islamic Civilization*, London: I. B. Tauris, 2007.

제14장

근대 영국인들의 터키 여행기

'무함마드의 낙원'에서 '분칠한 창부(娼婦)'까지

김윤경

과거에는 물론이고 현재도 터키는 동서양이 역동적으로 만나는 지점이다. 과거의 흔적이 복합적으로 충적되어 있는 데다 풍광도 다채로워 관광객들은 경탄해 마지않는다. 지금도 매력적인 터키가 근대 유럽 여행객들에게는 어떤 곳으로 보였을까. 일반화의 위험을 무릅쓰고 답을 말해 보기로 하자.

그때의 유럽 여행객들은 십자군전쟁을 기억하고 있었다. 인문주의 전통이 강해 그리스 로마 고전도 잘 알고 있었다. 이 때문에 터키 지역을 익숙해하면서도 낯설어했다. 기이하게 보면서도 혐오했다. 17, 18세기 터키 지역을 여행한 영국인들의 기록을 통해 근대 유럽인의 눈에 비친 터키를 살펴보자.

근대에 열린 '적대지역' 여행

사전 작업으로 근대의 여행과 여행기, 오스만튀르크 제국에 대해 알아본다. 중세 사람들에게 가장 먼 여행은 성지 순례였다. 이 때문에 13세기의 마르코 폴로나 중세 최고의 여행기 작가인 존 맨드빌이 실제로 여행을 했는지 의심이 들 정도다. 하지만 항해기술이 급작스럽게 발전한 덕분에 근대 유럽인들은 이전과는 비교할 수 없는 수준으로 세계 각지를 여행하게 되었다.

근대 초 적지 않은 유럽인이 미 대륙과 인도, 중국을 가 볼 수 있었다. 상업적, 정치적, 외교적 목적의 여행도 있었지만 견문을 넓히고 즐기기 위한 여행도 있었다. 그들은 목격한 경치와 인종적, 문화적 차이에 대해 다양한 기록을 남겨 놓았다. 그에 따라 여행기를 출판하고 출판된 여행기를 번역하는 사업이 성황을 이뤘다. 이에 대해 어느 학자는 “근대 유럽의 여행기는 가장 인기 좋고 융통성 있는 장르였다. 다양한 형식으로 독자층을 교육시키고 즐겁게 해 줬으며 국가적 자존심과 상업투자를 고취했다”고 평가했다.

1453년 콘스탄티노플을 점령하고 16세기 정점에 올랐던 오스만 제국은 근대 유럽인이 무시할 수 없었던 세계의 패자(霸者)였다. 유럽인은 이슬람에 대해 뿌리 깊은 편견과 혐오감을 지녔지만 그들을 백안시하기 어려웠다. 16세기 전반 쉴레이만 1세가 빈을 포위하고 베네치아와 전쟁을 치렀을 때, 유럽은 오스만튀르크로부터 위협을 느꼈다. 하지만 그 후 유럽의 여러 나라가 오스만 제국과 통상조약을 맺어 문물을 교류하며 내왕하게 되었다. 덕분에 터키에 대한 학문적 연구가 이뤄졌다. 영국도 그러했다.

영국인들은 중세 이래 이슬람 사회에 대한 부정적인 이미지를 유지했다. 동양 세계(이슬람권)에서는 폭정이 빚어지고 무절제한 욕망과 관능이 가득 차 있다는 편견을 갖고 있었다. 그런데도 다른 유럽 국가보다 늦지 않은 시기에 오스만튀르크와 통상조약을 맺었다.

오스만 제국 처지에선 영국이 유럽의 서쪽 끝에 있고 유럽 대륙에 있는 나라들과는 경쟁관계에 있으니, 오스만 제국과 가까워 오스만을 위협할 수 있는 유럽 가톨릭 국가를 견제해 줄 유익한 이웃이라고 봤을 수도 있다. 1592년 영국에서 레반트 상사가 수립된 후, 이 근방 지역을 여행하는 사람수가 대폭 늘어났다. 영국인들이 보는 연극에 터키의 술탄이 등장했다. 터키 역사를 소개한 책이나 코란의 번역본도 활발하게 출판되었다.[1]

영국에서는 여러 편의 여행기가 출판되었는데, 터키 지역 여행기도 상당수 있었다. 토머스 댈럼(Thomas Dallam)과 조지 샌디스(George Sandys), 윌리엄 리스고(William Lithgow), 몬태규 부인(Lady Wortley Montague) 등 4명의 영국인이 쓴 터키 지역 여행기를 보자. 댈럼, 샌디스, 리스고는 사회적 신분과 관심사는 각기 달랐어도 1600년대 초 터키 지역을 여행했다는 공통점이 있다. 몬태규 부인은 1700년대 터키를 방문했으므로 시기상 세 사람과의 차이점과 함께 여성 여행자의 시각도 보여 줄 수 있을 것이다.

몰랐던 만큼 느낀 여행자

'아는 만큼 보인다'는 말이 있다. 방문지에 대한 지식을 어느 정도 갖고 있으면 여행은 분명 달라진다. 보잘것없는 돌덩어리조차 인류 역사에서 중요한 발자취임을 배울 수 있는 것이다.

---

1 근대 전기 영국은 식민 후발 주자였고, 여행기의 출판도 16세기 중반에는 유럽 본토 국가들에서 출판된 여행기의 번역으로 시작하였다. 리처드 에덴(Richard Eden)의 『신세계, 즉 서인도에서의 세월(*The Decades of the New World, or West India*)』(1555)은 번역서이며, 리처드 해클루트(Richard Hakluyt)의 『영국의 주요 항해(*Principal Navigations, Voyages, Traffics and Discoveries of the English Nation*)』(1589)에도 번역이 적지 않다. 신대륙으로 접근이 더 활발해진 이후에는 여행기 내지 신세계나 낯선 지역에 대한 보고가 자주 출판되었다. 월터 롤리(Walter Raleigh) 경의 『광대하고, 풍요로우며 아름다운 가이아나 발견(*The Discovery of the Large, Rich, and Beautiful Guiana*)』(1596)이나 토머스 코리얏(Thomas Coryat)의 『코리얏의 조잡한 이야기(*Coryat's Crudities*)』(1611), 해클루트의 선집을 증보 편집한 새뮤얼 펄챠스(Samuel Purchas)의 『펄챠스의 순례(*Purchas His Pilgrims*)』(1625), 에드워드 테리(Edward Terry)의 『동인도로의 항해(*A Voyage to East-India*)』(1655) 등이 대표적인 작품이다.

17세기 초 오스만튀르크를 방문한 댈럼과 샌디스는 신분과 터키에 대한 지식의 정도가 극명하게 달랐다. 그런 만큼 그들이 기록한 터키의 모습도 사뭇 다르다. 랭커셔 출신의 시계 오르간 제작공인 댈럼은 4명 가운데 신분이 가장 미천했다. 그는 일지(journal)의 형태로 자신의 여행을 기록했을 뿐 출판은 하지 않았다.

여행이 급격히 활발해진 시기라 해도 터키까지 가는 장거리 여행은 아무래도 상인이나 선원 혹은 상류층이 주류를 이룰 수밖에 없었다. 댈럼은 그런 계층에 속한 이가 아니었다. 그는 영국의 군주 엘리자베스 1세로부터 오스만의 메흐메트 3세 즉위 선물로 보내는 시계 오르간을 재조립하라는 명을 받아 1598년 터키를 여행하게 되었다.[2]

댈럼은 별다른 준비와 목표 없이 여행을 떠났다. 이 때문에 그의 기록은 일차적인 인상에만 충실할 뿐 특별한 교훈을 제시하지 않는다. 미천한 신분임에도 그는 오스만튀르크 제국의 핵심인 톱카프 궁전에 머물렀다. 소시민답게 댈럼은 그의 여행을 둘러싼 정치적 맥락에는 관심을 두지 않았다. 끊임없이 늘어나는 여행비용에만 신경을 썼다.

그는 여행 중에 발생한 통역과 지역 주민과의 갈등에 대해 소박한 불평을 털어놓았다. 지중해의 풍광에 대해서는 감탄을 아끼지 않는다. 톱카프 궁전에 들어간 후에도 오스만튀르크 제국에 대한 이해는 안중에 없고, 재조립해야 할 오르간의 상태와 자신이 경험한 터키에 대해서만 꾸밈없는 말투로 기술한다.

---

2 댈럼의 여행에 대해서는 Gerald MacLean의 *The Rise of Oriental Travel*를 참조할 것.

> 그렇게 잘 정돈된 정원이 세상에 없을 것 같다. … 웅장한 건물이 있었고, 대리석, 혹은 그 비슷한 돌이 놓여진 보도가 있는 마당도 여럿 있었다. … 11월인데 저녁을 먹기 위해 앉자 포도를 덩굴에서 떼어 오는 것을 볼 수 있었고, 그 포도를 내가 먹도록 가져왔다. … 나는 약 한 달 동안 매일 그 궁전에서 밥을 먹었는데, 그때마다 포도를 먹을 수 있었다.
>
> [술탄은] 근엄하게 앉아 있었으나, 그 뒤에 서 있는 사람들은 그와 비교할 수 없었다. 그 광경을 보고 거의 다른 세상에 와 있다고 생각할 정도였다.[3]

고향과 런던밖에 몰랐던 댈럼이 경험한 오스만튀르크는 풍요로운 자연과 화려한 궁전이 여행객을 감동시키는 곳이었다. 톱카프 궁전과 술탄이 보여 주는 압도적인 장관 앞에 복잡한 자의식이 없었던 댈럼은 질투심이나 불편함을 표현하는 일 없이 그저 경탄했다. 그의 기록은 평범한 유럽인들이 터키를 방문했을 때 느꼈을 감탄을 짐작하게 해 준다.

하지만 그가 순수한 눈으로만 본 것은 아니었다. 그도 보통의 유럽인들처럼 터키나 터키인에 대한 편견과 불신을 어느 정도 지니고 있었다. 오르간이 마음에 든 술탄이 아랫사람들을 통해 댈럼에게 터키 정착을 강권한 일화를 소개하면서, 터키에 대한 유럽인들의 판타지에 부합하는 이야기도 한다.

---

3 댈럼의 일지는 *Travel Knolwege*의 발췌 부분을 사용하였다. 댈럼의 여행에 대해서는 Gerald MacLean의 *The Rise of Oriental Travel*를 참조할 것.

그는 문지기가, 자신이 터키에 정착하면 술탄이 아름다운 부인을 두 명이나 줄 것이라고 유혹했고 공놀이를 하고 있는 첩들을 하렘으로 난 틈을 통해 엿보게 해 줬다고 말한다. 하지만 일지 형태로 기록했고 출판을 의도했는지조차 알 수 없는 기록물이니 댈럼이 허구와 사실을 얼마나 섞어 놓았는지는 판단하기 어렵다.

댈럼이 대단한 지식 없이 터키에서 경험한 것과 느낀 것을 여과없이 썼다면, 1610-1611년 터키와 예루살렘 등을 방문하고 1615년 여행기를 출판한 샌디스는 그 대척점에서 기록을 남겼다. 샌디스는 귀족이었다. 오비디우스의 『변신』과 성경의 『시편(詩篇)』을 번역한 인문학자였다. 유럽의 정세와 문화를 두루 알고 있었고 종교적 관용이라는 문제에도 관심이 있었던 듯하다.

아는 만큼 본 여행자

샌디스는 당시 식자층이 그러했듯이 그리스 · 로마의 고전, 성경의 배경 지역을 본다는 생각으로 터키와 예루살렘을 방문했다. 이 때문에 그의 여행기는 고전 작품에 대한 소개와 번역, 현장 답사를 통한 고전의 재평가, 현재의 터키에 대한 감상과 분석을 덧붙인 인문학적, 민속학적 탐구이자 백과사전이었다.

『일리아스』와 『오디세이아』, 『아이네이스』 같은 고전의 배경이 되는 지역에서는 그 작품과 관련된 원문을 싣고 그가 운문으로 번역한 것을 제시하며, 그 지역을 고전 텍스트와 함께 탐험할 수 있게 해준다. 오스만튀르크의 역사와 정치를 소개할 때는 당시 출판된 터키 관련 서적에 실린 정도의 정보를 가져왔다. 그리고 상세한 분석을 덧붙여 영양가 있는 읽을거리를 만들었다.

교양 있는 상류 식자층을 위한 샌디스의 여행기는 보통 여행기보다 큰 판형인 4절판 형태다. 정교한 이미지와 지도가 많이 삽입되어 있어 공을 들인 고급 여행기란 인상을 준다. 그 덕분에 여러 번 재판되었고 번역도 되었다.

샌디스는 그리스 · 로마 고전에 대한 지식이 넘치도록 풍부했다. 오스만튀르크에 대한 공부도 게을리하지 않았고, 지식과 목격한 바를 조합하려는 학자적 노력도 기울였다. 경험의 한계에 매몰되지 않고 중립적이고 객관적으로 터키를 소개하고자 하는 냉철한 시선을 유지했다. 샌디스는 열린 마음으로 이스탄불의 아름다움을 감상하면서도 오스만튀르크의 정치적 특성을 날카롭게 평가한다. 거의 모든 이스탄불 방문자가 언급했던, 하기아 소피아에 대한 묘사를 보자.

> 도시의 일곱 언덕은 … 웅장한 모스크들로 왕관이 씌워져 있고, 이 모스크들은 전부 흰 대리석으로 되어 있고, 둥근 지붕이 겹겹으로 쌓여 있다. … 성 소피아 성당은 한때에 기독교 신전이었는데, 다른 모든 모스크보다 뛰어날 뿐 아니라 온 우주를 통틀어 더 뛰어난 것이 없겠다. 긴 시간을 들여 노력해야 이 사원을 묘사할 수가 있다. 그렇게 해도, 직접 눈으로 보고 나니, 내 묘사력이 한스럽기만 하다. 주가 되는 부분은 타원형이며 기둥에 둘러싸여 있는데 비율, 재질, 기술 모두 경탄스럽다. … 지붕은 조그마하며 모자이크화로 장식되어 있다. … 메흐메트 대제가 이 도시를 점령했을 때 이 사원의 제단

> 을 무너뜨리고 이미지들을(장인의 놀라운 솜씨로 되어 있고, 수도 무척 많았는데) 훼손시키고는 모스크로 만들어 버렸다. 모든 주요한 모스크에는 공공 백니오스(Bagnios), 병원이 부속되어 있다(31-2).[4]

샌디스는 예술적인 감동을 표현하면서 종교적인 관점으로 개입하려는 욕망을 잘 억제했다. 기독교인에게 콘스탄티노플 실함(失陷)은 뼈아픈 상처다. 이교도의 성전이 된 하기아 소피아는 현재의 굴욕이라고 할 수 있다. 그런데도 샌디스는 모스크가 이스탄불의 일곱 언덕을 장식하고 있는 모습을 장관이라고 묘사했다. 하기아 소피아 사원의 현재 모습에도 찬사를 아끼지 않았다.

터키의 쇠락도 예측

종교개혁 후 많은 영국 신교도가 성상을 파괴했던 것과 달리 샌디스는 소피아 내의 모자이크화와 훼손을 안타까워했다. 하이아 소피아의 종교적 변화에 대해서는 간략히 사실만 언급하고 오스만튀르크의 모스크들이 지닌 사회적 기능으로 초점을 옮겼다.

후반부에 나오는 오스만튀르크의 역사와 정치에 대한 설명도 흥미롭다. 그는 터키에 대한 총체적인 상을 제시하며 오스만 제국의 미래를 냉철히 전망한다. 당시 술탄이었던 아흐메드 1세의 평판과 투르

---

4 샌디스의 『여행 이야기』에서의 인용은 *Early English Book Online*의 초판본에 의거한다.

크족 시대부터 오스만튀르크에 이르는 터키 역사도 소개한다. 오스만이 현재 가장 큰 제국임을 인정하지만, 노예적인 신민(臣民)과 공포로 통치하는 군주로 구성된 불건전한 정치체제를 지닌 나라로 평가한다.

샌디스는 터키가 곧 쇠락할 것이라고 예측하며 그 까닭을 '터키의 몸은 머리에 비해 너무 커졌다. 머리인 술탄은 전쟁에 익숙하지 않아서 무력에는 관심이 없다. 군대는 나태와 방만으로 부패해 있다'라고 평가했는데 이 예측은 맞아떨어졌다.

샌디스의 여행기는 댈럼의 일지처럼 생기 있고 인간미 넘치는 맛은 부족하다. 그러나 그 시기 유럽 지식인들이 터키에 대해 알고 있던 지식과 실제 경험을 총집합시킨 것이라는 데 의의가 있다. 유럽 여행객들이 갖는 한계를 완전히 벗어난 것은 아니지만, 다른 여행객들이나 지식인들에 비해서는 객관적으로 관찰하고 제시하려 했다는 점도 높이 살 만하다.

댈럼과 샌디스는 이슬람교 문화권인 터키에 대해 일차적이지 않은 태도를 취했다. 마찬가지로 다른 유럽의 여행객들도 이슬람교 문화권인 터키에 대해서는 양가적인 태도를 취했다. 종교적, 인종적으로 타자인 오스만튀르크는 배척해야 할 대상이었지만, 터키 지역의 빼어난 문화와 자연이 유럽인들의 눈길을 잡아끌었기 때문이다. 여행기를 남긴 이들은 보고 경험한 것이 흥미로웠다고 하니 종교적인 이유로는 비난해도, 터키 지역의 매력은 무시하지 못한 것이다.

편견에 갇힌 여행자

시간이 흘러 오스만 제국이 더 이상 정치적으로 위협이 되지 않고, 오리엔탈리즘적 시선으로 터키와 이슬람 문화권을 바라보는 태도가 형성되자 오스만튀르크의 이국적인 면모를 '적극적으로 소비'하려는 태도가 나타났다. 리스고와 몬태규 부인은 앞의 두 사람과는 대조되는 태도로 터키를 바라봤다.

리스고는 4명 중 유일하게 여행을 업으로 삼은 사람이다. 그는 1610-1613년 터키 근방을 여행했다. 1614년 첫 여행기를 출판한 후 유럽 각지를 여행하며 자신의 여행기를 수차 개정 증보했다. 1632년에는 그동안의 여행담을 모아 『긴 여행과 신기한 모험에 관한 이야기』라는 책을 출판했다. 스코틀랜드 출신답게 말투는 무뚝뚝해도 경험을 소상하게 늘어놓은 그는 거의 모든 여행을 도보로 했다고 밝혔다. 그는 '목격자'였다는 사실에 커다란 자부심을 갖고 있었다.

독자를 그다지 의식하지 않은 것 같은 댈럼이나 자신을 억제하며 객관화하려 애썼던 샌디스와 달리 리스고는 시종일관 자신을 영웅적인 경험을 한 주인공으로 묘사한다. 자신의 여정이 고통과 놀라운 일들로 가득했음을 강조했다. 이런 까닭에 리스고 여행기에는 그의 주관이 분명하게 드러난다.

터키에서 이전에 경험하지 못한 다양한 인종과 종교가 공존하는 것을 목격한 리스고는 개신교를 제외한 모든 종교를 경계하고 경멸하며 비판한다. 어느 곳을 가든지 문제가 생기면 가톨릭 국가 출신의 일행을 먼저 의심했다. 터키와 터키인들에 대해서도 종교적인 이유로 맹렬하게 비판했다.

리스고는 오스만튀르크의 윤리에 대해서는 정확하지 않게 설명했다. 터키인들은 기독교 여인을 강간하고도 죄의식을 느끼지 않으며, 해가 뜨기 전에 남쪽으로 흐르는 샘에 몸만 씻으면 죄가 사해졌다고 여긴다고 과장해 써 놓았다. 하기아 소피아에 대한 리스고의 다음과 같은 감회를 보면 그가 개신교인으로서 자신을 얼마나 강조하는지 알 수 있다.

> (터키 어디에서든) 기독교인이 예니체리의 인도 없이 모스크나 교회에 들어갈 수 없기에 나도 영광스럽고 위대한 성소피아 성당에 들어갈 때에 그렇게 해야 했다. 한때는 온 유럽의 아름다움이자 장식이었으나 이제는 위대한 터키인 황제가 매주 금요일, 그들의 안식일에 예배를 드리러 가는 곳이다 … 두 번째 순례를 갔을 때 나는 세상을 향해 실로 이렇게 말했었다.
> 분칠한 창부, 끔찍한 죄를 가린 가면,
> 밖은 아름답고 달콤하나 안은 썩어서 냄새가 난다.
> 외관은 실로 보기에 아름다우나 그 속은 […] 세계에서 가장 더럽고 일그러진 건물이구나(138-9).[5]

유럽 기독교인의 자랑거리였던 하기아 소피아를 오스만 제국의 정예병인 '예니체리'의 감시하에 들어가야 한다고 언급하는 것에서 기독교인 리스고가 입은 자존심의 상처를 짐작할 수 있다. 당시 개

5 『19년의 여행 이야기 모음』에서의 인용은 *Early English Book Online*의 1632년판에 가져왔다.

신교도들이 가톨릭 세력을 비난할 때 쓰던 '분칠한 창부'나 '썩어 버린 속을 가리는 가면'을 거론한 것도 터키에 대한 그의 태도를 보여 준다.

이교도들이 만든 문화를 비판한 리스고는 그 직후 음식과 기후, 풍경을 갑자기 칭찬한다. 한편으로는 우스꽝스럽고 다른 한편으로는 안쓰러운 모습이다. 이는 리스고가 감각적으로 경험한 것과 종교적 입지 사이의 괴리를 원만하게 조율하지 못하고 있음을 보여 준다.

편협한 시선을 보여 준 리스고와 대조되는 이가 터키 대사로 임명된 남편을 따라 1717-1718년 터키에 주재 거주하며 곳곳을 둘러보고 기록한 몬태규 부인이다. 그는 터키의 이질적인 면을 우호적인 시각에서 그리고 있다. 이는 남편과 유럽 여러 곳을 여행한 데다 귀족 출신으로 과학과 문학에 능한 식견 있는 여성이라 가능했던 듯하다.

몬태규 부인은 리스고가 여행한 지 100여 년 후 오스만튀르크에 갔으니 오스만을 덜 위협적으로 보고 유연하게 대할 수 있었을 할 것이다. 그 시기 여성이 터키 지역을 여행하고 기록을 남긴 것이 매우 드물다는 점에서도 이 기록은 주목할 만하다.

터키에 매혹된 여행자

몬태규 부인의 터키 여행기는, 그가 여행 중에 쓴 편지를 모아 1763년 지인이 책으로 출판한 것이다. 편지 중 다수는 여성을 수신인으로 하고 있다. 터키에 머무는 동안 출산을 경험한 몬태규 부인은 그가 관찰한 터키가 이전 남성 작가들이 목격한 터키와 다르다는 사실을 부각했다. 이렇게 자신감을 보인 것은 오스만 제국에서는 여성과 남성의 공간이 뚜렷하게 분리되어 있기 때문이었을 것이다.

오래 머물지 않는 외국인 여행객들은 여행지 이성(異性)의 삶을 정확히 알기 어렵다. 몬태규 부인은 이전의 남성 작가들이 간과하거나 오해한 이슬람 여성들을 봤다. 그들도 기독교인 여성들처럼 선하기도 하고 악하기도 한 보통 인간이며 그 나름의 권리도 갖고 있다고 설명한다.

남성 작가들이 문란한 성적(性的) 공간으로 언급한 터키 목욕탕을 방문한 일화도 있다. 그는 터키 여성들이 옷을 입고 있지 않았을 뿐 영국 시인 밀턴이 '실낙원'에서 묘사한 인류의 조상 이브처럼 우아하고 품위 있다고 칭찬한다. 터키 여성과 목욕탕에 대한 유럽인들의 관음적 시선과 섣부른 욕망 투사는 찾아보기 어렵다.

이 일화에서 흥미로운 것은, 옷을 벗으라는 터키 여성의 재촉에 몬태규 부인이 겉옷을 벗고 코르셋을 보여 줬을 때 보인 터키 여성들의 반응이다. 터키 여성들은 갑갑한 옷에 갇힌 몬태규 부인을 보고 그가 남편의 강요로 코르셋을 입었고 스스로는 벗을 용기조차 내지 못한다고 추측하는 것으로 그려진다. 유럽 여성의 종속 상태를 불쌍히 여기는 이들의 모습은 남성에게 억압받는 터키 여성들의 모습에 대한 기대를 역전시킨다. 유럽인 독자들을 조롱하는 것처럼 보이기도 한다.

오스만 제국의 상류층 부인 방문을 추억할 때도 터키 여성들이 절제된 종교생활과 즐거운 휴식으로 이뤄진 일상을 누리고 있음을 보여 준다. 지긋한 나이의 재상 부인은 자선에 관심이 많고 도덕적으로도 청렴한 것으로 묘사되어 있다. 권력을 차지하고 있는 장군의 젊은 부인은 이국의 미녀답게 더없이 아름다울 뿐만 아니라 세련된 취향의 소유자이고 기분 좋게 손님을 대접하는 매력을 지녔다.

> 춤이 끝나자, 네 명의 멋진 노예가 향단지를 들고 들어와 호박, 알로에 등 풍부한 냄새로 향을 피웠답니다. 그다음 너무나도 훌륭한 옻칠이 된 도자기 잔에 커피를 따라 은도금된 접시에 담아 무릎에 주었습니다. 사랑스러운 파티마가 계속, 아주 기분 좋게, 나를 '우젤 술타나' 즉 아름다운 술타나라고 부르며 대접해 주었어요…. 들어갔던 길로 나왔는데, 마호멧의 낙원에 잠시 있었다고 상상할 수밖에 없었어요. 그만큼 내가 본 것에 홀려 있었거든요.

몬태규 부인은 오스만 제국의 호사스러운 문화를 묘사하고, 감각적으로 경험한 즐거움을 거리낌 없이 자랑한다. 오스만튀르크의 이질성은 호기심과 매혹의 대상이고 그가 적극적으로 향유할 수 있는 것이었다. '무함마드의 낙원'은 유럽인들이 무함마드가 여색을 탐하는 사기꾼이었기에 이슬람교의 천국도 쾌락의 장소로 설명된다고 비판할 때 사용하던 표현이었다. 몬태규 부인은 이 말을 비난의 색채 없이, 즐거움만을 강조하기 위해 사용했다.

17-18세기 4명의 영국인은 종교적으로 적대시한 오스만튀르크를 각기 다른 선입관과 지식, 자의식을 가지고 관찰했다. 장인(匠人)인 댈럼은 선입관에 따라 솔직하고 즉각적인 반응을 보였다. 상류층 지식인 샌디스는 지식을 총동원해 터키의 여러 측면을 객관적으로 보려 했다. 자의식이 강한 리스고는 기독교인으로서의 자존심 때

문에 터키를 경직된 태도로 대했다. 몬태규 부인은 여성의 처지에서 터키를 바라보며 터키의 이국적 면모를 자신감 있는 태도로 '소비'했다.

이들의 여행기는 개인이 처한 사회적 위치와 문화적, 종교적 관심사에 따라 관찰하는 것과 묘사하는 것이 사뭇 달라진다는 것을 보여 준다. 18세기 후반부터 19세기에 걸쳐 유럽의 제국주의가 팽창하며 오리엔탈리즘 담론이 변모했다. 그러자 유럽인들은 일말의 모호함과 긴장이 남아 있는 복합적인 태도를 버리고 터키를 이국적이고 문명적인 존재로 대상화했다. 유럽이 세련되었고 문화적, 인종적, 종교적 우월성도 갖고 있다는 것을 확인하는 방향으로 선회한 것이다.

참고문헌

Bacon, Francis, "Of Travel," *Francis Bacon: The Major Works*, Brian Vickers (ed.), Oxford: Oxford University Press, 1996, 394-96.

Bisaha, Nancy, *Creating East and West: Renaissance Humanists and the Ottoman Turks*, Philadelphia: University of Pennsylvania Press, 2004.

Bosworth, Clifford Edmund, *An Intrepid Scot: William Lithgow of Lanark's Travels in the Ottoman Lands, North Africa and Central Europe, 1609-21*, Hants: Ashgate, 2006.

Dryden, John, *John Dryden: The Major Works*, Keith Walker (ed.), Oxford: Oxford University Press, 1987.

Ellison, James, *George Sandys: Travel, Colonialism and Tolerance in the Seventeenth Century*, Cambridge: Brewer, 2002.

Games, Alison, *The Web of Empire: English Cosmopolitans in an Age of Expansion 1560-1660*, Oxford: Oxford University Press, 2008.

Hadfield, Andrew (ed.), *Amazons, Savages, and Machiavels: Travel & Colonial Writing in English, 1550-1630: An Anthology*, Oxford: Oxford University Press, 2001.

Haynes, Jonathan, *George Sandys's Relation of a Journey Begun An. Dom. 1610*, Cranbury: Associated University Press, 1986.

_____, "Two Seventeenth Century Perspectives on the Middle East: George Sandys and Sir Henry Blount," *Alif: Journal of Comparative Poetics* 3 (1983): 4-22.

Lithgow, William, *Totall Discourse of the Rare Adventures, and Painfull Peregrinations of Long Nineteen Yeares Travayles, from Scotland, to the most Famous Kingdomes in Europe, Asia and Affrica. 1632. Early English Book Online*, 1 Sep. 2012.〈http://gateway.proquest.com/openurl?ctx_ver=Z39.88-2003&res_id=xri:eebo&rft_id=xri:eebo:image:9042〉

MacLean, Gerald, *The Rise of Oriental Travel: English Visitors to the Ottoman Empire, 1580-1720*, New York: Palgrave, 2004.

Matar, Nabil, *Turks, Moors, and Englishmen in the Age of Discovery*, New York: Columbia University Press, 1999.

McJannet, Linda, "Purchas His Pruning: Refashioning the Ottomans in Seventeenth-Century Travel Narratives," *Huntington Library Quarterly* 74.2, 2011, 219-42.

_____, *The Sultan Speaks: Dialogue in English Plays and Histories about the Ottoman Turks*, New York: Palgrave, 2006.

Mitsi, Efterpi, "A Translator's Voyage: The Greek Landscape in George Sandys's Relation of a Journey (1615)," *Studies in Travel Writing* 12.1, 2008, 49-65.

Parker, Kenneth (ed.), *Early Modern Tales of Orient: A Critical Anthology*, London: Routledge, 1999.

Parr, Anthony, "Introduction," *Three Renaissance Travel Plays*, Manchester: Manchester University Press, 1995.

Rubiés, Joan Pau, "Travel Writing and Ethnography," *The Cambridge Companion to Travel Writing*, Peter Hulme and Tim Youngs (eds.), Cambridge: Cambridge University Press, 2002.

Sandys, George, *A Relation of a Journey Begun An. Dom. 1610. 1615. Early English Book Online*, 1 Sep. 2012.〈http://gateway.proquest.com/openurl?ctx_ver=Z39.88-2003&res_id=xri:eebo&rft_id=xri:eebo:image:22574〉

Viktus, Daniel J., "Early Modern Orientalism: Representations of Islam in Sixteenth-and-Seventeenth-Century Europe," *Western Views of Islam in Medieval and Early Modern Europe: Perception of Other*, David R. Blanks and Michael Frassetto (eds.), New York: St. Martin's, 1999.

_____, "Introduction," In *Three Turk Plays: From Early Modern England*, Daniel J. Viktus (ed.), New York: Columbia University Press, 2000.

_____, "Trafficking with the Turk: English Travelers in the Ottoman Empire during the Early Seventeenth Century," *Travel Knowledge*, Ivo Kamps and Jyotsna G. Singh (eds.), New York: Palgrave, 2001.

제15장

근대국가 터키

오리엔트와 옥시덴트 사이에서

안성찬

이슬람세계의 달과 별 터키

2013년 터키에서 반정부시위가 일어나 외신의 중요한 기사거리가 되었다. 터키 시위와 관련된 일련의 흥미로운 보도들은 이 글의 제목처럼 '오리엔트와 옥시덴트 사이에서' 어렵사리 균형을 잡으며, 정치적 민주주의와 경제적 성장을 이루어 가고 있는 오늘날 터키의 상황을 생생하게 전해 주었다. 처음에 언론에서는 지난 수년간 이슬람권 국가들을 휩쓴 민주화운동의 격랑이 이제 터키에도 밀려왔다고 보도했다. 경찰의 과도한 진압으로 인명피해까지 생겨나, 현 집권당인 정의개발당(AKP) 정권은 국제사회의 우려와 비난을 사기도 했다. 그러나 다른 이슬람권 국가들과는 달리 터키의 반정부시위는 더 이상의 심각한 유혈사태나 정치혁명으로 치닫지 않고, 정부, 의회, 언론, 시민사회 등 중요한 사회세력들 사이의 복잡한 내부적 조율과정을 거치며 수습되어 가고 있다. 이를 통해 터키의 반정부시위는 이 나라가 이슬람세계의 다른 국가들과는 달리 정치적 민주주의의 기반을 어느 정도 갖추고 있다는 사실을 국제사회에 널리 알리는 역설적인 계기가 되었다.

실제로 터키는 이미 오래전부터 아랍 국가들이 나아가야 할 방향을 제시하는 선도적 국가라는 평가를 받아 왔다. 이번 반정부시위 사태가 보여 주듯이 터키 또한 풀어 나가야 할 많은 과제를 안고 있다. 하지만 아랍권의 다른 국가들에서 전개되어 온 민주화운동의 양상과 터키 반정부시위의 차이를 비교해 보면 이슬람 세계에서 터키가 지니고 있는 특별한 위상이 뚜렷이 드러난다. 유혈사태와 내전 등 극심한 정치적 혼란을 겪고 있는 여러 아랍국가의 국민들에게 터키는 이 나라 국기에 그려진 달과 별처럼 어둠 속의 작은 빛이 되고 있다.

세속주의와 이슬람주의의 수레바퀴 밑에 깔린 아랍 민중

2011년 초 튀니지에서 시작되어 리비아, 이집트, 예멘, 시리아 등 아랍 전역으로 확산된 일련의 민주화운동은 초기에는 국제사회의 커다란 관심과 지지를 받으며 전개되었다. 튀니지의 국화 이름을 따서 '재스민 혁명'이라는 우아하고 향기로운 이름으로 불리며 '아랍의 봄'에 대한 성급한 기대를 불러일으켰던 이슬람세계의 민주화운동은 그러나 안타깝게도 하나 같이 참혹한 결말로 치닫고 있다. 수많은 국민들이 피를 흘린 대가로 정권교체를 이루어 낸 튀니지, 리비아, 예멘, 이집트 등에서는 정치적 갈등과 혼란으로 인한 유혈사태가 사회적 일상이 되고 있다. 민주화 시위가 내전으로 번져 지난 수많은 희생자와 난민을 발생시키고, 이슬람국가(IS)의 전 지구를 대상으로 한 테러까지 초래한 시리아의 참극은 언제 어떻게 끝날지 모르는 상황이다. 아랍의 민주화에 대한 기대는 물거품이 되어 버린 지 오래고, 지난 20여 년 간 내전에 준하는 상태에 놓여 있는 알제리의 상황이 이들 아랍 국가들의 미래가 되리라는 암울한 전망조차 나오고 있다.

반식민주의의 성서로 불리는 프란츠 파농의 『대지의 저주받은 사람들』이 사르트르를 비롯한 프랑스와 전 세계 지식인들의 관심과 앙가주망을 촉발하여 한때 반식민주의의 총아였던 알제리의 현실은 실로 참담하다. 오랜 투쟁 끝에 1962년 프랑스 식민통치에서 해방된 알제리는 무장독립투쟁을 이끈 민족해방전선(FLN)을 핵심세력으로 하는 군부가 일당 독재체제를 유지하다가 1988년 민주화 시위의 결과로 마침내 군부독재가 종식되었다. 민주적으로 이루어진 1991년 총선에서 이슬람주의 세력인 이슬람구국전선(FIS)이 압승을 거두었으나, 군부가 개입하여 의회를 무력화하고 이슬람구국전선을 불법화했다. 구국전선이 이에 반발하여 무장투쟁에 돌입함으로써 벌어진 알제리 내전은 20만 명에 달하는 희생자만 내고, 권력은 결국 군부의 손아귀로 되돌아갔다. 군부를 중심으로 한 세속주의 세력과 이슬람 원리주의 세력 사이의 갈등은 지금까지도 계속되고 있으며, 지방에서는 여전히 무장투쟁이 벌어지고 있다. 알제리의 예에서 볼 수 있듯이 아랍세계가 겪고 있는 정치적 혼란의 근본 원인은 세속주의와 이슬람주의 사이의 대립과 갈등에 있다. 아랍권 국가의 정치세력은 근대적 국가기구를 운영하는 군부와 관료 중심의 세속주의 세력, 그리고 이슬람 전통과 윤리를 대변하는 종교 세력으로 양분되어 있다. 아랍지역의 정치가 안고 있는 근본적인 문제는 세속주의 세력과 이슬람주의 세력 외에 민중들에게 영향력을 지닌 다른 대안적 정치세력이 없다는 것이다. 이러한 상황으로 인해 군부를 중심으로 하는 세속주의 세력이 민중봉기로 인해 실권하면, 이슬람주의 세력이 정권을 장악하는 것이 아랍 정치에서 작동하는 기본공식이다.

여기에서 언급하고 넘어가야 할 것은 비록 이슬람주의 종교세력이 부패한 군부세력에 맞서 이슬람 정신에 입각한 정의를 내세우며 정권을 장악하기는 하지만, 그렇다고 해서 이슬람주의가 세속주의보다 더 민주적인 것은 결코 아니라는 것이다. 이슬람주의 정권이 지니는 일반적인 한계는 국민들이 열망하는 사회개혁을 외면하고, 종교적 이념을 앞세워 사회를 다스리려 한다는 것이다. 원리주의자들이 강력한 영향력을 행사하는 이슬람주의 정부는 국민에게 이슬람의 율법인 샤리아에 규정된 전통적 관습을 따를 것을 강요함으로써 일상생활까지 규제하려는 경향을 보인다. 세속주의 세력이 이슬람주의 정권을 비판하는 주된 레퍼토리는 국가운영에 무능하여 근대국가의 가장 중요한 과제인 경제정책과 복지정책을 제대로 입안하고 수행하지 못한다는 것이다. 이로 인해 국민들 사이에 사회적 불만이 생겨나면 이를 빌미로 군부가 쿠데타를 일으켜 이슬람 세력을 축출하는 악순환이 아랍의 전형적인 정치 프레임이다. 군부독재와 부패에 대한 불만 — 민중봉기로 군부독재 종식 — 민주선거로 이슬람 세력 집권 — 종교적 독재와 무능에 불만 — 군부 쿠데타로 이슬람 세력 축출. 이러한 과정의 각 단계마다 유혈사태가 동반되고, 최악의 경우에는 국가가 내전상태에 빠져든다. 이것이 아랍지역 대부분의 국가들에서 확인되는 악순환의 프레임이다. 이러한 악순환의 결과는 오늘날의 알제리에서 관찰되듯이 정치에 대한 국민들의 환멸과 무관심이다. 아랍의 민중들은 세속주의와 이슬람주의 사이의 갈등이 빚어내는 이러한 악순환의 프레임에 갇혀 고통을 겪고 있다.

이스탄불 탁심광장 시위

이스탄불은 보스포루스 해협을 사이에 두고 아시아와 유럽 양대 대륙에 걸쳐 있는 국제도시다. 해협 위에 놓여 있는 보스포루스 대교가 거주지역인 아시아 지역과 행정, 상업, 관광의 중심지인 유럽지역을 이어 주고 있다. 유럽지역은 골든 혼이라는 작은 해협을 중심으로 다시 구시가지와 신시가지로 나뉘는데, 구시가지는 저 유명한 하기아 소피아를 비롯하여 쉴레이마니예 모스크, 블루 모스크, 톱카프 궁전, 그랜드 바자르, 이집트 바자르, 고대박물관 등 주요 유적지와 관광지가 조밀하게 몰려 있는 곳이다. 쇼핑과 유흥 지역인 신시가지의 중심이 바로 탁심광장이다. 호텔, 레스토랑, 카페, 술집, 상점들이 몰려 있는 탁심광장 주변의 인파 속에서 대로와 골목길을 거니노라면 이스탄불이 유럽에 속한 도시라는 것을 실감케 된다. 탁심광장의 중앙에는 공화국기념탑이 세워져 있고, 탑의 중심에는 터키 공화국의 국부(아타튀르크)로 불리는 무스타파 케말 파샤의 조각상이 건국영웅들을 새긴 군상 한가운데에 서 있다. 터키 국민과 이스탄불 시민들에게 탁심광장은 근대국가 터키의 공화주의 정신을 기리는 중요한 상징적 의미를 지니는 장소이다. '탁심'은 원래 '분배'를 의미하는데, 이는 시내 전역에 물을 공급하는 지하저수지가 고대 이래로 이곳에 있었던 데에서 유래한다. 민주주의의 가장 중요한 과제가 정치적 권력과 경제적 부를 적절히 분배하는 데 있다는 점에서 탁심광장이라는 이름은 터키공화국의 이념을 잘 대변하고 있는 셈이다. 터키 현대사에서 탁심광장은 극좌에서 극우에 이르는 다양한 정치세력들의 시위가 끊이지 않는 터키의 정치 1번지가 되어 왔다. 그런 의미에서 탁심광장은 우리나라의 서울광장에 비견되는 장소라고 할 수 있을 것이다.

2013년 5월 말에 시작된 탁심광장 시위가 진압경찰과의 충돌로 격화되어 국제적 관심사로 떠오르자 국내외의 주요 언론은 이슬람주의 대 세속주의라는 아랍의 전형적인 정치 프레임에서 시위의 원인을 찾으려 했다. 그러나 조금만 깊이 들여다보면 시위에서 표출된 터키의 정치상황을 이슬람주의와 세속주의의 충돌로 이해하는 것은 피상적인 접근에 불과하며, 터키의 정치 프레임과 아랍 다른 지역의 정치 프레임 사이에는 커다란 차이가 있다는 사실이 드러난다. 이는 시위의 전개과정을 대략 살펴보기만 해도 확인된다.

탁심광장 시위는 이스탄불 시당국이 탁심광장에 인접한 게지공원을 쇼핑몰로 재개발한다는 계획을 밀어붙이기 위해 불도저로 공원의 나무 다섯 그루를 뽑아내자, 수십 명의 환경운동가들이 녹지보존을 요구하며 이를 저지하려 한 작은 사건에서 촉발되었다. 5월 27일 월요일에 있었던 이 사건 직후 여러 단체에 속한 활동가들은 공원에 천막을 치고 농성을 시작하며, SNS로 지원을 호소했다. 소식을 접한 수많은 시민단체 대표들이 다음날 아침 공사 중단을 청원하였으나, 건설사가 공사를 강행하려 하자 시민들이 몰려와 공사저지에 동참하기 시작했다. 시위대와 경찰 간에 몸싸움이 벌어지고, 경찰 기동대가 출동하여 물대포와 최루탄으로 시위대를 해산하려 함으로써 충돌이 격화되었다. 이 과정에서 빨간 원피스를 입은 젊은 여성이 최루액을 정면으로 분사하는 경찰 앞에서 물러서지 않고 버티는 사진이 소셜미디어를 통해 전 세계로 전파되면서 탁심광장 시위는 국제적 관심사로 떠올랐다. 이 사진은 '가치 있는 것을 지키려는 평화로운 시위대에게 부당한 폭력을 가하는 공권력'의 상징이 되어 터키 국민과 국제사회의 공분을 불러일으켰다. 이스탄불 아시아지역의 주민 수만 명이 보스포루스 대교를 건너 탁심광장으로 행진하는 장엄한 광경이 전 세계로 전파되었다. 국회의원을 비롯한 정치인, 문화계 인사, 연예인, 지식인들이 시위에 동참하거나 시위대에게 지지를 표명하였고, 국제사회에서도 평화시위에 대한 지지와 경찰의 강경진압에 대한 우려를 잇달아 표명했다. 이스탄불의 행정법원이 공사를 중단하라는 행정조치 결정을 내리고, 대통령이 "민주주의, 다원주의, 법치주의를 바탕으로 발전하고 있는 터키에서 다양한 의견과 의제로 대립하는 것은 자연스러운 일이자 민주사회의 풍요로움"이라는 성명을 발표하며 사태의 평화적 해결책을 제시하면서 긴장국면이 진정되는 듯했다.

일단락되는 듯했던 경찰과 시위대의 충돌이 장기화되어 수많은 사상자가 발행한 것은 무엇보다도 집권당 총리 레제프 타이이프 에르도안의 오만과 오판 때문이었다. 그는 이스탄불 시장을 거쳐 2001년 이슬람계 정의개발당을 창당하여 2002년 선거에서 예상치 못한 압승을 거두며 총리에 취임하였다. 그 이래로 에르도안은 10년이 넘게 총리직을 수행하면서 고도의 경제성장을 이루어 내고, 이를 바탕으로 국제무대에서도 터키의 위상을 드높이는 등 정치가로서 승리의 가도를 달려왔다. 시위사태가 일어나기 직전까지 그는 국민들의 높은 지지와 인기를 바탕으로 개헌을 통해 직선제 대통령이 되려는 야망을 착착 실현시켜 가고 있었다. 이러한 자신감에서 에르도안 총리는 탁심광장 시위대의 요구를 무시하는 발언을 연이어 쏟아내고, 경찰력을 동원하여 시위대를 강제로 해산하려 했다.

보스포루스 제3대교 기공식에 참석한 자리에서 그는 공사를 강행하겠다고 천명하여 시민들의 분노를 샀다. 시위에 참여하는 시민들의 수가 급증하고, 경찰의 강경진압으로 인해 사상자가 발생하는 상황에서 그는 시위대를 "약탈자", "사회주의 테러리스트"라고 비난함으로써 타오르던 시위에 기름을 부었다. 이스탄불 게지공원의 녹지를 지키려는 환경운동가들의 시위는 이제 전국적인 반정부시위로 확대되어, 전국 90여 개 도시에서 에르도안 퇴진을 요구하는 시위사태가 벌어졌다. 수도 앙카라에서는 수상관저를 포위하려는 시민들과 이를 저지하려는 경찰기동대 사이에 격렬한 충돌이 빚어졌다. 하지만 에르도안 총리는 시위가 자신의 권력과 권위에 대한 도전이라고 간주하고, "그들이 10만 명을 동원한다면 나는 100만 명을 동원할 수 있다"고 공언한 후 실제로 친정부 시위를 조직하여 반정부시위에 대응하였다. 터키 정국은 친정부 세력과 반정부 세력 사이의 갈등과 분열로 빠져들었다. 경찰과 시위대의 충돌로 인해 경찰을 포함한 다섯 명의 인명이 희생되고 수천 명이 부상당하는 결과가 발생했다.

연일되는 시위에서 적잖은 인명피해가 생겨나자 에르도안 총리에게 국내외의 비난이 쏟아졌다. 터키의 노벨문학상 수상작가 오르한 파묵이 정부의 시위진압에 대해 비판하는 글을 기고하고, 반기문 UN 사무총장도 평화적 시위의 권리를 보장할 것을 요구하는 성명을 발표하였으며, 유럽연합과 미 국무성도 평화적 시위에 대한 터키당국의 폭력적 대응에 우려를 표명했다. 독일은 시위진압이 계속된다면 터키의 EU 가입에 제동을 걸 수도 있다는 입장을 표명하여, 두 나라 사이에 외교적 마찰이 빚어지기도 했다. 게지공원 재개발 조치를 법원의 최종판결과 주민투표에 맡기겠다는 타협안을 내놓고, 경찰력을 동원하여 탁심광장 시위대를 강제로 해산하면서 시위사태는 소강국면에 접어들었다가, 역사에서 항상 그렇듯이 중동에서 전개되는 새로운 커다란 사건들에 묻혀 역사의 뒤안길로 사라져 갔다.

터키의 시위사태는 이슬람주의가 아닌 신자유주의에 대한 저항

터키의 시위사태를 이슬람주의에 대한 세속주의의 반발로 바라보는 시각은 집권 정의개발당이 친이슬람계라는 사실에 근거를 두고 있다. 그러나 터키의 정치구도는 그렇게 단순하지 않으며, 정의개발당을 이슬람주의 세력으로 규정하는 것은 이 정당이 실제로 추진하고 있는 정책에 대한 몰이해에서 비롯된다. 정의개발당이라는 당명은 정의라고 하는 이슬람 윤리의 근본정신과 세속주의적 경제개발을 결합한 것이다. 일견 극히 모순되어 보이는 이 두 가지 정책을 결합함으로써 정의개발당은 창당 1년 만에 집권에 성공하였을 뿐만 아니라, 지금까지 연속으로 과반수 의석을 확보하여 안정된 정부를 운영하는 신화를 일구어 냈다. 이는 군부의 정치개입과 잦은 정권교체로 인해 극심한 정치적 불안정을 겪어 온 터키의 현대 정치사를 돌아볼 때 경이로운 일이다.

정의개발당이 국민의 폭넓은 지지를 얻어 총선에서 세 차례 연속 승리할 수 있었던 것은 이슬람주의적 정책 덕분이 아니라 세속주의적 경제개발 정책을 성공으로 이끈 덕분이다. 에르도안 정권하에서 터키의 국내총생산(GDP), 국민소득, 무역규모는 모두 세 배 이상 증가하여 터키는 단숨에 세계 17위, 유럽 6위의 경제대국으로 부상하였다. 1990년대까지 연간 100% 내외의 인플레이션에 시달리던 물가는 한 자리수로 내려앉았다. 이러한 성과를 바탕으로 에르도안 정부가 이끄는 터키는 G20 회원국이 되고, 유럽연합 정회원 후보국의 지위를 획득하는 등 대외적으로도 커다란 성공을 거두었다. 군부의 영향력을 감소시키고 쿠르드족과의 갈등을 완화함으로써, 민주주의 신장에도 많은 성과를 이루어 냈다. 그리하여 2011년 말에서 2012년 초까지 실시된 여론조사에서 터키 국민들은 정의개발당이 경제발전, 복지, 민주주의, 쿠르드족 문제 등 터키의 모든 중요한 정치현안에서 공화인민당보다 우월하다고 평가했다. 공화인민당은 무스타파 케말 아타튀르크가 창당한 정당으로서 세속주의를 당의 핵심강령으로 삼고 있다. 에르도안이 이끄는 정의개발당은 그동안의 업적을 국민들에게 인정받아 수많은 정당들이 난립하고 있는 터키의 정치판에서 시위사태 직전까지 50%가 넘는 높은 지지율을 누리고 있었다. 에르도안 총리가 탁심광장 시위대의 요구를 무시하고 이를 간단히 진압할 수 있다고 믿었던 것은 이처럼 높은 지지율에 근거한 자신감에서 비롯된 것이다.

최근 정의개발당이 종교교육 확대, 학교에서의 히잡 착용 용인, 밤 10시 이후 술 판매 제한, 공공장소에서의 키스 금지 등 몇 가지 친이슬람 정책을 펴서 세속주의 세력의 반발을 불러일으킨 것은 사실이다. 하지만 정의개발당의 친이슬람 정책은 다른 아랍 국가들에서 볼 수 있는 이슬람 원리주의와는 다소 거리가 있다. 아타튀르크가 굳건한 초석을 놓은 세속주의는 이미 확고한 뿌리를 내려 터키에서 이것을 근본적으로 되돌리는 것은 이제 불가능한 일이 되어 버렸다. 정교의 분리는 헌법에 명시된 공화국의 확고한 근간이며, 터키 여성은 다른 아랍 국가의 여성들과는 비교할 수 없는 평등권을 누리고 있다. 최근 사우디아라비아에서 여성의 자동차 운전면허 취득을 금지한 법률에 대한 저항의 표시로 몇몇 여성이 자동차를 운전하다가 법정에 서게 된 사건이 뉴스에 보도된 일이 있는데, 터키에서는 이미 1930년대부터 여성의 투표권이 법적으로 보장되었으며, 1990년대에는 여성인 탄수 칠레르가 총리로 선출되어 3년간 국정을 이끌기도 했다. 이슬람권의 여러 나라에서 얼굴과 몸 대부분을 가리는 차도르와 부르카의 착용이 여성들에게 법적으로 강요되고 있는 데 반해, 터키에서는 머리에 두르는 히잡을 착용하고 학교에 등교하는 것도 세속주의 법에 의해 금지되고 있다. 독실한 이슬람 여성이 오히려 이에 반발하여 히잡을 두르고 등교하는 시위가 벌어지는 것이 터키의 상황이다. 집권 정의개발당이 히잡 규제를 완화하려는 것은 세속주의적 규제를 과도하다고 여기는 이슬람 신도들에 영합하려는 정책이다. 정의개발당이 추진하는 친이슬람 정책은 국민의 99%가 무슬림인 터키의 상황을 고려한 일종의 포퓰리즘인 것이다.

탁심광장 시위를 촉발한 게지공원 개발은 집권 정의개발당이 추진하는 정책의 실체를 뚜렷이 보여 주는 사례라 할 수 있다. 시당국이 추진한 개발계획의 구체적 내용은 공원을 밀어 버리고 이곳에 오스만 제국 시대의 화려한 군대 병영을 재건하여 쇼핑몰로 이용한다는 것이었다. 게지공원의 나무들이 불도저에 의해 희생될 위험에 처했던 것은 이슬람이 지배한 과거 오스만 제국에 대한 터키 국민의 향수와 오늘날의 신자유주의적 이윤창출을 교묘하게 결합한 개발계획의 결과였던 것이다. 탁심광장에 모여든 시위대가 반대하였던 것은 집권당의 이슬람주의가 아니라 신자유주의적 개발정책이었다. 게지공원 개발을 저지하려는 시위를 시작한 환경운동 단체 중 하나가 자본주의에 반대하는 무슬림조직이었다는 것은 그 단적인 예증이다. 탁심광장 시위는 시민 전체를 위한 공공재인 공원을 소수 자본가들의 손에 넘겨주려는 시도를 막으려는 행위였다.

게지공원 개발계획은 정의개발당 정권이 추진해 온 일련의 정책의 연장선상에 있다. 정의개발당이 추진해 온 신자유주의 경제정책은 만성적인 무역수지 적자를 해결하고 지속적으로 경기를 부양해야 하는 두 가지 과제를 안고 있다. 에르도안 정부는 저임금 노동력과 유럽시장의 관문이라는 두 가지 장점을 이용해 해외 자본을 유치함으로써 무역 적자를 해결해 왔다. 현대자동차가 터키 최대의 항구도시 이즈미르에 대규모 공장을 세우고, 최근 이를 대규모로 확장한 것은 그 일례다. 2008년 불어 닥친 미국 발 경제위기로 인해 제조업 투자가 하락세를 그리면서, 에르도안 정부는 공공재 매각과 민영화로 재정적자를 메우고, 건설과 토건사업을 통해 경기를 부양할 수밖에 없는 상황에 처했다. 국영기업, 도로, 항만, 국유지가 연이어 매각되었고, 도심 재개발이 곳곳에서 추진되었다. 게지공원을 재개발하여 쇼핑몰을 만들려는 계획은 이러한 정책의 일환이었다.

에르도안 정부가 당면한 또 하나의 문제는 단기간의 고도 경제성장으로 인해 상대적 불평등이 심화되었다는 것이다. 한편으로 집권당은 친이슬람 정책을 펴서 절대 다수인 무슬림의 환심을 사고, 다른 한편으로 파업과 반정부시위를 사회주의 테러리스트의 책동으로 매도하고 탄압하는 이중의 방식으로 사회적 불만에 대처해 왔다. 에르도안의 정의개발당 정권은 세속주의적 신자유주의, 이슬람 보수주의, 정치적 권위주의라는 세 가지 정책을 기반으로 터키를 통치하고 있는 것이다. 정의개발당이라는 터키 현 집권당의 당명과 에르도안 정부가 추진하는 정책은 터키의 이슬람주의가 다른 아랍 국가들에서처럼 세속주의와 근본적으로 대립하고 갈등하는 것이 아니라, 세속주의와 손잡고 함께 길을 걸어가고 있다는 사실을 입증해 준다.

오리엔트와 옥시덴트 사이의 터키

근대 이래의 세계사는 서구가 그들이 이루어 낸 '문명(civilization)'의 힘을 앞세워 세계 전역으로 팽창해 나가고, 비서구 지역이 이에 대응하기 위해 힘겹게 고투해 온 역사로 요약될 수 있다. 이에 있어 비서구 지역은 한편으로 서구가 지니게 된 문명의 힘을 인식하여 이를 자신의 것으로 만들려고 노력하고, 다른 한편으로는 서구의 '물질주의 문명'에 맞서 자신들에 고유한 정신적, 문화적 정체성을 지키려고 하는 두 가지 방식으로 서구의 도전에 대응해 왔다. 아랍 문화권에서 전자의 대응방식으로 등장한 것이 세속주의고, 후자의 대응방식으로 나타난 것이 이슬람주의라고 할 수 있다. 그런 의미에서 이 둘은 외세에 대한 대응방식을 놓고 서로 대립하고 갈등하는 한집안의 두 형제에 비유될 수 있을 것이다. 아랍 국가 대부분이 겪고 있는 정치적 혼란은 이 두 형제 사이의 극단적인 반목에 기인한다. 이 둘이 완전히 화목한 관계를 맺는 것은 어려운 일이겠지만, 그래도 어느 정도 손을 잡고 함께 갈 수 있다는 것을 보여 주는 대표적 모델이 오늘날의 터키 공화국이라고 할 수 있다.

터키 공화국의 세속주의 원칙은 사망한 지 75년이 지난 지금까지도 터키의 국부, 즉 아타튀르크로 불리며 국민들의 절대적인 존경과 신망을 받고 있는 무스타파 케말 파샤의 권위에 의존하고 있다. 그는 세속주의, 공화주의, 국민주의, 개혁주의, 민족주의, 국가주의 여섯 가지 이념을 자신이 창당한 공화인민당과 그가 주도하여 입안한 공화국 헌법의 근간으로 삼았다. 이 6가지 이념의 근간은 물론 세속주의로서 나머지 5가지는 그 내용을 규정한 것이라 할 수 있다. 그는 정치와 종교의 분리를 원칙으로 하는 세속주의 헌법을 제정하고, 남녀평등, 제도개혁, 교육개혁, 문자개혁 등 구체적 정책을 통해 이를 실현함으로써 터키를 근대국가로 변모시켰다. 그가 터키 세속주의를 굳건한 반석 위에 올려놓았다는 것에는 이론의 여지가 없지만, 역사적으로 볼 때 오늘날 터키의 세속주의는 오스만 제국 시대에 이미 뿌리를 내리고 있었다.

오스만 제국의 흥망성쇠의 역사는 곧 서구와의 충돌의 역사였다고 할 수 있다. 15세기에 콘스탄티노플(오늘날의 이스탄불)을 점령하여 동로마 제국을 멸망시키고, 북아프리카, 중동지역, 발칸 반도 등 지중해 남부와 동부지역 전체를 지배하게 된 오스만 제국의 궁극적 목표는 유럽 지역을 마저 정복하여 지중해 세계 전체를 지배하는 이슬람의 로마 제국을 건설하는 데 있었다. 근대 초까지만 해도 서구는 이 강력한 대제국의 공세를 막아 내는 데 급급했다. 16세기에 오스만 제국은 헝가리를 정복하고, 오스트리아의 수도 빈을 포위공격하기에 이르러, 이제 서유럽으로의 진출을 목전에 두고 있었다. 유럽의 기독교 세계는 연합군을 결성하여 1529년과 1683년 두 차례에 걸쳐 오스만 제국의 군대에 포위당한 유럽의 관문 빈을 간신히 지켜 낼 수 있었다. 그러나 두 번째 빈 포위공격이 실패로 돌아간 후 전세는 역전되어, 이제 오스만 제국은 모든 방면에서 제국의 영토로 침입해 들어오는 유럽 국가들 앞에서 수세에 몰리게 되었다. 18세기와 19세기에 오스만 제국은 서쪽으로는 오스트리아, 북쪽으로는 러시아, 남쪽으로는 북아프리카에 진출한 영국과 프랑스에게 영토를 하나씩 빼앗기면서 쇠퇴하다가 1차 세계대전에서 패전국이 되면서 결국 해체되고 말았다.

인류 문명사에서 충돌의 역사는 동시에 항상 교류의 역사이기도 하다. 지중해 동부와 남부 지역 전체를 지배한 오스만 제국은 동서 문물교류의 중심축이었다. 특히 비단길을 통한 동서 교역을 독점할 수 있게 해 주었던 오스만 제국의 지정학적 위치는 제국에 막대한 이익과 부를 안겨 주었다. 오스만 제국의 영토를 우회하여 동서교역에 직접 뛰어들고자 했던 유럽의 열망이 대항해시대의 개막과 신대륙의 발견으로 이어졌다는 것은 잘 알려진 사실이다. 18세기를 전후하여 오리엔트와 옥시덴트 사이의 역학 관계가 역전된 후, 오스만 제국은 유럽이 발전시킨 과학기술문명의 힘을 인식하고, 이를 적극적으로 수용하였다. 프랑스의 베르사유 궁전을 모방한 이스탄불의 돌마 바흐체 궁전과 오리엔트 특급열차로 상징되는 철도건설은 그 대표적 예들이다. 교역의 현장에 서 있던 기술관료와 상인, 그리고 충돌의 현장에 서 있던 군대관료들은 서구 문명이 지니게 된 힘의 실체와 이슬람 전통이 지배하는 오스만 제국의 한계를 꿰뚫어 볼 수밖에 없었다. 터키의 세속주의적 개혁은 바로 이들에 의해 주도되었으며, 특히 그 중심에는 전쟁터에서 서구의 힘을 몸소 체험한 엘리트 장교들이 서 있었다. 술탄의 전제적 지배에 반대하는 연합진보위원회(CUP)를 조직하여 '청년 튀르크' 운동을 주도한 것이 서구식 근대교육을 받은 엘리트 청년 장교단이었다는 사실은 그 단적인 증거이다. 그 자신 이 운동에 동참한 무스타파 케말 파샤의 세속주의적 개혁은 이러한 진보운동의 연장선상에서 이루어진 것이었다.

터키가 민주주의의 기반인 시민사회를 바탕으로 오리엔트와 옥시덴트 사이에서 어느 정도 균형을 잡으며 근대국가로 성장할 수 있었던 것은 오스만제국시대로 거슬러 올라가는 세속주의적 개혁운동의 역사에 뿌리를 두고 있다. 에르도안 총리는 2014년 터키 대통령으로 선출되었다. 에르도안 정권이 장기집권 체제를 구축해 가면서 터키의 근대화과정은 새로운 국면에 접어들고 있다. 이 글에서 다룬 반정부시위 이후로도 터기는 세속주의 완화와 이슬람주의 강화 정책으로 인한 갈등, 쿠데타 발발에서 신속한 진압과 냉혹한 대량숙청으로 이어진 국내 사태, 그리고 시리아, 이라크, 러시아, 쿠르드족 등 인접한 국가들 및 민족들과의 복잡한 갈등관계 등으로 인해 빈번하게 뉴스의 초점이 되고 있으며, 국제사회는 터키에서 진행되고 있는 상황을 심각한 우려의 눈길로 바라보고 있다. 이슬람문화권의 세속주의 국가 터키가 에르도안 체제를 거쳐 어떤 길로 나아갈 것인가는 혼란이 종식되기는커녕 오히려 심화되어 가고 있는 중동 지역의 미래와 관련하여 주목해야 할 관심사가 아닐 수 없다.

❁ 찾아보기

저자약력

고일홍

서울대학교 고고미술사학과를 졸업하고 영국 셰필드대학교에서 고고학으로 석사학위와 박사학위를 받았다. 서울대학교, 충남대학교, 전북대학교 등에서 가르쳤고 서울대학교 인문학연구원에 HK연구교수로 재직했다. 현재 서울대학교 인문학연구원 객원연구원으로 활동하고 있다. 저서로 『문명 밖으로』(공저), 『문명의 교류와 충돌』(공저), 역서로 『인류사의 사건들』, 『유럽 문명의 여명』이 있고, 주요 논문으로 「청동기시대 전기의 농경방식 재조명」, 「'사회적 시간'의 고고학적 연구」, 「청동기시대 북한지역의 초석 주거지에 대한 검토」, 「고고학 자료를 통해 살펴본 여성의 출산」 등이 있다.

곽문석

안양대학교에서 중세 페르시아어 복음서 연구로 박사학위 논문을 준비하고 있으며, 동서그리스도교문헌연구소 책임연구원으로 활동하고 있다. 주요 논문으로 고대 문헌 비교 연구인 「『도마행전』의 그리스어본과 시리아어본 비교 연구: 마르키온 사상을 중심으로」와 「"Ptolemaeus Sinicus et Coreanus" as a Parallel Study to "Ptolemaeus Arabus et Latinus"」 등이 있고, 예수회 문헌을 연구한 「17세기 초 예수회 선교사의 복음서 한문 번역 연구: 『天主降生言行紀略』, 『天主降生聖經直解』, 『天主降生出像經解』를 중심으로」와 「성경 도해와 문화전수: 『천주강생출상경해』(1637)를 중심으로」 등이 있다.

김기영

연세대학교 철학과를 졸업하고 서울대학교 협동과정 서양고전학 전공에서 석사학위를, 독일 베를린 자유대학 고전학과에서 박사학위를 받았다. 서울대학교, 연세대학교에서 강의하고 정암학당 연구원으로 활동하고 있다. 저서로 『그리스 비극의 영웅세계』(도서출판 길, 2015), 『신화에서 비극으로: 아이스퀼로스의 오레스테이아 삼부작』(문학동네, 2014), 『신화의 숲에서 리더의 길을 묻다』(공저, 21세기북스, 2013), 『문명의 교류와 충돌』(공저, 한길사, 2013)이 있고, 역서로 『오레스테이아 3부작』(을유문화사, 2015), 『오이디푸스 왕 외』(을유문화사, 2011)가 있다.

김능우

한국외국어대학교 학부 아랍어과를 졸업하고 동 대학교 대학원에서 석사학위를 받았다. 수단의 국제 카르툼 아랍어연구소를 거쳐 요르단 대학교에서 아랍문학 박사학위를 받았다. 서울대학교 인문학연구원에 HK연구교수로 재직하며 아랍의 고대 · 중세 시문학을 연구해 왔다. 저서로 『아랍시의 세계』, 『한국어-아랍어 사전』(공저) 등이, 주해서로 『무알라까트』, 『중세 아랍시로 본 이슬람 진영의 대(對)십자군 전쟁』, 그리고 역서로 『황금마차는 하늘로 오르지 않는다』, 『야쿠비얀 빌딩』, 『쿠쿠 수단 카바쉬』 등이 있다. 주요 논문으로 「중세 아랍시에 나타난 '몽골과 이슬람 세계와의 충돌'에 관한 연구」, 「'자힐리야-이슬람 전환기'의 아랍시 연구」, 「『무알라까트』에 나타난 '죽음의 운명' 모티프 연구」 등이 있다.

김성수

연세대학교 사학과를 졸업하고 경희대학교 대학원에서 석사학위와 박사학위를 받았다. 경희대학교 사학과 강사, 한국한의학연구원 선임연구원을 거쳐, 서울대학교 인문학연구원 조교수로 재직하고 있다. 공저로 『한국전염병사』(2009), 『한국의학사』(2012), 『동아시아 역사 속의 의사들』(2015), 『한국 근대의학의 탄생과 국가』(2016) 등이 있고, 역서로 『해체신서』(2014)가 있다.

김윤경

서울대학교 영어영문학과를 졸업하고 동 대학원에서 석사학위를 받고 미국 미네소타대학교에서 박사학위를 받았다. 서울대학교 인문학연구원 HK연구교수를 거쳐 현재 대구대학교 영어영문학과 조교수로 재직하고 있다. 공저로 『사상가들 도시와 문명을 말하다』가 있고, 역서로 제라드 윈스턴리의 『자유의 법 강령』이 있다. 그 밖에 존 밀턴, 존 던, 앤드류 마블 등에 17세기 영문학 작가의 시와 산문을 다룬 논문이 있다.

김헌

서울대학교 불어교육과를 졸업하고 동 대학교 대학원 철학과와 서양고전학 협동과정에서 석사학위를 받고 박사과정을 수료한 후, 프랑스 스트라스부르 대학에서 박사학위를 받았다. 서울대학교 인문학연구원 부교수로 재직하고 있다. 저서로 『고대 그리스의 시인들』, 『위대한 연설: 아테네 10대 연설가』, 『문명 안으로』(공저), 『서양고대철학』 1, 2(공저), 『인문학의 뿌리를 읽다』, 『그리스문학의 신화적 상상력』 등이 있고, 역서로 플루타르코스의 『두 정치연설가의 생애』, 알베르토 망구엘의 『일리아스와 오디세이아 이펙트』, 이소크라테스 외의 『그리스의 위대한 연설』(공역) 등이 있다.

박배형

서울대학교 경제학과를 졸업하고 동 대학교 미학과 대학원에서 석사학위를 받았으며, 독일 빌레펠트 대학에서 철학박사학위를 받았다. 미학과 정치철학, 형이상학 및 인식론의 주제들에 대해 연구하고 있으며, 서울대학교 인문학연구원에 HK연구교수로 재직했다. 저서 및 주해서로 『헤겔 미학 개요』, 『헤겔과 시민사회』, 역서로 『칸트 미학: 〈판단력 비판〉의 주요 개념들과 문제들』, 『문학이론 입문』(공역) 등이 있다. 주요 논문으로 「인식능력들의 자유로운 유희 — 칸트미학의 한 문제」, 「"부정적 현시"로서의 숭고 — 칸트의 숭고론에 대한 고찰 —」, 「단토의 헤겔주의와 헤겔 미학의 현대성」, 「세계시민주의에 대한 헤겔의 입장과 타자성」 등이 있다.

박용진

서울대학교 서양사학과를 졸업하고 동 대학교 대학원에서 석박사 학위를 받았다. 중세 프랑스사 및 유럽 도시사를 주로 연구하고 있으며, 서울대학교 인문학연구원에 HK연구교수로 재직했다. 저서로 『중세 유럽은 암흑시대였는가』, 『도시로 보는 유럽통합사』(공저), 『문명 밖으로』(공저) 등이 있으며, 역서로는 『기적을 행하는 왕』, 『기베르 드 노장의 자서전』, 『기억의 장소』(공역) 등이 있다. 주요 논문으로 「중세 말 유럽인들의 아시아에 대한 이미지와 그 변화」, 「순례와 여행」, 「자서전과 중세사회의 변화」, 「중세 기독교와 이단」 등이 있다.

서정일

서울대학교 건축학과를 졸업하고 같은 학교 대학원에서 건축이론 분야로 석박사 학위를 받았다. 미국 펜실베이니아대학교와 뉴욕대학교에서 방문연구자로 연구했다. 서울대학교 인문학연구원에서 HK연구교수로 재직하며 건축학과 인문학의 학제연구를 통해 건축과 도시분야의 학문적 연구를 수행했다. 저역서로 『소통의 도시: 루이스 칸과 미국현대도시건축』(심원건축학술상 수상), 『루이스 멈퍼드 건축비평선』, 『이중재현시대의 건축』, 『알베르티의 건축론』, 『뉴욕 런던 서울의 도시재생 이야기』, 『중국 개항도시를 걷다』, 『그림일기: 정기용의 건축 드로잉』, 『사상가들 도시와 문명을 말하다』 등이 있다.

송유레

서울대학교 불어교육과를 졸업하고 동 대학교 대학원 철학과에서 석사학위를, 독일 함부르크 대학에서 박사학위를 받았다. 독일 함부르크 대학과 스위스 프리부르 대학에서 가르쳤고 서울대학교 인문학연구원 HK교수를 지냈다. 현재 경희대학교 철학과 부교수로 재직하고 있다. 역서로 아리스토텔레스의 『에우데모스 윤리학』, 공저로 『문명 밖으로』, 『문명의 교류와 충돌』, 『덕의 귀환 — 서양편』 등이 있고, 주요 논문으로 「덕(德)의 미메시스: 플라톤의 시(詩) 개혁」, 「의지의 기원과 이성적 욕망 — 아리스토텔레스의 '소망'(boulêsis) 개념」, 「플로티누스의 세계제작자: 플라톤의 『티마이오스』의 탈신화적 해석」 등이 있다.

안성찬

서강대학교에서 독어독문학을 졸업하고 독일 레겐스부르크대학에서 독문학, 철학, 고전어, 예술사를 수학한 후, 서강대학교에서 문학박사 학위를 취득했다. 서강대학교, 연세대학교, 중앙대학교 등에서 강의했다. 현재 서울대학교 인문학연구원 부교수로 재직하고 있다. 저역서로 『이성과 감성의 평행선』, 『숭고의 미학』, 헤르더의 『인류의 교육을 위한 새로운 역사철학』, 니체의 『즐거운 학문』 등 30여 권이 있고, 주요 논문으로 「그리스라는 별」, 「크리스티안 볼프의 중국과 헤르더의 중국」 등이 있다.

안연희

서울대학교 종교학과를 졸업하고 동대학원에서 초기 그리스도교사에 대한 논문으로 박사학위를 받았다. 현재 선문대학교 역사문화콘텐츠학과 연구교수로 있다. 또한 서울대학교에 출강하면서 한국종교문화연구소 연구원으로도 활동하고 있다. 저서로 『문명 밖으로』(공저), 『문명의 교류와 충돌』(공저), 『종교, 미디어, 감각』(공저) 등이 있고, 주요 논문으로 「열리는 성모상과 그리스도교의 종교적 상상력」, 「〈마리아복음〉에 나타난 여성의 '종교적 권위'에 대한 고찰」, 「'세계종교'와 종교가르치기」 등이 있다.

임성진

서울대학교 정치학과를 졸업하고 서울대학교 철학과에서 석사학위를 받았으며 박사과정을 수료했다. 공군사관학교 전임강사를 역임했고 현재 정암학당 연구원으로 있다. 역서로 키케로의 연설문 선집 『설득의 정치』(공역), 『세네카의 대화: 인생에 관하여』(공역)가 있고, 주요 논문으로 「트라시마코스 정의(正義) 규정의 일관성 고찰」, 「글라우콘의 도전」 등이 있다.

최진묵

서울대학교 동양사학과를 졸업하고 동 대학원에서 석사 및 박사 학위를 받았다. 중국 고대의 수술(數術)분야를 연구하고 있으며, 서울대학교 인문학연구원 HK연구교수로서 문명에 관한 공동연구를 수행하였다. 현재 가톨릭대학교, 한남대학교 등에서 강의하며, 서울대학교 인문학연구원 객원연구원으로 있다. 주요 논문으로 「오경과 육경: 악경(樂經)의 위상과 관련하여」, 「중국 고대 망기술(望氣術)의 논리와 그 활용」 등이 있다.

문명총서 발간사

서울대학교 인문학연구원은 2007년 11월 한국연구재단의 인문한국(HK) 사업을 수탁하여 HK문명연구사업단을 출범시켰다. 한국과 아시아, 세계를 향한 문명연구의 허브를 구축하기 위해 '한국 인문학'의 정립을 목표로 인문학 제 분야는 물론 인근 분야의 전공자들까지 한 지붕 아래 모였다.

인문학연구원이 한국 인문학의 도약을 위해 핵심과제로 주목한 것은 문명에 대한 새로운 이해이다. 문명이란 장구한 세월 동안 인류가 일구어 낸 정신적·물질적 성과들의 종합이며, 타 문명들과 서로 영향을 주고받으며 진화해 온 복합적 실체이다. 이에 대한 심층적인 이해가 선행되지 않는다면, 현재와 미래에 대한 유효적절한 준비와 대응은 불가능하다.

'문명텍스트총서'는 인문학 안팎의 다양한 전공을 가진 우리 연구원의 연구자들이 자신의 영역에서, 과거와 현재 문명의 정수와 그에 대한 인식을 담은 중요한 텍스트를 선정하여 번역하고 주해한 결과물이다. 이는 긴 시간의 노동을 요하면서도 성취가 단기간에 가시화되지 않는 우직한 작업이지만, 인류의 유산을 한국화하는 이 같은 작업이 주체적으로 세계문명을 사유하고 새로운 문명을 개척하는 데 발판이 되리라고 믿는다. 문명텍스트총서가 현재와 과거를 엮는 씨줄 놓기 작업이라면, 문명공동연구총서는 인간과 세계를 총체적으로 이해하려는 날줄 얽기라고 할 수 있다. 오랫동안 자신의 분야에서 전문화를 추구했기에 공동연구가 쉬운 일은 아니지만, 문명 이해의 융합적 시각뿐만 아니라 한국 인문학의 새로운 전망을 써 내려가는 방법론을 제시할 수 있기를 희망한 결과물이다. 또한 문명지평총서는 연구원 안팎의 연구자들이 참여한 연구서와 교양서를 아우르고 있다.

아무쪼록 문명총서 시리즈가 동서고금의 문명을 더 깊고 더 넓게 이해하는 창발의 효과를 가져오길 기대하며, 국내외의 학자들이 참여하고 교류하는 열린 연구공간이 되길 바란다.

2014년 4월

서울대학교 인문학연구원 원장